职业教育城市轨道交通专业教材

城市轨道交通供电系统

主　编　赵矿英
副主编　蒋　奎
主　审　王军现

电子工业出版社
Publishing House of Electronics Industry
北京·BEIJING

内 容 简 介

本书是"职业教育城市轨道交通专业教材"之一，主要内容包括城市轨道交通供电系统概述、外部电源和主变电所、直流牵引变电所、城市轨道交通动力照明供电系统、接触网、城市轨道交通供电SCADA系统、城市轨道交通供电接地系统、城市轨道交通供电系统的运行及事故处理。其中，对主要子系统的设备组成、电气接线、功能原理、维修防护和城市轨道供电系统的运行管理及事故处理等进行了翔实论述。

本书可作为职业院校城市轨道交通专业及相关专业的教学用书，也可作为职业培训教材，还可作为城市轨道交通供电技术管理人员、职工学习的参考用书。

本书配有电子教学参考资料包（包括电子教案、教学指南及习题答案），详见前言。

未经许可，不得以任何方式复制或抄袭本书的部分或全部内容。
版权所有，侵权必究。

图书在版编目（CIP）数据

城市轨道交通供电系统／赵矿英主编．—北京：电子工业出版社，2015.8
职业教育城市轨道交通专业教材
ISBN 978-7-121-26851-9

Ⅰ．①城⋯ Ⅱ．①赵⋯ Ⅲ．①城市铁路—供电系统—高等职业教育—教材 Ⅳ．① U239.5

中国版本图书馆 CIP 数据核字（2015）第 178919 号

策划编辑：徐　玲
责任编辑：靳　平
印　　刷：北京虎彩文化传播有限公司
装　　订：北京虎彩文化传播有限公司
出版发行：电子工业出版社
　　　　　北京市海淀区万寿路 173 信箱　邮编：100036
开　　本：787×1 092　1/16　印张：18.5　字数：402 千字
版　　次：2015 年 8 月第 1 版
印　　次：2021 年 12 月第 5 次印刷
定　　价：38.00 元

凡所购买电子工业出版社图书有缺损问题，请向购买书店调换。若书店售缺，请与本社发行部联系，联系及邮购电话：(010) 88254888。

质量投诉请发邮件至 zlts@phei.com.cn，盗版侵权举报请发邮件至 dbqq@phei.com.cn。
服务热线：(010) 88258888。

职业教育城市轨道交通专业教材编审委员会

主 任 委 员： 吴　晓　浙江师范大学工学院原系主任
副主任委员： 赵　岚　西安铁路职业技术学院
　　　　　　　　张　莹　湖南铁道职业技术学院系主任
常 务 委 员：（排名不分先后）
　　　　　　　　施俊庆　浙江师范大学工学院
　　　　　　　　王瑞萍　浙江师范大学工学院
　　　　　　　　郑丽娟　浙江师范大学行知学院
　　　　　　　　李一龙　湖南铁路科技职业技术学院系主任
　　　　　　　　程　钢　湖南铁路科技职业技术学院教研室主任
　　　　　　　　吴　冰　湖南铁道职业技术学院教研室主任
　　　　　　　　唐春林　湖南铁道职业技术学院专业负责人
　　　　　　　　刘　奇　西安铁路职业技术学院交通运输系教研室副主任
　　　　　　　　王　敏　西安铁路职业技术学院
　　　　　　　　魏仁辉　西安铁路职业技术学院
　　　　　　　　申　红　西安铁路职业技术学院
　　　　　　　　刘婷婷　西安铁路职业技术学院
　　　　　　　　赵矿英　河北轨道运输职业技术学院
　　　　　　　　蒋　奎　河北轨道运输职业技术学院
　　　　　　　　张静斌　河北轨道运输职业技术学院
　　　　　　　　欧志新　安徽交通职业技术学院
　　　　　　　　奉　毅　柳州铁道职业技术学院系副主任
　　　　　　　　蓝志江　柳州铁道职业技术学院教研室主任
　　　　　　　　马成正　柳州铁道职业技术学院
　　　　　　　　王丽娟　柳州铁道职业技术学院
　　　　　　　　卢德培　杭州万向职业技术学院教研室主任
　　　　　　　　李殿勋　沈阳铁路机械学校
　　　　　　　　丁洪东　沈阳铁路机械学校教研室主任
　　　　　　　　李显川　沈阳铁路机械学校
　　　　　　　　姬立中　北京铁路电气化学校副校长
　　　　　　　　王建立　北京铁路电气化学校科长

尹爱华　江苏省无锡交通高等职业技术学校系副主任
陈　波　无锡汽车工程学校专业负责人
谭　恒　广州市交通运输职业学校
余鹏程　广州市交通运输职业学校
宋　锐　武汉市教育科学研究院教研员
蔡海云　武汉铁路司机学校系主任
欧阳宁　武汉市交通学校系主任

行 业 委 员：（排名不分先后）

吴维彪　浙江省杭州市地铁集团有限责任公司高级工程师
牟振英　上海申通集团运营四公司总工程师
娄树蓉　南京地铁有限责任公司客运部部长
吕春娟　浙江省杭州市地铁集团运营分公司高级工程师
李文起　北京铁路局石家庄供电段
苏伟伟　北京铁路局石家庄供电段
刘永辉　北京铁路局石家庄供电段
庞开阳　广州地铁运营事业总部基地维修中心主任工程师

秘 书 长： 徐　玲　电子工业出版社

总序 Preface

随着国民经济持续快速发展，人流、物流、信息流以前所未有的密度涌向大城市并向周边辐射。城市化进程加快，城镇人口迅速增长，我国市区常住100万人口以上的大城市已达40多个，超过200万人口的特大城市已有14个。目前，我国城镇人口比例已经达到45%左右，城市规模的扩大、城市人口的增长带来了城市交通需求的高速增长。为解决大中城市交通紧张问题，我国已有越来越多的城市把发展城市轨道交通列入城市发展计划。截至2010年，北京、天津、上海、广州、深圳、南京、重庆、武汉、大连、长春10个城市已经开通运营的城市轨道交通线路总长已近1000 km，加上正在建设的沈阳、成都、杭州、西安、苏州等城市在建线路总长也超过1200 km。此外，还有青岛、宁波、郑州、厦门、东莞、昆明、长沙、乌鲁木齐、南宁、济南、兰州、太原、福州、厦门、合肥、无锡、贵阳、烟台、石家庄、温州等诸多城市都在进行轨道交通规划或建设工作。中国城市轨道交通建设正在进入快速有序的发展阶段。预计在2015年前后，我国将建设79条城市轨道交通线路，长达2260 km，到2020年中国城市轨道交通规模有望突破3000 km。随着城市轨道交通的快速发展，各类城市轨道交通人才需求量急剧增加。对于这个技术密集型行业来说，各城市的轨道交通都需要大批应用型人才，才能保证正常的运营和管理。因此，城市轨道交通行业具有广阔的人才需求空间。

城市轨道交通发展给职业教育的人才培养带来良好契机，为适应城市轨道交通人才培养需求，更好地服务国民经济建设，2010年5月，电子工业出版社在武汉组织召开了"职业教育城市轨道交通专业教学研讨会"，成立了"职业教育城市轨道交通专业项目式教材"编审委员会，确定了"职业教育城市轨道交通专业项目式教材"编写方案。根据专业教学研讨会议精神，经过主编、参编老师的共同努力，"职业教育城市轨道交通专业教材"终于与大家见面了。本套教材基本涵盖了"城市轨道交通专业"的主要课程和内容，满足了专业建设与教学需要；为适应职业教育的改革与发展，教材力求体现当代职业教育新理念、新思路；为紧跟城市轨道交通行业发展，尽量使教材保持一定的知识与技术领先。本套教材编写以职业能力为主线，以职业生涯为背景，以工作结构为框架，以岗位能力为依据，以工作情境为支撑，以工作过程为基础。教材体系结构力求从学科结构向职业工种技

能结构转变；教材内容组织力求根据城市轨道交通专业学生今后从事职业工作岗位要求及标准出发，突出典型岗位的工作过程，满足职业标准要求，贯穿主要规章和作业标准。本套教材具有以下特点。

1）教材体例符合职业教育教学改革和发展方向

教材内容选择以《国家职业标准》规定的岗位（群）需求和职业能力为依据，以工作任务为中心，以理论知识为基础，以实践技能为依托，以工作情境为支撑，以案例呈现为特点，以拓展知识为延伸，将城市轨道交通典型岗位工作任务的工作过程特点和教学过程特点有机结合，充分体现教材的职业性特点。

2）教材内容凸显城市轨道交通专业领域主流应用技术和关键技能

教材内容凸显城市轨道运营、行车组织、客运组织、机车车辆等的设备运用、检修及作业组织方法等主体工种的专业知识和技术，包括车站站长、行车调度、车辆维修、客运服务等典型岗位的主流应用技术和关键技能。

3）教材内容涵盖城市轨道交通行业和专业发展的"四新"内容

教材内容组织保持一定的前瞻性，反映行业与专业最新知识、工艺、装备和技术。教材编写从现代教学理念和教学模式出发，体现城市轨道交通前沿的创新成果和经验。

4）教材注重实践性，重视案例和实际动手场景的呈现

教材组织通俗实用，融入和结合了轨道交通专业骨干教师多年的教学经验和体会，合理地取舍和反映城市轨道交通的基本专业知识和基本技能；通过具体模拟训练和情景实操，使学生加深对专业知识和技能的理解，以及对基本技能和基本方法的掌握，从而可以缩短学生到企业后的上岗时间。

本套教材不仅适用于职业教育各层次教学，也适合作为城市轨道交通行业相关人员在职进修提高和培训的教学用书。

本套教材由浙江师范大学交通运输系吴晓主任担任主编，西安铁路职业技术学院赵岚、湖南铁道职业技术学院张莹担任副主编。吴晓负责本系列教材编写工作的整体策划与体例结构设计。教材在编写过程中得到了许多城市轨道交通行业专家、电子工业出版社等领导和同人的大力支持，在此表示衷心感谢！

在本套教材的编写过程中，编者们参考了大量的书籍、文献、论文等，也引用了许多专家学者的资料，编者已尽可能地在参考文献中详细列出，谨在此对他们表示衷心的感谢！同时，可能我们因为疏忽，有些资料引用了而没有指出资料出处，若有此类情况发生，深表歉意！由于城市轨道交通正处于快速发展期，资料收集很难达到齐全和最新，再加上编者水平所限，书中错误和疏漏在所难免，敬请大家见谅，也恳请读者在阅读后及时批评指正，我们将十分感谢。

吴晓于浙江师范大学

前言 Introduction

城市轨道交通是现代城市公共交通的主要形式，具有运力大、能耗低、占地少、安全、快捷、正点且污染小等特点，是一种节约资源、保护环境的城市公交系统，符合城市可持续发展原则。近年来，随着我国城镇化进程的不断深化，城市轨道交通作为解决交通拥堵的有效途径，已成为大城市公共交通系统发展的首选和重要的组成部分。而城市轨道交通中的供电系统是其重要的组成部分，并对保证系统的安全准点运营发挥着重要的作用。城市轨道交通供电系统主要包括城轨交通供电系统各部分的组成、功能、原理，以及运行管理、设备维修、事故处理的有关规定等。

本书为"职业教育城市轨道交通专业教材"之一。教材结合城市轨道交通专业人才培养方案和职业教育现状编写，涵盖城市轨道交通供电系统的主要内容。为适应职业教育的需要，编者力求体现当代职业教育新理念，为紧跟城市轨道交通行业发展，尽量使教材保持一定的知识与技术领先。

本书共分8个项目29个任务，全面、系统地阐述了外部电源和主变电所、直流牵引变电所、城市轨道交通动力照明供电系统的电气设备、电气线路和使用维护；城市轨道交通接触网的类型、施工、运营与检修；电力监控系统（SCADA系统）的构成、安装、维护与检修；城轨交通供电系统的防雷和接地装置的构成、选择与维护；城轨交通供电系统运行管理和事故处理的有关规定等，并通过操作运用案例予以强化。同时，通过相关案例及知识拓展开阔专业视野，提高知识水平。

本书的编写模式突破了传统教材的体例设计，采用项目式体例，以任务驱动为导向，以完成具体任务为目标进行编写。每个项目包含若干个任务，每个任务下又设置"学习目标"、"学习任务"、"工具设备"、"教学环境"、"基础知识"、"相关案例及知识拓展"等模块，同时有相关操作运用案例和思考练习与之配套；编写中坚持理论与实际相结合，突出职业教育的实践性，教材注重实用，通过案例印证知识要点，教材内容组织简洁清晰，融入并结合了轨道交通专业骨干教师多年的教学经验和体会；教材中特别增设了教师工作活页和学生学习活页，通过知识模拟训练、情景实作、教学评价及师生间的互动交流，使学生加深对专业知识和技能的理解与掌握。

本书由河北轨道运输职业技术学院赵矿英担任主编，蒋奎担任副主编，由河北轨道运输职业技术学院王军现主审。具体编写分工：河北轨道运输职业技术学院蒋奎编写项目一，安徽交通职业技术学院欧志新、河北轨道运输职业技术学院赵矿英编写项目二、项目四、项目六，北京铁路局石家庄供电段李文起、苏伟伟、刘永辉编写项目三、项目五、项目七，广州地铁运营事业总部基地维修中心主任工程师庞开阳、河北轨道运输职业技术学院张静斌编写项目八。赵矿英负责对全书框架和编写思路的设计、主要项目的编写和把握，蒋奎负责统稿和修订工作。

由于城轨交通正处于快速发展期，技术装备日新月异，各城市轨道交通供电系统也都具有各自的特点和差异，资料收集很难达到齐全和最新，再加上编者水平有限，书中技术资料和数据肯定存在不足和差异，错误和疏漏在所难免，敬请大家谅解，也恳请大家批评与指正，我们将十分感谢。

编　者
2015年1月

目录 Contents

项目一　城市轨道交通供电系统概述　　1

　　任务一　城市轨道交通概述 ·································· 1
　　任务二　城市轨道交通供电系统综述 ·························· 9
　　任务三　操作运用案例 ···································· 16

项目二　外部电源和主变电所　　20

　　任务一　外部供电电源 ···································· 20
　　任务二　主变电所 ······································· 26
　　任务三　中压网络 ······································· 40
　　任务四　操作运用案例 ···································· 45

项目三　直流牵引变电所　　50

　　任务一　直流牵引变电所的电气设备 ·························· 50
　　任务二　直流牵引变电所的电气线路 ·························· 72
　　任务三　城市轨道交通牵引变电所的运行与维护 ················ 83
　　任务四　操作运用案例 ···································· 94

项目四　城市轨道交通动力照明供电系统　　106

　　任务一　降压变电所 ····································· 106
　　任务二　城市轨道交通的动力照明 ··························· 118
　　任务三　操作运用案例 ··································· 122

项目五　接触网　128

　　任务一　城市轨道交通接触网系统 …………………………………… 128
　　任务二　城市轨道交通接触网的施工 ………………………………… 145
　　任务三　城市轨道交通接触网的运营与检修 ………………………… 157
　　任务四　操作运用案例 ………………………………………………… 171

项目六　城市轨道交通供电SCADA系统　182

　　任务一　电力监控系统（SCADA系统）的基础 …………………… 182
　　任务二　SCADA系统的构成 ………………………………………… 187
　　任务三　城市轨道交通电力监控设备的安装维修 …………………… 196
　　任务四　操作运用案例 ………………………………………………… 206

项目七　城市轨道交通供电接地系统　211

　　任务一　电气安全 ……………………………………………………… 211
　　任务二　大气过电压与防雷 …………………………………………… 217
　　任务三　城市轨道交通供电接地装置 ………………………………… 223
　　任务四　操作运用案例 ………………………………………………… 235

项目八　城市轨道交通供电系统的运行及事故处理　245

　　任务一　城市轨道交通供电系统的运行管理 ………………………… 245
　　任务二　城市轨道交通供电事故处理 ………………………………… 259
　　任务三　操作运用案例 ………………………………………………… 277

项目一 城市轨道交通供电系统概述

城市轨道交通供电系统担负着城市轨道交通运行所需的一切电能的供应与传输，是城市轨道交通安全可靠运行的重要保证。城市轨道交通的用电负荷按其功能不同可分为两大用电群体。一是电动客车运行所需要的牵引负荷用电，二是车站、区间、车辆段、控制中心等其他建筑物所需要的动力照明用电。每种用电设备都有自己的用电要求和技术标准，而且这种要求和标准又相差甚远。城市轨道交通供电系统就是要满足这些不同用户对电能的不同需求，以使其发挥各自的功能与作用。保证电动客车畅行并能安全、可靠、迅捷、舒适地运送乘客是供电系统的根本目的。

任务一 城市轨道交通概述

学习目标

（1）掌握城市轨道交通系统的组成。
（2）了解城市轨道交通的功能。
（3）掌握城市轨道交通供电系统的组成、特点。
（4）了解国内外轨道交通供电的发展概况。

学习任务

认知城市轨道交通供电系统的组成，主要包括电源系统和牵引供电系统、动力照明供电系统和电力监控系统。

工具设备

城市轨道交通仿真列车控制系统装置、课件、图片、示教板、计算机多媒体设备等。

教学环境

列车运行控制仿真实验室。

基础知识

城市轨道交通系统是指在城市中，使用车辆在固定导轨上运行并主要用于城市客运的交通系统。将城市轨道交通定义为"通常以电能为动力，采取轮轨运输方式的快速大运量公共交通的总称"。

一、城市轨道交通系统组成

（一）城市轨道交通系统的组成和分类

城市轨道交通是城市公共交通网络的重要组成部分，泛指城市中在不同形式轨道上运行的大、中运量的城市公共交通工具，是当代城市中有轨电车、地铁、轻轨、单轨铁路和短途磁悬浮等轨道交通的总称，尤其是以地铁和轻轨为主。

1. 有轨电车

有轨电车已有100多年历史。在1881年德国柏林工业博览会期间，维纳·冯·西门子展示了一列3辆电车编组的小功率有轨电车，只能乘坐6人，在400 m长的轨道上往返运行。这是世界上第一辆有轨电车。

旧式有轨电车行驶在城市道路中间，与其他车辆混合运行，又受路口红绿灯的控制，运行速度很慢，正点率低而且噪声大，加减速性能较差，但仍不失为居民出行的便捷交通工具。随着汽车工业的迅速发展，城市道路面积明显不够用，于是导致世界上各大城市都纷纷拆除有轨电车线路。但汽车数量的过度增长使城市交通又出现了新的问题，到20世纪60年代初，西方一些人口密集的大城市，又重新把注意力转移到地面轨道交通方式上来。目前在上海浦东于2009年底投入运营了采用法国劳尔公司开发的新型有轨电车，如图1-1所示。据不完全统计，现在世界上已有270多座城市建有新型有轨电车系统，说明新型有轨电车在一些国家的城市中正在发挥着重要作用。

图1-1 新型单轨导向有轨电车

2. 地铁

地下铁道简称地铁或地下铁，狭义上专指在地下运行为主的城市铁路系统或捷运系统；但广义上，由于许多此类的系统为了配合修筑的环境，可能也会有地面化的路段存在，因此通常涵盖了各种地下与地面上的高密度交通运输系统。国产地铁车辆如图1-2所示。

图1-2　国产地铁车辆

地铁作为大型的交通运输方式具有以下优点。

（1）地铁是一种大容量的城市轨道交通系统，单向每小时运送能力达到30 000～70 000人次左右，而公共汽电车单向每小时运送能力只在8000人次左右，远远小于地铁。

（2）地铁具有可信赖的准时性和速达性，其与道路交通隔绝，有自己的专用线路，不受气候、时间和其他交通工具的干扰，不会出现交通阻塞而延误时间。

（3）安全性高，在当今世界汽车泛滥、交通事故居高不下的情况下，地铁如果不发生意外或自然灾害，乘客安全是可以得到保障的。

（4）地铁噪声少，污染少，对城市环境不造成破坏。另一方面，地铁充分利用了地下空间，节约出地面宝贵的土地资源为人类所用。

但是，地铁也同样存在着以下缺点。

（1）地铁的绝大部分线路和设备处于地下，而城市地下由于各种管线纵横交错，极大增加了施工工作量。

（2）地铁在建设中涉及一系列技术问题，还要考虑防灾、救灾系统的设置等，这些都需要大量的资金投入，因此地铁的建设费用相当高。在日本，每公里地铁建设费要超过200亿日元，我国每公里地铁造价达8亿人民币。

（3）一旦发生火灾或其他自然灾害，乘客疏散比较困难，容易造成人员伤亡和财产损失，对社会造成不良影响。

3. 轻轨

城市轨道交通中的轻轨是指在轨距为1435 mm国际标准双轨上运行的列车。它是在有轨电车基础上发展起来的，并由电气牵引、轮轨导向，如图1-3所示。

轻轨具有以下特点。

（1）列车运行使用自动化信号系统。

（2）列车运行使用专用轨道和车站。

（3）列车运行最高时速为每小时280 km。

（4）列车最大编组为4节。

（5）轻轨线路单向高峰小时客运量在15 000～30 000人次之间，是地铁的1/3～1/2。客运能力介于地铁与有轨电车之间。

（6）轻轨交通的工程造价要比地铁减少2/3还多。

城市轨道交通列车可分为A、B、C三种型号，分别对应3 m、2.8 m、2.6 m的列车宽度。凡是选用A型或B型列车的轨道交通线路称为地铁，采用5～8节编组列车；选用C型列车的轨道交通线路称为轻轨（上海轨道交通8号线除外），采用2～4节编组列车。列车的车型和编组决定了车轴重量和站台长度。

图1-3 轻轨车辆

4. 单轨铁路

单轨铁路简称单轨（Monorail），是指车辆在一根轨道上运行的一种轨道交通系统。通常区分为跨座式和悬挂式两种，如图1-4所示。跨座式是车辆跨坐在轨道梁上行驶，悬挂式是车辆悬挂在轨道梁下方行驶。单轨铁路的路轨一般以混凝土制造，比普通钢轨宽很多。而单轨铁路的车辆比路轨更宽。单轨铁路主要应用在城市人口密集的地方，用来运载乘客。也有在游乐场内建筑的单轨铁路，专门运载游人。

图1-4 单轨铁路车辆

5. 磁浮列车

磁浮列车是依靠磁悬浮技术将列车悬浮起来并利用直线电动机驱动列车行驶的交通工

具，它分为常速、中速、高速和超高速等。城市轨道交通主要利用中低速磁悬浮，它一般运行距离较短，如图1-5所示的上海磁悬浮列车，从浦东龙阳路到浦东国际机场，30多公里只需6～7 min。

图1-5 上海磁悬浮列车

(二)我国城市轨道交通发展概况

我国现已有14座城市54条线1688 km轨道交通系统投入运营，而在20世纪80年代以前，我国轨道交通只有北京的40 km地铁。随着经济的快速发展，我国开始进入城市化和机动化的加速发展阶段。城市轨道交通以其大运量、高效率、低污染等优势，迅速成为许多大城市解决交通问题的首要选择，并在我国形成以地铁、城市快速铁路、高架轻轨等为主的多元化发展趋势。

目前还有15个城市的轨道交通项目正在建设，建设项目总长度超过1500 km。据国内26个城市的轨道交通规划，到"十二五"结束，我国计划新建城市轨道交通项目总长度将近2600 km，估计总投资约1.27亿元，北京、上海、广州三座城市规划以每年40 km的速度建设轨道交通，如此速度在国际上也是罕见的。除里程增加外，我国的轨道交通也由地铁一种形式向多样化发展，如北京的地铁、大连的快速轻轨、重庆的跨座式单轨、上海的磁悬浮等。

轨道交通快速发展缓解了城市交通压力、促进了城市发展，但也有一些问题值得注意。由于我国城市轨道交通发展历史比较短、经验也不足，尚未建立起完善的、独立自主的城市轨道交通制造产业，很多城市轨道交通的车辆、通信信号、控制等系统及盾构等设施、设备都是从不同国家引进的。标准不同、制式不同的轨道交通系统有可能给建设和运营管理留下不容忽视的问题和安全隐患。

二、城市轨道交通供电系统的组成和功能

1. 城市轨道交通供电系统的组成

城市轨道交通供电系统主要包括牵引供电系统和动力照明供电系统，如图1-6所示。

城市轨道交通系统是一级电力负荷，安全、可靠是供电系统的主要目的。在地铁供电

系统中，牵引供电系统由于直接给列车提供动力，占据着举足轻重的地位。该系统的好坏直接影响整个地铁供电系统质量的高低。如果该系统出现问题，小则影响某个变电站、几个供电区间的输送电，大则引起整个牵引供电系统的崩溃，给地铁列车的正常运营造成影响，因此要保证安全可靠的供电须采用两路独立电源供电和增设应急电源。

在城市轨道交通供电系统中，从发电厂经升压、高压输电网、区域变电站至主降压变电站部分通常被称为牵引供电系统的外部（或一次）供电系统。

从主降压变电所（当它不属于电力部门时）及其以后部分统称为牵引供电系统。牵引供电系统应该包括主变电所、直流牵引变电所、馈电线、接触网、走行轨及回流线等。直流牵引变电所将三相高压交流电变成适合电动车辆应用的低压直流电。馈电线是将牵引变电所的直流电送到接触网上。接触网是沿列车走行轨架设的特殊供电线路，电动车辆通过其受流器与接触网的直接接触而获得电力。走行轨道构成牵引供电回路的一部分。回流线将轨道回流引向牵引变电所。

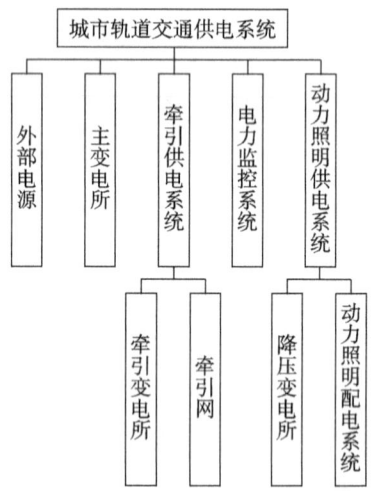

图1-6 城市轨道交通供电系统

牵引供电系统的组成如图1-7所示。

城市轨道交通供电系统负荷可分为一级重要负荷和二级、三级负荷。在正常情况下，变电所同时向各个负荷供电，如若供电系统发生故障或者出现事故时，则断开二、三级负荷，优先向一级负荷供电，最大限度地保证地铁安全。

2. 主要功能

（1）城市轨道交通电动车组运行所需电能供应：牵引用电。

（2）城市轨道交通机电设备运转所需电能供应：风机、空调、自动扶梯、电梯、水泵、加工设备等用电。

（3）城市轨道交通通信信号设备运行所需电能供应。

（4）城市轨道交通照明及其他生产生活用电供应。

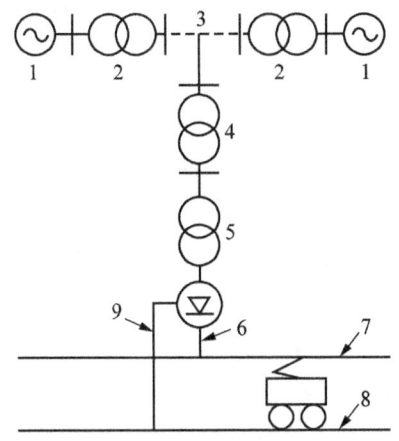

1—发电厂（站）；2—升压变压器；3—电力网；4—主变电所；
5—直流牵引变电所；6—馈电线；7—接触网；8—走行轨道；9—回流线

图1-7 牵引供电系统的组成

3. 供电系统的基本要求

城市轨道交通电动列车和车站设备都是为乘客提供服务的设备。在运营过程中，一旦供电中断，受影响最大的是行车和客运两个部门，所以城市轨道交通供电系统必须具有高度的可靠性。为此，各变电站采用两路进线，并互为备用；电源容量设计时应为发展留有余地；而且应选用先进、可靠的电气设备，采用模块化的计算机控制系统，实现实时监控，调度自动化运行模式；以专人定时巡视检查为辅助手段；同时根据供电对象的重要性，供电负荷也进行了三级分类。

三、城市轨道交通供电系统的特点

我国和大多数国家一样，电力生产由国家经营管理，因此无论是干线电气化铁路，还是工矿电力牵引和城市轨道交通电力牵引用电均由国家统一电网供给。电厂可能与其用户相距甚远，为了能得到经济输电，必须将输电电压升高，以减少线路的电压损失和能量损耗，因此在发电厂的输出端接入升压变压器以提高输电电压。目前我国用得最普遍的输电电压等级为110～220 kV。通常国家供电系统总是把在同一个区域（或大区）的许多发电厂通过高压输电线和变电所连接起来成为一个大的统一的供电系统，向该区域的负荷供电，这样由各级电压输电线将发电厂、变电所和电力用户连接起来的一个发电、输电、变电、配电和用户的统一体被称为电力系统。组成统一的电力系统有如下一些优越性。

1. 可以充分利用动力资源

火力发电厂发出多少电能就需要相应地消耗多少燃料，而其他的某些类型发电厂，它能发出多少电能取决于当时该发电厂的动力资源情况，如水电站的水位高低，它随自然条件的变化而变化，因此组成统一的电力系统以后，在任何时候都可以动态地调整各种动力资源，以求其发挥最大效益。

2. 减少燃料运输，降低发电成本

大容量火力发电厂所消耗的燃料是很可观的，如果不用高压远距离输电，则发电厂必然要建在负荷中心附近而不能建在燃料资源的生产地，这样就要大量运输燃料，造成发电成本升高。采用高压输电电力系统以后就可以解决以上问题，将发电厂建在动力资源丰富的地方。

3. 提高供电的可靠性

由于供电区域内的负荷由多个发电厂组成的电力系统共同供电的，这样与单个发电厂独立向自己的负荷供电比较起来，对负荷的供电可靠性就可以提高很多，因为系统内发电厂之间可以起到互为后备的作用。与此同时，整个系统的发电设备容量也可以减少很多，降低了设备的投资费用。

4. 提高发电效率

没有组成电力系统之前，每个发电厂的容量是按照它的供电负荷大小来设计选择的，如果该地区负荷小，则发电设备单机容量必小。通常单机小容量的发电设备总是比大容量的设备运行效率低些，因此组成电力系统以后，不但各发电厂的单机容量可以尽可能选得大一些，以提高单机的运行效率，而且总机组数目也可减少，还不受各地区负荷大小的牵制，因为它们由统一系统供电的，从而达到了提高发电效率的目的。

相关案例及知识拓展

城市轨道交通发展现状与趋势

1. 城市轨道交通发展综述

世界上城市快速轨道交通建设已有140多年的历史，经历了兴盛、衰退和复兴这样一个螺旋式的发展过程。

诞生（1863—1924）：第一条地下式铁路运营路线于1863年在伦敦通车，此后欧美城市纷纷借鉴，城市轨道交通得到了较快发展。其间，有13个城市建设了地铁，还有很多城市开始发展有轨电车。

停滞（1924—1949）：战争的爆发及汽车工业的发展，轨道交通因投资高、建设周期长而导致了停滞和萎缩。这一阶段只有5个城市发展了地铁，有轨电车也停滞不前，有些线路还被拆除。

逐步发展（1949—1969）：二战后，各国小汽车快速发展，造成了严重的交通问题，如道路拥挤、停车困难，这些都会影响经济活动及其发展。这一时期，城市轨道交通又得到了重视，从欧美扩展到南美和亚洲，如巴西、日本、中国等，20年间共有17个国家新建

了地铁。

高速发展（1970年至今）：世界上许多国家都确定了发展轨道交通的方针，立法解决轨道交通的资金来源问题，同时，技术的发展促进了轨道交通的发展。轨道交通又扩展到了大洋洲的澳大利亚。

2. 建立轨道交通的城市特征比较

我国目前已经建立轨道交通的城市有10个，分别是：北京、上海、天津、广州、深圳、南京、重庆、武汉、香港和台北，它们多为直辖市、省会城市，其中北京、上海、广州和香港的通车里程已超过100 km，许多城市的规划里程也超过这一数值。已经修建地铁的城市中，人口数均超过300万（台北除外），GDP总量均在2000亿元以上。

许多国家的二线城市由于经济、社会发展的需要也建立了相应的城市轨道系统，如韩国的大邱市、英国的格拉斯哥、巴西的Salcador等。这些城市的人口都在250万左右，绝大部分建于20世纪90年代后，通车里程不超过30 km。线路空间几何方面，线路数一般不超过2条，换乘站点少，呈线状或交叉状。然而，却有相对成熟的换乘系统，通过合理的规划实现线路之间及与其他交通方式之间的换乘。

3. 城市轨道交通发展趋势

随着世界经济和科学技术的不断发展，轨道交通在投资建设、运营和管理等方面不断发展并走向成熟和完善。通过对国内外城市的城市轨道交通发展现状的分析，对于中国二线城市建设轨道交通有以下发展趋势：城市轨道交通在综合交通系统中所发挥的作用越来越大，如伦敦、东京等城市的公共交通系统就是围绕城市轨道交通来组织的。参照我国"十五"计划与国家"十一五"规划，关于城市轨道交通的认识增强了。"十一五"规划明确提出，"优先发展公共交通，完善城市路网结构和公共交通场站，有条件的大城市和城市群地区要把轨道交通作为优先领域，超前规划，适时建设"。国家政策导向使城市轨道交通建设有较好的发展前景，并逐步由直辖市、省会城市的建设向二线城市转移。

城市轨道系统的技术不断进步，一方面适应了地区多样化需求，提高了轨道交通的适用性、运行效率和服务水平；另一方面，技术进步也使城市轨道交通的建设成本有所降低，城市对建设城市轨道的类型选择的余地也就越大。

任务二　城市轨道交通供电系统综述

学习目标

（1）了解城市轨道交通外部的供电方式。

（2）认知城市轨道交通电流、电压制式。

（3）认知供电系统供电制式和负荷分类。

（4）了解城市轨道交通供电概况。

学习任务

认知城市轨道交通供电系统的组成，主要包括供电系统的供电制式、供电方式、载荷等级及城市轨道交通供电系统的概况。

工具设备

城市轨道交通供电系统仿真软件、电气设备实物零部件、图片、多媒体设备等。

教学环境

理实一体化教室或轨道交通综合实验室。

基础知识

城市轨道交通列车是以电力为能源的电动车组，列车在运行过程中不断地从牵引网上获取电能，一个安全可靠的供电系统是保证轨道交通安全运营的首要条件。城市轨道交通的供电系统中变电所、接触网有两种供电制式。

一、城市轨道交通供电系统的供电制式及供电负荷分类

牵引网的馈电方式分为架空接触网和接触轨两种基本类型。其中电压制与馈电方式是密不可分的。一般DC 1500 V电压采用架空接触网馈电方式，DC 750 V电压采用第三轨馈电方式。

（一）供电制式的选择原则

1. 供电制式与客流量相适应：客流量是轨道交通设计的基础。应根据预测客流量大小，选择适用的电动客车类型和列车编组数量。一般大运量轨道交通系统，采用DC 1500 V电压和架空接触网馈电，中运量系统采用DC 750 V和接触轨馈电方式。

2. 供电安全可靠：轨道交通是城市交通的骨干，一旦牵引网发生故障造成列车停运，就会影响市民出行，引起城市交通混乱。因此，安全可靠是选择供电制式的最重要条件。

3. 便于安装和事故抢修：选用的牵引网应便于施工安装和日常维修，一旦发生故障时应便于抢修，尽快恢复运营。

4. 牵引网使用寿命长，维修工作量小：这是降低轨道交通运营成本的重要条件。

5. 注重环境和景观效果：这是作为城市基础设施必须坚持的原则。

（二）两种供电制式选择分析

1. 设备施工安装比较

架空接触网的结构比较复杂，零部件较多。架空接触网施工安装时，由于作业面较高、作业不方便，安装调整比较困难，因此需要使用专用的架线车和大型机具，这样施工费用较高。第三轨安装结构比较简单，零部件较少。安装高度较低，施工安装方便，施工机具简单，施工安装费用较低。

2. 使用寿命比较

接触网的使用寿命关系到接触网更新改造的再投资。国产架空接触导线的设计使用寿

命为15年，实际使用寿命可能略大一些。进口接触线的使用寿命可达20年。接触轨的特点是坚固耐磨，使用寿命长。北京地铁曾对低碳钢接触轨磨耗状况进行过检测，经过20多年的运营，其磨耗量不到5%。

3. 维修及管理费用比较

因为架空接触网在运营中维修调整工作量较大，所以需要组建接触网维修工区。接触网工区的车辆、机具设备及人员工资福利等，使运营管理单位每年要付出一笔很大的维修费用及管理费用。并且由于作业面高，抢修很困难。而采用第三轨供电，其结构简单坚固耐用，几乎不用维修。

4. 土建费用比较

快速轨道交通的土建费用与工程地质条件和施工方法有关。地下车站明挖施工与供电制式无关，盾构法施工的区间隧道断面的两种供电制式相同，不需要进行比较。用明挖法施工的区间隧道，两种供电制式的净空高度不同，具有可比性。我国地下铁道限界标准规定，DC 1500 V架空线系统的隧道净空高度为4.5 m；DC 750 V三轨系统的隧道净空高度为4.2 m，两者相差0.3 m。按此计算，DC 750 V三轨系统，每延米区间隧道，可节约钢筋混凝土0.42 m^3，每公里隧道可节约投资46万元。用矿山法施工的直墙拱型隧道，DC 1500 V系统与DC 750 V系统，净空高度相差0.25 m。每公里隧道减少开挖量2350 m^3，可节约投资约70万元。

5. 城市景观效果比较

随着人们环保意识的增强，城市环境和景观越来越受到重视。在国外，1990年建成的新加坡地铁67 km线路，1998年马来西亚吉隆坡建成的两条高架轻轨，以及1999年建成的泰国曼谷轻轨，从城市景观效果考虑，均采用第三轨馈电。北京地铁13号线，以地面线和高架线为主，采用第三轨馈电，其景观效果受到了市民的称赞。

6. 人身安全比较

系统采用DC 1500 V架空接触网，其滑触线悬挂在道路上方高于4 m处，不会对轨道维修人员及发生事故时人员快速疏散带来影响，安全性较好。DC 750 V三轨系统，接触轨安装在走行轨旁边，高度较低，在接触轨带电情况下，人员进入隧道或发生事故时人员快速疏散有一定的危险性。因此，在保证人身安全方面，架空接触网系统具有优势。实践证明，由于在三轨上安装有绝缘防护罩，因此北京地铁运营30多年来未发生工作人员和乘客被电击伤的事故。

7. 牵引网能量损耗比较

牵引网系统的能量损耗与牵引网的电压制式和馈电方式有关。在列车功率相同的条件下，牵引网电压和列车电流成反比，因此DC 1500 V系统比DC 750 V系统的列车电流减小。列车电流是沿着牵引网的分布负荷，变电所的间距增大，牵引网的馈线电流成正比增大。DC 1500 V系统的变电所间距比DC 750 V系统大。另一方面，架空接触网上的线路电阻为23～27 mΩ/km，而钢铝复合三轨的线路电阻为8 mΩ/km，仅为架空接触网电阻的

1/3。钢铝复合轨牵引网的电能消耗要比架空接触网的能耗小。

8. 杂散电流腐蚀防护比较

杂散电流腐蚀防护是综合而复杂的工程,它涉及供电制式、轨道扣件、工程结构、接地系统、金属构件等许多方面,同时又贯穿于设计、施工、运营、监测、后期处理等各个环节。某一个环节处理不当,均会产生杂散电流腐蚀。

(三) 按供电对象的重要性,供电负荷的分类

将供电系统分成如下三级。

1. 一级负荷

城市轨道交通的电动列车、通信、信号设备、消防设备等用户,必须确保不间断供电;为此,必须采用两路电源供电,当任何一路电源失电后,应自动、迅速地切换电源。

2. 二级负荷

城市轨道交通的车站照明、自动扶梯等用户,应确保连续供电,虽然停电后会影响客运服务质量,但并不影响列车的运行安全;设计时,一般采用二路进线电源,再分片分区供给。

3. 三级负荷

城市轨道交通的商业用电、广告照明等用户,应确保正常供电。这些用户并不直接影响客运服务质量,其用电可根据电网负荷情况进行调整。

(四) 按用户负荷变化及用途,供电负荷的分类

1. 负荷变化不大的低压交直流负荷

此类负荷要求有很高的供电可靠性和良好的供电质量。例如,变电站控制设备的低压交直流负荷。

2. 负荷变化大的直流供电

它们对供电、供电设备的可靠性要求高,用电量随客运量的变化而变化。例如,客运列车是城市轨道交通供电系统中的最主要负荷,而且是直流负荷。在夜间列车停运时,负荷为零。

3. 负荷变化大的交流供电

车站用户多为低压用户,如车站电梯和自动扶梯、环控设备、照明、售检票系统、消防报警系统、给排水系统、通信、信号等。这些用户在客运时段处于用电高峰期,列车停运时段处于用电低谷期,而且必须向通信、信号专业设备提供24 h不间断的连续供电。

4. 夜间用电

停车场的车辆维修作业区等夜间用电用户。在白天列车运行的时间段,由于绝大部分的电动列车都在正线运行,因此列车检修用电处于低谷期,在夜间客运终止时,回库列车的检修作业用电处于用电高峰时段。

5. 非重要用户

车站商业等不直接影响运营质量的用户,尽管用电量较大,但这些用户和列车运营没

有直接关系，将这些用户归类为非重要用户。

城市轨道交通供电系统，必须依据不同的用电需求区别对待，即重要的用户采用一级负荷，二路电源供电，并能自动切换。二级负荷，也是二路电源进线分片分区供给。三级负荷一路电源供电，在供电能力紧张时，停止三级负荷供电，只有这样，才能满足和保障用户的用电需求，保证城市轨道交通的正常运营。

二、城市轨道交通外部的供电方式

目前，国内各城市对地铁及城市轨道交通的供电一般有三种方式，即分散供电方式、集中供电方式、分散与集中相结合的混合供电方式。

分散供电方式是指沿地铁线路的城市电网（通常是10 kV电压等级）分别向各沿线的地铁牵引变电所和降压变电所供电。其前提条件是城市电网在地铁沿线有足够的变电站和备用容量，并能满足地铁牵引供电的可靠性要求。如早期的北京地铁采取的就是这种供电方式。

集中供电方式是指城市电网（通常是110 kV或66 kV电压等级）向地铁的专用主变电所供电，主变电所再向地铁的牵引变电所和降压变电所供电，地铁自身组成完整的供电网络系统。近几年新建的地铁系统多采用集中供电方式，如上海、广州、深圳地铁等。

分散与集中相结合的供电方式是上述两种供电方式的结合，可充分利用城市电网的资源，节约投资，但供电可靠性不如集中供电方式，管理也不够方便。供电方式的优缺点如表1-1所示。

表1-1 供电方式的优缺点

供电方式	优点	缺点
集中供电方式	1.供电可靠性高，受外界因素影响较小 2.主变电所采用110/35 kV有载自动调压变压器，并有专用供电回路，供电质量好 3.地铁供电可独立进行调度和运营管理 4.检修维护工作相对独立方便 5.可提高地铁供电的可靠性和灵活性 6.牵引整流负荷对城市电网的影响小 7.只涉及城市电网几个220 kV变电站的增容改造，工程量较小，相对易于实现	投资较大
分散供电方式	1.投资较小 2.便于城市电网进行统一规划和管理	1.因同时受110 kV和10 kV电网故障影响，故受外界因素影响较多 2.10 kV电网直接向一般用户供电，引起的故障概率大，可靠性较低 3.与城市电网的接口多，调度和运营管理环节增多，故障状态下的转电不方便 4.牵引整流机组产生的高次谐波直接进入10 kV电网，对其他用户的影响较大 5.要求城市电网的变电所应具有足够的备用容量，以满足地铁牵引供电的要求；涉及较多110 kV变电站的增容改造，工程量较大
混合供电方式	兼具集中式和分散式的优点	供电可靠性和管理方便性不如集中供电方式

三、城市轨道交通供电系统的发展

用于轨道交通的电力牵引方式有许多不同的制式出现。这里所说的制式是指供电系统向电动车辆或电力机车供电所采用的电流和电压制式，如直流制或交流制、电压等级、交流制中的频率（工频或低频）及交流制中是单相或三相等。

历史上，牵引供电制式曾随着电动车辆的功率特性要求、牵引电动机及电力电子技术的发展而发展并演变，最初的电力牵引制式采用直流串励电动机，由此不难看出，直流串励电动机的机械特性符合重载时速度低、轻载时速度高的要求。此外，直流串励电动机的启动和调速方法是比较容易实现的。为了限制直流串励电动机刚接通电源时启动电流太大和正常运行时为了降速而降低其端电压，最早采用在电动机回路中串联大功率电阻的方法来达到限流和降压的目的。这种方法的实现是容易的，但在启动和调速过程中带来了大量的能量损耗，很不经济。尽管如此，由于局限于一定时期的技术发展水平，采用直流串励电动机作为牵引方式就成为最早并被长期应用的形式，这就是供电系统直接以直流电向电动车辆或电力机车供电的电力牵引"直流制式"。随着干线电力牵引的发展，列车需要的功率越来越大，如果采用直流供电制式，则因受直流串励电动机（牵引电动机）端电压不能太高的限制，会导致供电电流很大，因而供电系统的电压损失和能量损耗必然增大。因此出现了"低频单相交流制"。

低频单相交流制是交流供电方式，由于交流电可以通过变压器进行升降电压，因此可以提高供电系统的电压，经车上的变压器将电压降到适合牵引电动机应用的电压等级。由于早期整流技术的关系，这种制式采用的牵引电动机是在原理上与直流串励电动机相似的单相交流整流子电动机。这种电动机存在着整流换向问题，其困难程度随电源频率的升高而增大，因此采用了"低频"单相交流制，它的供电频率和电压是25 Hz、6.5～11 kV等类型。由于用了低频电源使供电系统复杂化，所以要由专用低频电厂供电，或由变频电站将国家统一工频电源转变成低频电源再输出，因此没有得到广泛应用，只在少数国家的工矿或干线上应用。

由于低频单相交流制存在的缺点，长期以来人们一直在寻求一种更理想的牵引供电方式，这就是"工频单相交流制"。这种制式既保留了交流制可以升高供电电压的长处，又具有采用直流串励电动机作为牵引电动机的优点，在电力机车上装设降压变压器和大功率整流设备将高压电源降压，再整流成适合直流牵引电动机应用的低压直流电，电动机的调压调速可以通过改变变压器的抽头或可控制整流装置的电压来达到。工频单相交流制是当前世界各国干线电气化铁路应用较普遍的牵引供电制式。我国干线电气化铁路即采用这种制式，其供电电压为25 kV。

城市轨道交通基本上都采用了直流供电制式，这是因为城市轨道交通运输的列车功率并不是很大，其供电半径也不大，因此供电电压不需要太高，还由于直流比交流制电压能耗损失小（相同电压等级下），因为没有电抗压降。另外，由于城市内轨道交通的供电线路都处在城市建筑群之间，供电电压不宜过高，以确保安全。基于以上原因，世界各国城市轨道交通的供电电压都在DC 550～1500 V之间，但其档级很多，这由于各种不同交通形式和不同发展历史时期造成的。现在国际电工委员会拟定的电压标准为DC 600 V、DC 750 V和DC 1500 V三种。后两种为推荐值。我国国标也规定为DC 750 V和DC 1500 V，不推荐现有的DC 600 V。

南京地铁和上海地铁采用的是DC 1500 V供电电压，北京地铁采用的是DC 750 V供电电压。目前，我国许多大城市都在考虑建造快速轨道交通线路，选择DC 1500 V或者DC 750 V就成为一个重大问题，它涉及供电系统的技术经济指标、供电质量、运输客流密度、供电距离和车辆选型等，必须根据各城市的具体条件和要求，综合认证决定。

由于大功率半导体整流元件的出现，在直流制电动车辆上，采用以晶闸管为主要的快速电子开关（斩波器），可对直流串励牵引电动机进行调压调速，消除了用串联电阻启动和降压调速的不经济方法。这种方法给直流制增加了新的生命力。另外，还由于快速晶闸管的出现，近年出现由快速晶闸管等组成的逆变器，它不但将直流电逆变成交流电，而且频率可以调节，这样就满足了多年来想采用结构简单、结实的鼠笼式异步电动机作为牵引电动机的愿望。不过，尽管电动车辆上采用的是交流异步牵引电动机，其架空接触网电压还是直流的，所以还是属于直流制式的范畴，这就给直流制应用打开了一个更宽广的天地，使它更有生命力。

相关案例及知识拓展

轨道交通系统杂散电流及其腐蚀控制

1888年维吉尼亚州的美国第一条商业运行的电气化铁道投入运行（Richmond, Virginia），在10年内，在美国有数千公里的电气化铁路投入运行，几乎同时，人们发现在电气化铁路附近的地下管线和电缆遭到严重腐蚀。此外，铁路当局也注意到铁轨和道钉遭到腐蚀的情况。起初，人们认为腐蚀由土壤的化学成分造成的，但很快人们就得出结论，土壤的化学组成不可能造成如此严重的腐蚀，此后的一些调查发现，从电气化铁路运行轨道泄漏的电流是造成腐蚀的主要原因。

1910年，美国国家标准局开始了长达11年的关于杂散电流腐蚀的研究。1921年推荐采用下列方法在轨道交通公司一方减少杂散电流的泄漏。

（1）足够的双轨间的连接。
（2）在考虑系统经济的情况下，尽量减小变电所之间的距离。
（3）隔离负馈线（钢轨）。
（4）使用四轨牵引供电系统。

前三项措施被应用在许多轨道交通系统中，使杂散电流下降。第四项措施没有被广泛

采用，是因为建设第四轨需要增加投资。采用控制措施后不久就发现杂散电流腐蚀依然在发生，所以，需要采取进一步的措施控制杂散电流的泄漏，特别是地下的结构。美国国家标准局的报告推荐了如下几条对地下结构适用的措施。

（1）在轨道附近的新建结构要仔细选择位置。

（2）避免电缆与管线和其他结构接触。

（3）管线和电缆的金属铠装要绝缘。

（4）对新建结构使用绝缘涂层。

（5）使受腐蚀影响的结构相互连接并与地铁的回流电路相连。

这些措施代表了当时最好的减少杂散电流和腐蚀的方法。其基本原理到目前为止仍然有效，并且形成了当今杂散电流控制设计的基础。然而对上述第5项措施需进一步说明，地铁结构和回流电路之间的连接只能作为其他措施的补充或一个临时措施。因为它降低了回流的电阻，增加了杂散电流的数量，排流不应作为高轨道电阻的替代。现代的排流也不是简单的直接排流，而往往是将排流和轨道电位的限制与接地结合等综合考虑的智能排流。

现代杂散电流控制技术基本遵从和美国国家标准局1921年报告相同的基本原则和要点，但应用了一些现代的先进技术，如采用新的道床材料和电力电子技术等。通常，这些控制措施被分为以下两类。

（1）改进轨道交通系统。

（2）改进轨道交通系统附近的地下结构。

主要通过以下一项或多项措施来实现。

（1）减小回流轨的电阻。

（2）增加泄漏路径对地电阻。

（3）增加大地和地下金属结构之间的电阻。

（4）增加地下金属结构的电阻。

前两项措施和改进轨道交通系统有关，后两项措施和改进地下金属结构有关。

任务三　操作运用案例

【操作运用案例】城市轨道交通供电系统认知

1.实训项目教师工作活页

实训项目教师工作活页			NO：＿＿＿＿
实　训　项　目	城市轨道交通供电系统认知		
学　　　时	2	班　　级	略
实　训　场　所	列车控制仿真实验室		

续表

工具设备	城市轨道交通牵引直流、交流、线性电动机实物模型各1套;仿真列车控制系统装置1套;多媒体设备课件、图片、示教板等。	
教学目标	专业能力	(1)能说出城市轨道交通供电系统构成及作用。 (2)能指认供电系统的主要部件并说出各部件的名称。 (3)能说出供电系统的供电方式和主要特点。 (4)能区分城市轨道交通供电的主要形式。
	方法能力	(1)能综合运用专业知识,通过专业书籍、上网查询、多媒体课件和图片资料获得帮助信息。 (2)能根据实训项目学习任务确定实训方案,从中学会表达及展示活动过程和成果。
	社会能力	(1)能在实训活动中保持积极向上的学习态度。 (2)能与小组成员和教师进行交流和沟通。 (3)能与他人共享学习资源,具有较好的合作能力和团队协作精神。
教学活动	略(详见教学活动设计)	
教学评价	学生活动: (1)以5~7人小组为单位开展实训活动,根据本组同学在实训过程中的能力表现及结果进行组内互评。 (2)根据其他小组同学在成果展示活动中的表现及结果进行互评。 教师活动: (1)教师组织学生开展评价活动和总结。 (2)对学生本单元项目单元成绩做出综合评价。	
教学资料	(1)城市轨道交通概论教材。 (2)城市轨道交通运输设备参考书。 (3)实训项目学生学习活页(附页)。	
指导教师		教学时间　　　　　　年　　月　　日

2.实训项目学生学习活页

实训项目学生学习活页　　　　　　NO:_____

实训项目　城市轨道交通供电系统认知

班级:_____　姓名:_____　学号:_____　时间:_____

一、实训目标

1.专业能力目标
(1)能说出城市轨道交通供电系统构成及作用。
(2)能指认供电系统的主要部件并说出各部件的名称。
(3)能说出供电系统的供电方式和主要特点。
(4)能区分城市轨道交通供电的主要形式。

2.方法能力目标
(1)能综合运用专业知识,通过专业书籍、上网查询、多媒体课件和图片资料获得帮助信息。
(2)能根据实训项目学习任务确定实训方案,从中学会表达及展示活动过程和成果。

3.社会能力目标
(1)能在实训活动中保持积极向上的学习态度。
(2)能与小组成员和教师进行交流和沟通。
(3)能与他人共享学习资源,具有较好的合作能力和团队协作精神。

续表

二、知识总结

(1) 说出城市轨道交通供电系统的构成。

(2) 说出城市轨道交通供电系统的功能。

(3) 说出城市轨道交通供电系统的特点。

(4) 简要说出城市轨道交通供电系统的电流和电压制式。

三、实训小结

_____

_____

四、成绩评定

1. 学生评价

评价等级	A—优	B—良	C—中	D—及格	E—不及格
学生自评					
组内互评					
他组互评					

2. 教师评价

评价等级	A—优	B—良	C—中	D—及格	E—不及格
专业能力					
方法能力					
社会能力					
评价结果					

3. 综合评价

评价等级	A—优	B—良	C—中	D—及格	E—不及格
评价结果					

注：按照学生自评占10%、组内互评占10%、他组互评占20%、教师评价占60%的比例计分。其中，A—100分，B—85分，C—75分，D—60分，E—50分。

续表

4.评价量规	
等　　级	行为表现描述
A	能圆满高效地完成实训任务的全部内容
B	能顺利完成实训任务的全部内容
C	能完成实训任务的全部内容,但需要一些帮助和指导
D	自己只能完成实训任务的部分内容,但在老师的指导下,能够完成任务的全部内容
E	不能完成实训任务的全部内容

 思考与练习

1.城市轨道交通的特点是什么?

2.供电制式选择的原则是什么?

3.城市轨道交通供电系统由哪几部分组成?

4.城市电网对城轨交通的供电方式有哪些?

5.城市轨道交通供电系统的电压等级主要有哪几种?

6.城市轨道中的杂散电流主要是什么?

7.杂散电流的防护措施有哪几种?

项目二 外部电源和主变电所

城市轨道交通供电系统担负着列车运行所需的一切电能的供应与传输,是城市轨道交通安全及可靠运行的重要保证。城市轨道交通系统的外部电源方案,应根据城市电网构成的不同特点,可采用集中式、分散式、混合式等不同形式。究竟采用何种方式,应通过计算确定所需要负荷之后,根据城市轨道交通路网规划、城市电网构成特点、工程实际情况综合分析确定。

高压主变电所由发电厂或区域变电所直接供电。在主变电所将城市电网的高压(110 kV或220 kV)降压后,分别以不同电压等级(35 kV或10 kV)向牵引变电所和降压变电所供电,是城市轨道交通供电系统的集中变电所。

任务一 外部供电电源

学习目标

(1)了解电力系统的组成、结构和工作原理。
(2)了解城轨供电系统包括的基本单元。
(3)了解电力系统的电压等级分类和应用。
(4)熟悉外部电源的供电方式和特点。

学习任务

认知城市轨道交通供电系统的概念、组成、功能及要求,熟悉城市轨道交通供电系统的电压等级类型及应用范围,并了解外部电源的供电模式和各自的特点。

工具设备

城市轨道交通供电系统仿真软件、牵引变电所的设备沙盘模型、电气设备实物零部件或实物模型、图片、多媒体设备等。

教学环境

理实一体化教室或列车运行控制仿真实验室。

基础知识

地铁供电系统的外部电源就是对地铁供电系统主变电所供电的城市电网电源。根据功能的不同，外部电源供电的形式有集中式供电、分散式供电和混合式供电。

集中式供电通常从城市电网110 kV侧引入两回电源，按照地铁设计规范要求，至少有一回电源为专线。对于集中式供电，城市轨道交通供电系统可分为：外部电源、主变电所、牵引供电系统、动力照明配电系统、电力监控（SCADA）系统。

对于分散式供电，城市轨道交通供电系统则可分为：外部电源、（电源开闭所）、牵引供电系统、动力照明配电系统、电力监控系统。牵引供电系统又可分为牵引变电所与牵引网系统，动力照明配电系统又可分为降压变电所与动力照明。

一、电力系统基本概念

通常国家供电系统总是把在同一个区域（或大区）的许多发电厂通过高压输电线和变电所联结起来成为一个大的统一的供电系统，向该区域的负荷供电，这样由各级电压输电线将发电厂、变电所和电力用户联结起来的一个发电、输电、变电、配电和用户的统一体被称为电力系统，如图2-1所示。

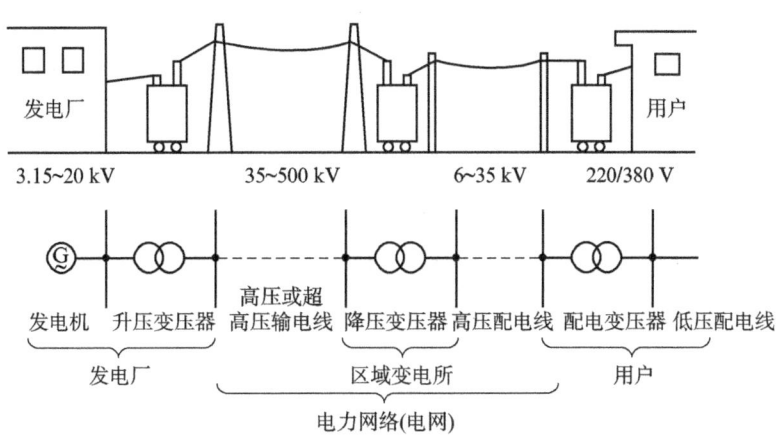

图2-1 电力系统的结构

电厂可能与其用户相距甚远，为了能得到经济输电，必须将输电电压升高，以减少线路的电压损失和能量损耗，因此在发电厂的输出端接入升压变压器以提高输电电压。目前我国用得最普遍的输电电压等级为110 ～ 220 kV。

通常高压输电线到了各城市或工业区以后通过区域变电所（站）将电能转配或降低一个等级，如35 ～ 10 kV向附近各用电中心送电。城市轨道交通牵引用电既可从区域变电所高压线路得电，也可以从下一级电压的城市地方电网得电，这取决于系统和城市地方电网具体情况及牵引用电量大小。

对于直接从系统高压电网获得电力的城市轨道交通系统，往往需要再设置一级主降压变电站，将系统输电电压如110～220 kV降低到10～35 kV以适应直流牵引变电所的需要。从管理的角度上看，主降压变电站可以由电力系统（电业部门）直接管理，也可以归属于城市轨道交通部门管理。

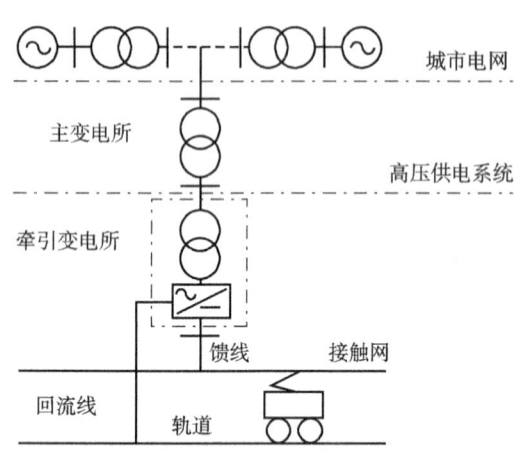

图2-2 城市轨道交通牵引供电系统的构成

以上，从发电厂（站）经升压、高压输电网、区域变电站至主变电站部分通常被称为牵引供电系统的"外部（或一次）供电系统"。

从主降压变电站（当它不属于电力部门时）及其以后部分统称为"牵引供电系统"，如图2-2所示。

主要包括主降压变电站、直流牵引变电所、馈电线、接触网、走行轨及回流线等。直流牵引变电所将三相高压交流电转换成适合电动车辆应用的低压直流电。馈电线是将牵引变电所的直流电送到接触网上。接触网是沿列车走行轨道架设的特殊供电线路，电动车辆通过其受流器与接触网的直接接触而获得电力。走行轨道构成牵引供电回路的一部分。回流线将轨道回流引向牵引变电所。

二、电力系统的电压

城市轨道交通的用电负荷按其功能不同可分为两大用电群体。一是电动客车运行所需要的牵引负荷，二是车站、区间、车辆段、控制中心等其他建筑物所需要的动力照明用电，如通风机、空调、自动扶梯、电梯、水泵、照明、AFC系统、FAS、BAS、通信系统和信号系统等。

保证电动客车畅行，安全、可靠、迅捷、舒适地运送乘客，是供电系统的根本目的。在上述用电群体中，有不同电压等级直流负荷、不同电压等级交流负荷，固定负荷、时刻在变化的运动负荷。每种用电设备都有自己的用电要求和技术标准，而且这种要求和标准又相差较大。城市轨道交通供电系统就是要满足这些不同用户对电能的不同需求，以使其发挥各自的功能与作用。

轨道交通采用直流供电，因为直流电适合于电气牵引的调速要求，而且直流牵引接触网结构简单，建设投资少，电压质量高。

电压制由低压到高压，有600V、750V、825V、1000V、1200V和1500V等，其发展趋势是国际IEC电压标准，为600V、750V、1500V，而我国国标电压标准为750V和1500V两种。所以，目前国内各城市的地铁和轻轨采用的电压制均在750V和1500V之间进行选择。

电流制有直流、交流两类，国际电力牵引设备委员会建议采用下列数值。

直流：600 V，750 V，1500 V，3000 V（标称值）。

交流：6250 V，15000 V，25000 V（标称值）。

我国国家标准采用DC 750 V和DC 1500 V两种。轨道交通供电制式是指供电系统向电动车辆或电力机车供电所采用的电流和电压制式。

三、电力系统的运行方式

由于交通运输的重要性，所有轨道交通的牵引供电都属于电力部门供电的一级负荷，即要确保供电的可靠性。为此，牵引变电所均由两个独立的电源供电。又由于轨道交通线路分布范围较广，通常需要在轨道沿线设置多个牵引变电所向它供电，再加上电源线路的具体分布情况不同，因此，造成向牵引变电所供电的形式复杂多样，但可以将它归纳成以下几种典型的形式。

（一）环形供电

环形供电如图2-3所示，由两个或两个以上主降压变电站和所有的牵引变电所用输电线连成一个环形，环形供电是很可靠的供电线路，因为在环形供电情况下，一路输电线和一个主降压变电站同时停止工作时，只要其母线仍保持通电，就不致中断任何一个牵引变电所的正常供电，但其投资较大。

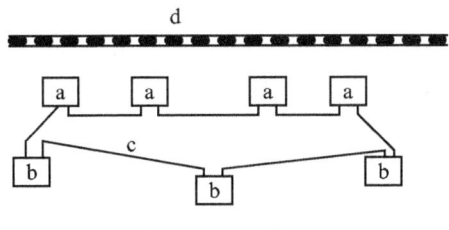

图2-3　环形供电

优点：供电线路工作可靠。如果一个主变电所或一路输电线发生故障，均不导致中断牵引变电所的工作。缺点：投资较大。

（二）双边供电

双边供电如图2-4所示，由两个主降压变电站向沿线牵引变电所供电，通往牵引供电所的输电线都经过其母线连接，为了增加供电的可靠性，用双路输电线供电，而每路按输送功率计算。这种接线可靠性稍低于环线供电。当引入线数目较多时，开关设备多，投资增加。

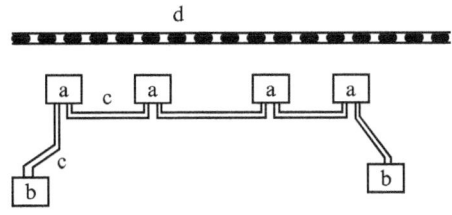

图2-4　双边供电

优点：双路供电线路，每路均按输送功率计算，工作可靠。缺点：投资较大。

（三）单边供电

单边供电如图2-5所示，当轨道沿线附近只有一侧有电源时，则采用单边供电。单边供电较环形供电的可靠性差，为了提高可靠性，应用双回路输电线供电，单边供电设备较少，投资也少。

在双边供电和单边供电的情况下，每路输电线可以不必都进入所有的牵引变电所，而是轮流地每隔一个变电所再进入，这样可以减少进线的数目而降低变电所的投资。

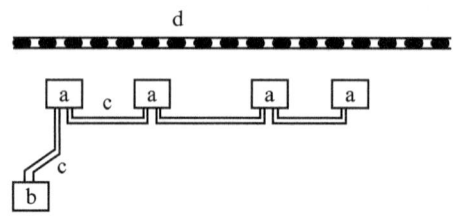

图2-5　单边供电

优点：设备相对较少，投资小。缺点：单边供电的可靠性不如环行供电和双边供电方式。为提高可靠性，仍应采用双路输电线供电。

（四）辐射形供电

辐射形供电如图2-6所示，每个牵引变电所用两路独立输电线与主降压变电站连接。这种接线方式适合于轨道线路成弧形的情况，这种接线简单，但当主降压变电所停电时，全线将停电。

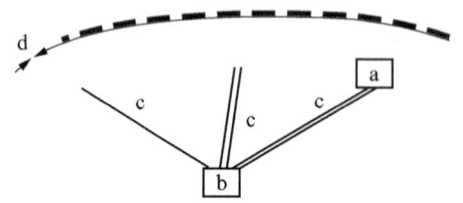

a—牵引变电所；b—主降压变电所；c—线条表示一路三相输电线；
d—轨道线

图2-6　辐射形供电

辐射形供电优点：接线简单，投资小。辐射形供电缺点：若主变电所发生故障，则将全线路停电。

实际应用时，通常都是上述某些典型接线方式的综合，变配电接线图的设计选择原则是：当供电系统中的某一个元件发生故障或损坏时，它应能自动解列而不致破坏牵引供电。

每个牵引变电所用两路独立输电线与主降压变电站连接。这种接线方式适合于轨道线路成弧形的情况。这种接线简单，但当主降压变电所停电时，将全线停电。供电可靠、电能质量高，主接线图简单，维护方便。

相关案例及知识拓展

国内地铁轨道交通线网供电安全性分析

随着我国经济的快速发展及城镇化的大力推进，城市客运量大幅增长，在一些特大城市单纯采用常规公共交通系统已不能适应我国城市发展的实际需求，运输效率更高的城市轨道交通建设步入快速发展阶段，同时地铁交通在资源节约、环境保护、舒适、安全、快捷等方面有很大的优势。供电系统是地铁交通的重要组成部分，地铁要正常运行，就需要供电系统安全可靠地供电，一旦供电系统发生故障，将使整条线路失去运营能力，会造成重大经济损失。

地铁轨道供电系统的调度与城市电网的电力调度密切配合是实现地铁轨道供电系统正常运行的重要保证。牵引供电系统是一个较为复杂的用户供电系统，地铁轨道电调中心采用电力监控系统对地铁轨道供电实行遥测、遥控、遥信、遥调。

完备的供电系统安全管理制度。规范完备的供电系统安全管理制度是实现地铁运营安全的基础。目前从保障我国地铁安全运营的实际情况来看，亟须建立地铁灾害应急处理制度、地铁设施设备日常安全维护制度、地铁紧急状况定期演练机制及国民地铁供电系统安全教育计划。

完备的供电检测系统、安全装置、消防设施和信息传输系统。地铁供电系统也要严格贯彻"安全第一，预防为主"的方针。对于内部线路情况进行实时检测就是一项重要手段，在牵引变电所内安装摄像头，可以检测到任何牵引变电所故障情况。地铁供电系统安全装置一般包括所内报警按钮、智能烟感探头、紧急照明和通风系统。消防设施包括灭火器、自动喷淋装置和排烟装置等。

对供电系统设备及设施的日常维护。保持地铁供电系统长周期的正常运行，要求对各类设施及设备及时维护保养，以减少随即故障的影响。从防灾、抗灾的角度来分析，日常安全维护制度还要确保牵引变电所内设备的完备性，灭火装置的充分性及可用性。

地铁轨道交通供电系统是一个牵涉到多种技术领域，由多种设备、多种硬软件、多种设施组成的复杂系统。目前地铁轨道交通的供电问题经过数十年的建设与经营，已经基本解决了可靠性的问题。目前突出的问题是怎样根据地铁轨道交通网络的总体规划和建设进度，对地铁轨道交通网络的供电系统做网络化规划，打破既有线路供电系统各自为政的局面，充分利用轨道交通供电网现有和建设中的资源，以从系统的角度降低重复建设成本，使地铁轨道交通更加健康有序地发展。

任务二　主变电所

学习目标

（1）熟悉主变电所的功能和作用。
（2）了解主变电所中的主要电气设备的特点、作用及类型。
（3）熟悉主变电所的接线方式和工作原理。

学习任务

认知城市轨道交通供电系统主要包括的功能、组成及要求、城市轨道交通外部供电方式、主变电所的构成及作用、包括哪些主要电气设备及其类型和特点等。

工具设备

城市轨道交通供电系统仿真软件、牵引变电所设备沙盘模型、变电所高（低）压开关实物模型（如35 kV/10 kV真空断路器、RN型或RW-10跌落式熔断器、单级/隔离开关等）、电气设备实物零部件、变压器实物或模型、图片、多媒体设备等。

教学环境

理实一体化教室或轨道交通综合实验室。

基础知识

城市轨道交通作为城市电网的一个用户，一般都直接从城市电网取得电能，无须单独建设电厂对城市轨道交通进行供电。

在城市轨道交通沿线，根据用电容量和线路长短，建设专用的主变电所。主变电所为地铁线路的总变电所，承担整条地铁线路的电力负荷的用电。主变电所进线电压一般为110 kV，经降压后变成35 kV或10 kV，供牵引变电所与降压变电所。主变电所应有两路独立的进线电源。采用集中式供电，有利于城市轨道交通供电形成独立体系，便于管理和运营。

一、主变电所功能及设置

主变电所的功能是接受城市电网高压电源（通常为110 kV），经降压为牵引变电所、降压变电所提供中压电源（通常为35 kV或10 kV），主变电所适用于集中式供电（用于三级电压供电）。

主变电所的位置和容量的设置，应遵循靠近线路、负荷平衡、资源共享的原则，从而达到节能的效果。主变电所运行时接入城市电网，需要通过城市供电部分的审查。以下述四点原则来确定主变电所的设置。

（1）应尽量靠近城市轨道交通线路、接近负荷中心。

（2）各主变电所的负荷平衡，并使其两侧的供电距离基本相同。

（3）靠近城市轨道交通车站，以缩短电缆通道的距离，减少城市地下管网的交叉和干扰。

（4）应考虑路网规划与其他城市轨道交通线路的资源共享，应预留电缆通道和容量。

二、主要电气设备

变电所内的电气设备按所属电路性质分为两大类：一次高压电路中所有的电气设备即为一次设备；二次控制、信号和测量电路中的所有电气设备即为二次设备。至少两台变压器，有开路电路的开关，汇集电流的母线，计算和控制互感器，避雷装置，调度通信装置等。

一次设备按其在一次电路中的功能又可分为变换设备、控制设备、保护设备、补偿设备和成套设备等类型。

（一）变换设备

用以变换电能电压或电流的设备，如电力变压器、整流器、电压互感器、电流互感器等。

（二）控制设备

用以控制电路通断的设备，如各种高、低压开关设备。

（三）保护设备

用以防护电路过电流或过电压的设备，如高、低压熔断器和避雷器等。

（四）补偿设备

用以补偿电路的无功功率以提高系统功率因数的设备，如高、低压电容器，静止无功补偿装置等。

（五）成套设备

按一定的线路方案将有关一次、二次设备组合而成的设备，如高压开关柜，低压配电屏，高、低压电容器柜和成套变电站等。

1. 主变压器

1）变压器的作用

变压器是变电所最主要的设备之一，是一种传递和变换交流电能的静止变化器，其作用是将交流电源的电压进行升高或降低，如图2-7所示。

图2-7 变压器

按功能分为升压变压器、降压变压器；按相数分为单相、三相、多相变压器；按绝缘方式分为干式、浇注式、油浸式变压器等。

2）变压器的工作原理

变压器是一种按电磁感应原理工作的电气设备。一个单相变压器的一、二次侧的两个线圈绕在一个铁芯上，一次侧开路，二次侧施加交流电压U_1，则二次侧线圈中流过电流I_1在铁芯中产生磁通。磁通穿过一次侧线圈在铁芯中闭合，在一次侧感应一个电动势E_2。当变压器一次侧接上负载后，在电势的作用下将有一次电流I_2通过，这样负载两端会有一个电压降U_2，电压降U_2约等于E_2，U_2约等于E_1，所以：

$$U_1/U_2=E_1/E_2=W_1/W_2=K$$

式中，U_1、U_2为一、二次侧线圈的端电压；W_1、W_2为一、二次侧线圈的匝数；K为变压器的变比。

由于变压器一、二次侧线圈匝数不同，因而起到了变换电压的作用。变压器的电压变比是绕组的匝数比，电流变比是绕组匝数比的倒数。根据上述原理可以制造出单相、三相等各种变压器。

3）变压器的结构

电力变压器根据容量、电压等级、线圈数的不同，外形和附件也不完全相同，但主要部件基本上是相同的。变压器的结构如图2-8所示。变压器的主要部件及功能如下。

（1）油箱。

油箱是变压器的外壳，内部充满变压器油，铁芯和绕组都安装在油箱内，铁芯和绕组浸在油中。变压器油是绝缘的，它一方面起绝缘作用，同时也起散热作用。变压器的一些部件安装在油箱上。

（2）油枕。

油枕也称油柜。变压器油因温度变化会发生热胀冷缩现象，油面也将随温度的变化而上升或下降。油枕的作用是储油与补油，使变压器油箱内保证充满油，同时油枕缩小了变压器与空气的接触面，减少了油的老化速度。油枕侧面装有油

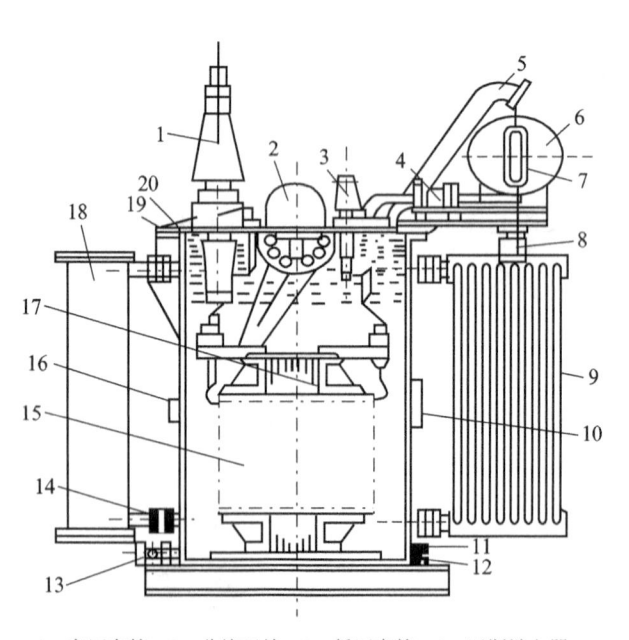

1—高压套管；2—分接开关；3—低压套管；4—瓦斯继电器；
5—防爆管；6—油枕；7—油位表；8—呼吸器；9—散热器；
10—铭牌；11—接地螺栓；12—油样阀门；13—放油阀门；
14—阀门；15—线圈；16—信号温度计；17—铁芯；
18—净油器；19—油箱；20—变压器油

图2-8 变压器的结构

位计，可以监视油量的变化。

（3）防爆装置。

防爆装置有防爆管和压力释放装置两种。防爆装置是安装在变压器顶盖上的。当变压器内部发生故障，变压器油剧烈分解产生大量气体，使油箱内压力剧增时，防爆装置将油及气体排出，防止变压器油箱爆炸或变形。

（4）绝缘套管。

变压器绕组的引出线采用绝缘套管，以便与箱体绝缘。绝缘套管有纯瓷、充油和电容等不同形式。

（5）瓦斯继电器。

瓦斯继电器又称为气体继电器，是变压器内部故障的主保护装置，它装在油箱和油枕的连接管上。当变压器内部发生严重故障时，瓦斯继电器接通断路器跳闸回路；当变压器内部发生不严重故障时，瓦斯继电器接通故障信号回路。

（6）调压装置。

调压装置是为了保证变压器二次测电压而设置的。当电源电压变动时，利用调压装置调节变压器的二次电压。调压装置分为有载调压和无载调压两种。有载调压可以在变压器带负载的状态下进行电压调节，而无载调压装置的调压则必须在不带负载的情况下才能进行操作。

2. 高压断路器

断路器是一种对电路进行控制（开断、关合）和保护的高压电器开关，它是变电所的重要设备之一，用于自动切断负载电流和短路电流。断路器不仅可以切断与闭合高压电路的空载电流和负载电流，而且当系统发生故障时，它与继电保护装置相配合，可以迅速地切断故障短路电流，以减小停电范围，防止事故扩大，保证系统的安全运行。

SN10-10型少油断路器如图2-9所示，按绝缘方式和灭弧介质分为：油断路器、六氟化硫气体断路器、真空断路器、空气断路器等。

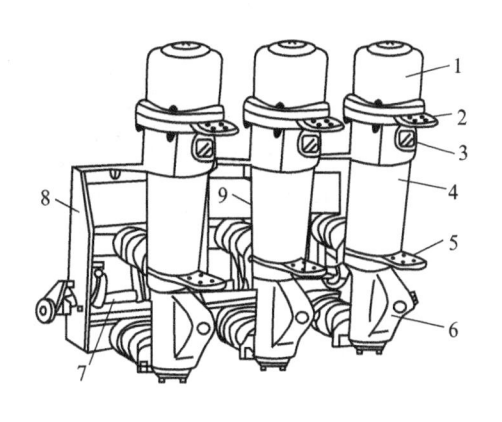

1—铝帽；2—上接线端子；3—油标；4—绝缘筒；5—下接线端子；6—基座；7—主轴；8—框架；9—断路器弹簧

图2-9　SN10-10型少油断路器

油断路器的灭弧室和触头都安装在瓷套中，瓷套中的油作为灭弧介质。油断路器在早期使用较多，随着技术的发展，已逐步被性能更优越的断路器所取代。其特点是：体积小，重量轻，可以节省大量钢材，并且爆炸和失火的危险性小。由此广泛应用于配电所中。

真空断路器是利用真空作为绝缘和灭弧介质的断路器，其核心部件是真空灭弧室。ZN6-10 kV真空断路器如图2-10所示。

真空断路器电寿命长，能频繁操作，新型的真空断路器可以开断额定电流上万次，开断短路电流数十次，而且无爆炸、火灾的危险，目前正得到广泛的应用。

图2-10　ZN6-10 kV型真空断路器

六氟化硫（SF_6）气体断路器如图2-11所示，六氟化硫是一种无色、无臭、无毒、不燃的惰性气体，它具有良好的灭弧和绝缘性能，用六氟化硫气体作为灭弧和绝缘介质的新型气吹断路器，已得到了广泛的应用。六氟化硫气体断路器在吹弧的过程中，气体不排入大气，而在封闭系统中反复使用。

图2-11　六氟化硫（SF_6）气体断路器

断路器的工作由操作机构进行控制的，断路器的操作机构有电磁操作机构、弹簧操作机构、液压操作机构和气动操作机构等。

电磁操作机构是利用电磁铁作为操作动力，其特点是结构简单，动作可靠，但需要大容量的直流电源。

弹簧操作机构是利用电动机使合闸弹簧压缩储能作为操作动力,其特点是结构简单,不需要大容量直流电源。

液压操作机构是利用氮气压缩储能,以油作为传递压力的介质,由工作缸活塞的运动带动断路器工作。这种机构效率高,一次储能可以多次动作,而且动作平稳,但各部件加工精度要求较高,工作中要保持良好的密封性能。

气动操作机构是利用压缩机将空气压缩并储存在汽缸内,由压缩空气推动操作机构中的汽缸活塞,使断路器动作,其优点是操作平稳可靠,不需大容量直流电源,但要有压缩空气系统。

3. 隔离开关

隔离开关是一种没有灭弧装置的开关电器,在分闸状态下有明显的断口,隔离开关的结构如图2-12所示。因其没有熄弧装置而不能切断负载电流和短路电流,但可在无负荷电流时接通和断开电路。在断开状态,能起到隔离电压的作用。为运行、操作、检修提供方便和安全保障。

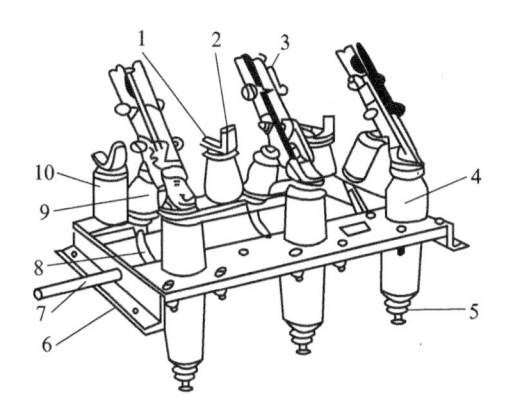

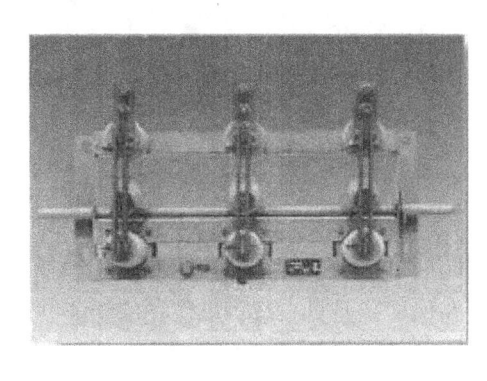

1—上接线端子;2—静触头;3—闸刀;4—操作瓷瓶;
5—下接线端子;6—底座;7—转轴;8—拐臂;9—升降绝缘子;10—支柱瓷瓶

图2-12 高压隔离开关(户内配电用隔离开关)

隔离开关通常和断路器配合使用,在操作中必须注意与断路器操作的先后顺序。当合闸时,先合隔离开关,后合断路器;分闸时,先分断路器,后分隔离开关。这种操作通常称为倒闸操作。为了保证安全,一般采用连锁装置,以防止误操作。

隔离开关的主要用途如下。

(1)为设备或线路的检修与分段进行电气隔离。

(2)在断口两端电位接近的情况下,倒换母线,改变接线方式。

(3)分合一定长度的母线和电缆。

(4)分合一定容量的空载变压器、一定长度的空载线路和电压互感器。

4. 母线

一种汇合和分配电能的导线。室外常用软质母线，如钢芯铝铰线；室内则采用硬质母线，如铝排。

母线如图2-13所示，母线常用颜色标记识别，在三相交流系统中：黄线——A相，绿线——B相，红线——C相；在直流系统中：红色——正极，蓝色——负极，黑色——零线及接地线。

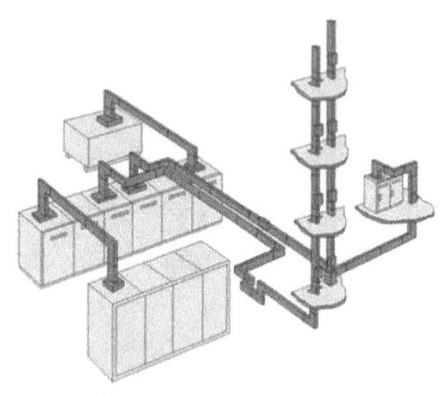

图2-13　母线

5. 熔断器

熔断器是一种在通过的电流超过规定值时使其熔体熔化而切断电路的保护电器。熔断器的功能主要是利用过负荷或短路电流导致熔体发热熔断原理设计，对电路及其中设备进行短路保护，并具有过负荷保护的功能。

熔断器在电流超过最小熔断电流时，熔断时间随电流增大而缩短，一旦熔体熔断，须停电更换熔体。

熔断器由金属熔体、支持熔体的触头装置和外壳等组成，当电路中电流过大时，熔体将被烧断，这样，当电路中过载或短路时，熔断器能迅速切断电路，使电路中的各种电气设备得到保护。熔断器的优点是结构简单、价格低、体积小、维护与更换方便、应用广泛；缺点是不能用于正常切断或接通电路，而必须与其他电器配合使用。另外，当熔体熔化后必须更换熔断器，才可以接通电路。

熔断器主要有管式熔断器和跌落式熔断器两种，如图2-14、图2-15所示。低压熔断器一般采用插入式纤维管瓷管熔断器。高压熔断器有充石英砂瓷管熔断器、室外用角式和跌落式熔断器。

跌落式熔断器一般用于露天变电所，可作为保护元件。

6. 电压互感器

电压互感器又称为压变，是一种用于测量、控制和保护回路的变压器，如图2-16所示。电压互感器的作用是：把高电压按比例关系转换成100 V或更低等级的标准二次电压，供保

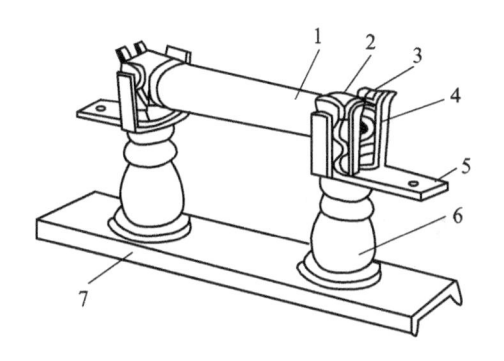

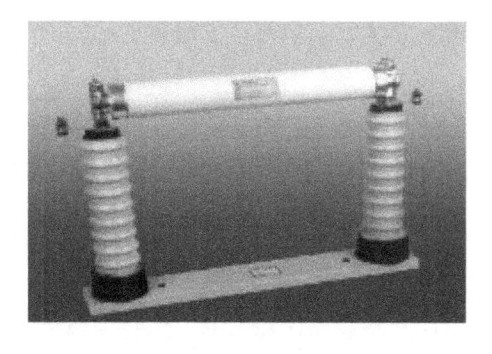

1—瓷烙管；2—金属管帽；3—弹性触座；4—熔断器；5—接线端子；6—瓷绝缘子（支柱瓷瓶）；7—底座

图2-14 高压管式熔断器（RN1、RN2型）

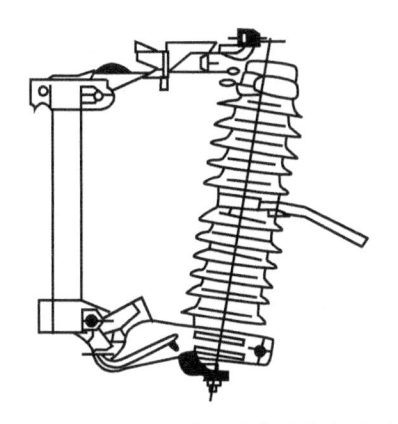

图2-15 高压跌落式熔断器（RW4-10G型）

护、计量、仪表等装置使用。同时，使用电压互感器可以将高电压与电气工作人员隔离。

其一次绕组并联在一次电路中，二次绕组则并联仪表、继电器的电压线圈。由于仪表、继电器的电压线圈阻抗很大，所以电压互感器工作时二次回路接近于空载状态。二次绕组的电压一般为10 V。电压互感器分为双绕组和三绕组，单相和三相，干式、油浸式和浇注式，屋内和屋外等形式。

图2-16 JDZJ-10（W）和JDZW-12型电压互感器

电压互感器的主要技术参数如下。

1）变比K_u

变比K_u一般定义为一次额定电压与二次额定电压之比。

2）准确级

电压互感器的误差用准确级表示。根据不同的需要可以选用不同的准确级。

3）额定容量

电压互感器的误差与其二次负荷有关，因此，不同的电压互感器给出其在保证准确级下的最大负荷。若二次负荷超出所给定的负荷时，其误差将增大。同时，还给出最大负荷功率，这由热稳定性确定的，当超过最大负荷功率时，互感器将被烧坏。

电压互感器在运行时二次侧不允许短路。这是因为，电压互感器二次侧有一定的电压，应接于能承受该电压的回路里。电压互感器本身阻抗很小，如果二次侧短路，会出现二次侧通过的电流增大造成保险熔断，从而影响表针指示及引起保护误动作，如果保险容量选择不当极易损坏电压互感器。

7. 电流互感器

电流互感器又称流比，是一种电气测量、控制和保护回路的变流器。LZW-12型和LAZRJ-10型电流互感器如图2-17所示。将其一次线圈串连在一次回路中，二次绕组与仪表、继电器等装置的电流线圈串连，形成闭合回路。电流互感器有单匝和多匝式、干式、油浸式和浇注式，屋内和屋外等形式。

图2-17　LZW-12型和LAZRJ-10型电流互感器

电流互感器的主要技术参数如下。

1）变比K_i

变比K_i一般定义为一次侧额定电流与二次侧额定电流之比。

2）准确级

与电压互感器类似，电流互感器的误差也用准确级表示。

3）额定容量

电流互感器的误差与其二次负荷有关，不同的电流互感器给出在保证准确级下的最大负荷。若二次负荷超出所给定的负荷时，其误差将增大。

电流互感器在运行时二次侧不允许开路，这是因为电流互感器二次侧开路时，二次侧电流等于零，一次侧电流完全变成了减磁电流，在二次线圈上产生很高的电势，其峰值可达几千伏，威胁人身安全，或造成仪表、保护装置、电流互感器二次绝缘损坏。另一方面，原边绕组磁化力使铁芯磁通密度过度增大，可造成铁芯过热而损坏。

8.避雷器

避雷器是一种防止从线路浸入的雷电波损坏电器设备绝缘的保护电器，一般有保护间隙型（角型）、管型、阀型等。

避雷装置又称防雷装置，其作用是防止电气设备的雷电过电压。雷电过电压，由于电力设备或建筑物遭受直接雷击或雷电感应而发生的过电压。雷电过电压又称为大气过电压或外部过电压。雷电过电压产生的雷电冲击波，其电压幅值可达100 MV，电流幅值可达几百千安，因此，对电气设备的正常运行危害极大，必须采取措施加以防护。

一个完整的避雷设备一般由接闪器、避雷器、引下线和接地装置等组成。

（1）接闪器

接闪器就是专门用来接受雷闪的金属物体。接闪器的金属杆称为避雷针；接闪器的金属线称为避雷线或架空地线；接闪器的金属带、金属网，称为避雷带、避雷网。所有接闪器都必须经过引下线与接地装置相连。

（2）避雷器

并联补偿电容器避雷器（复合外套金属氧化物避雷器）如图2-18所示，避雷器是一种过电压保护设备，用来防止雷电所产生的大气过电压沿架空线路侵入变电站或其他建筑物内，以免危及被保护设备的绝缘。避雷器也可以用来限制内部过电压。避雷器与被保护设备并联，使其放电电压低于被保护设备的绝缘耐压值。

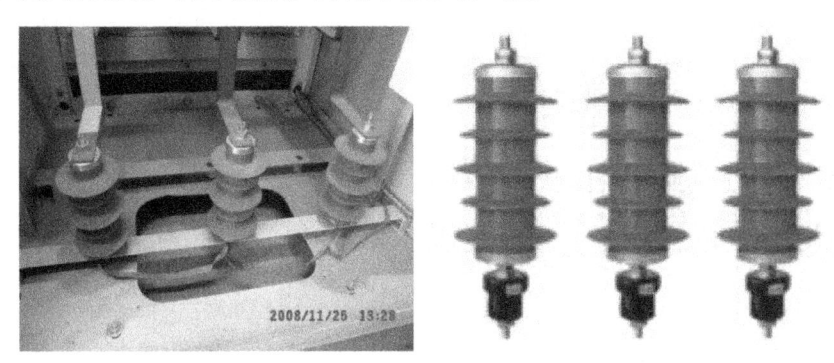

图2-18 并联补偿电容器避雷器（复合外套金属氧化物避雷器）

根据使用场所不同分为配电型（S）：保护相应电压等级的开关柜、变压器、箱式变压器、电缆头等有关配电设备免受大气过电压和操作过电压的损坏；电站型（Z）：保护发电厂、变电所中交流电器设备免受大气过电压和操作过电压的损坏；电机型（D）：限制真空断路器或少油断路器投切旋转电机时产生的过电压，保护旋转电机免受操作过电压的损坏；电容器型（R）：抑制真空断路器或少油断路器操作电容器组产生的过电压，保护电容

器组免受操作过电压的损坏。S型用于10 kV配电线路（出线），Z型用于母线设备（PT柜）和主变10 kV侧（进线）。

变电所内主要电气元件的标准文字符号和图形如表2-1所示。

表2-1　主要电气元件的标准文字符号和图形

名称	图形	符号	名称	图形	符号
三相变压器		B	电压互感器		YH
断路器		DL	电流互感器		LH
带隔离触指断路器		DS	阀型避雷器		BL
隔离开关		G	整流器		ZL
母线		M	带隔离触指直流高速开关		SK
熔断器		RD	低压交流开关		DK

9. 六氟化硫全封闭组合电器（GIS）

在城市轨道交通变电所中，由于空间相对较小。对设备之间的安全距离、设备检修等方面有较高的要求，十分适合采用封装式的组合电器。

六氟化硫全封闭组合电器是将变电站（所）一次接线中的电器元件（断路器、母线、隔离开关、接地开关、电流互感器、电压互感器、避雷器、出线套管、电缆终端等的组合）封闭于接地的金属桶体内，充以一定压力的六氟化硫气体，形成以六氟化硫为绝缘介质的金属封闭式开关设备，并通过电缆终端、进出线套管或封闭母线与外界相连。全封闭组合电器布置如图2-19所示。

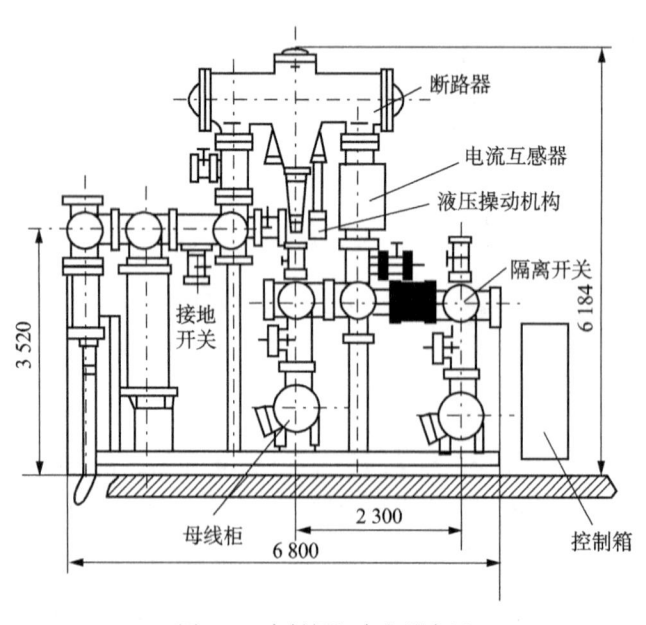

图2-19　全封闭组合电器布置

全封闭组合电器（GIS）具有

很大的优越性,但前提条件是封装的电气设备要具有很高的可靠性。由于六氟化硫气体具有很高的绝缘强度,利用全封闭组合电器可缩小各元件之间的绝缘距离,从而使整套配电装置的占地面积和空间体积缩小,现场的施工工作量大大减少。电气设备进行封装以后,避免了各种恶劣环境的影响,减少了设备故障的可能性,提高了安全性并延长了设备检修周期。

三、电气设备的选择

电气设备选择的一般条件是能可靠地工作,必须按正常工作条件进行选择,按短路条件校验其动、热稳定性。

(一)高、低压母线的选择(35 kV侧和10 kV侧)

母线是指在变电所中各级电压配电装置的连接线,以及变压器等电气设备和相应配电装置的连接线,大都采用矩形或圆形截面的裸导线或绞线,这统称为母线。母线的作用是汇集、分配和传送电能,一般35 kV以下变电所都采用便于固定的硬母线。

(1)按经济电流选择母线截面。

(2)校验热稳定。

(二)高、低压断路器的选择(35 kV侧和10 kV侧)

断路器是能够关合、承载和开断正常回路中的电流,在规定的时间内承载和开断异常回路的电流的开关装置。它是一种既有手动开关作用,又能自动进行失压、欠压、过载和短路保护的电器,按其使用范围分为高压断路器和低压断路器。高压断路器可按照额定电压、额定电流进行选择,然后对所选设备按照短路动稳定、热稳定和断流容量进行校验。

(1)动稳定校验:在冲击电流作用下看断路器的载流部分产生的点动力是否导致断路器损坏。

(2)热稳定校验是指稳态短路电流在假象时间能通过断路器时,其发热温度不会超过规定允许的最高温度。

(3)断路器的额定断流容量必须大于线路的短路容量。

(三)高、低压隔离开关的选择

隔离开关是在分闸位置能够按照规定的要求提供电气隔离断口的机械开关装置。隔离开关的选择主要以额定电压和额定电流为依据,并进行动、热稳定校验,但由于它不用开断负荷电流和短路电流,所以不需要进行断流容量校验。

(四)高、低压互感器的选择

互感器分为电压互感器和电流互感器两大类,其主要作用有:将一次系统的电压、电流信息准确地传递到二次侧相关设备;将一次系统的高电压、大电流变换为二次侧的低电压(标准值)、小电流(标准值),使测量、计量仪表和继电器等装置标准化、小型化,并降低了对二次侧设备的绝缘要求;将二次侧设备及二次系统与一次系统的高压设备在电气

方面很好地隔离，从而保证了二次侧设备和人员的安全。

1. 根据电压互感器的使用条件选择电压互感器的形式

35～110 kV配电装置，一般采用油浸式绝缘结构的电压互感器。6～20 kV的室内配电装置，一般采用油浸式绝缘结构，也可采用树脂浇注绝缘结构的电磁式电压互感器。所以35 kV侧选择了油浸式绝缘结构的电压互感器，10 kV侧选择了树脂浇注绝缘结构的电磁式电压互感器。

2. 根据电流互感器的使用条件选择电流互感器的形式

对于35 kV及以上配电装置，一般采用油浸瓷箱式绝缘结构的独立电流互感器，在有条件时，应尽量采用管套式电流互感器，3～20 kV屋内配电装置的电流互感器，应根据安装使用条件及产品情况，采用瓷绝缘结构或树脂浇注绝缘结构。所以35 kV侧选择了油浸瓷箱式绝缘结构的独立电流互感器，10 kV侧选择了树脂浇注绝缘结构。

（五）互感器在主接线中的配置原则

1. 电流互感器的配置原则

（1）凡装有断路器的回路均装设电流互感器，其数量应满足仪表、保护和自动装置的要求。

（2）发电机和变压器的中性点侧、发电机和变压器的出口端和桥式接线的跨接桥上等均应装设电流互感器。

（3）对大接地电流系统线路，一般按三相配置；对小接地电流系统线路，依具体要求按两相或三相配置。

2. 电压互感器的配置原则

（1）电压互感器的数量和配置与主接线方式有关，并应能满足测量、保护、同期和自动装置的要求。

（2）6～220 kV电压等级的每组主母线的三相均应装设电压互感器。

（3）当需要监视和检测线路侧有无电压时，出线侧的一相上应装设电压互感器。

相关案例及知识拓展

城市轨道交通几种外部电源供电方案的比较

城市轨道交通作为城市电网的一个用户，一般都直接从城市电网取得电能，无须单独建设电厂，城市电网对城市轨道交通进行供电，供电方式有集中供电、分散供电和混合供电。

一、集中供电方式的原理

主变电所的集中式供电方式如图2-20所示，具有以下特点。

（1）可靠性高，便于统一调度和集中管理。

（2）施工方便，维护容易，电缆敷设路径比较好走。

（3）抑制谐波的效果较好。为减少谐波对电网的影响和危害，一是采用较高脉波（24脉波）整流机组，二是选用较高电压（110 kV）的电源，因为大容量、高电压电网的承受能力强，同时国标规定的谐波畸变率和谐波电压含有率比小容量、低电压电网要低得多，而且也有利于今后集中采取高次谐波防治措施。

（4）计费方便、简单。采用110 kV电压集中供电方式，运行管理单位与电业部门的电度计费在主变电所设总计量就行，不必在各变电所分别计量。

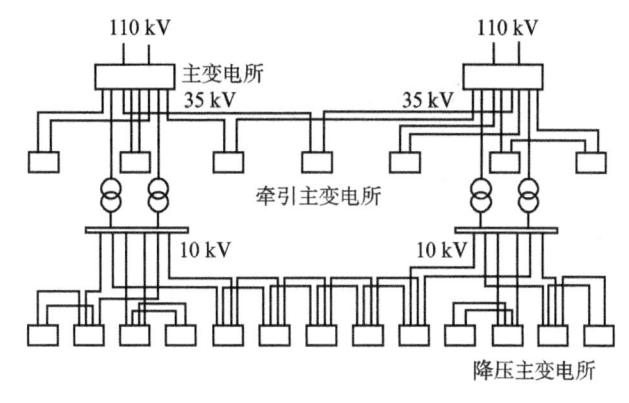

图2-20　主变电所的集中式供电方式

在城市轨道交通沿线，根据用电容量和线路长短，建设专用的主变电所。主变电所进线电压一般为110 kV，经降压后变成35 kV或10 kV，供牵引变电所与降压变电所。主变电所应有两路独立的进线电源。集中式供电有利于城市轨道交通供电形成独立体系，便于管理和运营，如上海地铁、广州地铁、南京地铁、香港地铁、德黑兰地铁等。

二、分散供电方式的原理

变电所的分散式供电方式如图2-21所示，具有以下特点。

在地铁沿线直接由城市电网引入多路电源构成供电系统，一般为10 kV电压级。分散

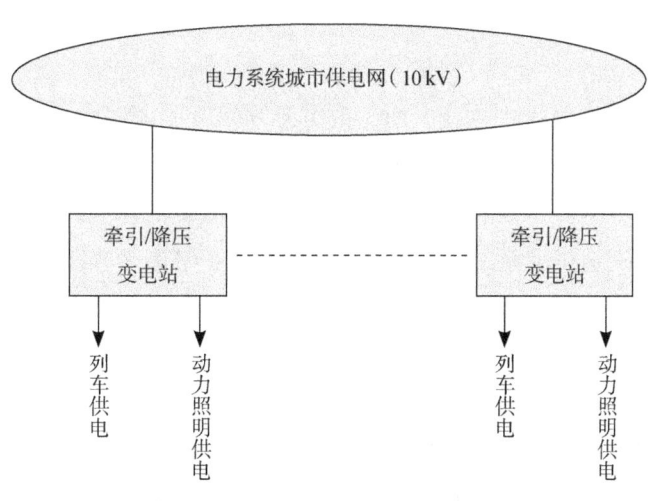

图2-21　变电所的分散式供电方式

式供电要保证每座牵引变电所和降压变电所均获得双路电源，要求城市轨道交通沿线有足够的电源引入点及备用容量。建设中的沈阳地铁、长春轻轨、大连轻轨、北京城铁、北京八通线、北京地铁5号线等。

三、混合式供电

将前两种供电方式结合起来，一般以集中式供电为主，个别地段引入城市电网电源作为集中式供电的补充，使供电系统更加完善和可靠。北京地铁一线和环线、建设中的武汉轨道交通工程、青岛地铁南北线工程等即为混合式供电方案。

任务三　中压网络

学习目标

（1）了解中压网络的作用和功能。
（2）熟悉中压网络的电压等级和特点。
（3）中压网络的接线方式。

学习任务

了解城市轨道交通供电系统中压网络的作用和特点，以及构成形式。熟悉中压网络在35 kV牵引供电系统和10 kV的动力照明系统中电气主接线的接线方式和工作原理。

工具设备

城市轨道交通供电系统仿真软件、牵引变电所设备的沙盘模型、配电系统网络模型、动力照明模型、图片、多媒体设备等。

教学环境

理实一体化教室或轨道交通综合实验室。

基础知识

中压网络是地铁供电系统中主变电所（或电源开闭所）、牵引供电系统和动力照明供电系统相互连接的重要环节，其电压等级的确定关系到了城市轨道交通供电系统的供电质量，同时也制约着主变电所（或电源开闭所）的位置及数量的确定，所以中压网络方案的确定，影响到了轨道交通供电系统的整体投资和运营维护等诸多方面，在研究城市轨道交通供电系统时，应对地铁中压网络方案进行分析和优化。

一、中压网络的功能及属性

中压网络由两条以上与城市轨道交通线路平行敷设的电缆线路构成，其作用是：纵向把上级的主变电所和下级的牵引变电所、降压变电所连接起来；横向把全线的各个牵引变电所和降压变电所连接起来，其功能类似于电力系统中的输电线路。中压网络的连接如图2-22所示。

由于它是供电系统内部变电所之间唯一的电能传输通道，因此每条电缆线路的容量必须满足所供分区内全部牵引负荷和一、二级动力照明负荷的需求，而且在网络的接线形式、电压等级、电缆截面的选择等方面也应根据负荷情况仔细分析确定。

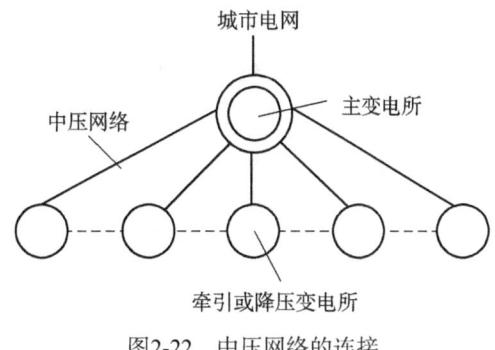

图2-22 中压网络的连接

中压网络不是供电系统中独立的子系统，但它是供电系统设计的核心内容，其中包括设计外部电源方案、主变电所的位置和数量、牵引变电所及降压变电所的数量、牵引变电所与降压变电所的主接线等。

根据网络功能的不同，把为牵引变电所供电的中压网络称为牵引网络；同样，把为降压变电所供电的中压网络称为动力照明网络。

中压网络的两大属性是电压等级和构成形式。

二、中压网络的电压等级

电压等级的确定是中压网络研究中的一个关键问题，因为电压等级的选择影响到了整个供电系统的供电质量、系统接线和经济投资等诸多方面。

一般来讲，35（33）kV、20 kV和10 kV这三种电压等级为中压范畴，在城市轨道交通的供电系统中均可采用，33 kV和20 kV为国际标准电压，国内工程采用的相对较少。

不同电压等级的中压供电网络具有不同的特点。

（1）35 kV中压供电网络：输电距离和容量大、电能损失小、设备可实现国产化，但设备相对体积大、产品价格高、国内无环网开关柜产品。目前国内城市配电网拟取消35 kV电压等级，但国内地铁和城市轨道交通的中压供电系统仍在使用。

（2）20 kV中压供电网络：输电距离和容量适中、电能损失较小、设备可完全实现国产化、设备体积小、产品价格适中、有利减小车站体量、节省土建投资、有环网单元，能构成接线与保护简单、操作灵活的环网系统、国内有环网开关柜产品。国外地铁和城市轨道交通大量采用，但国内地铁和城市轨道交通尚未使用此电压等级。

（3）10 kV中压供电网络：输电距离和容量小、电能损失大、设备可完全实现国产化、设备体积小、产品价格低、国内有环网开关柜产品。国内城市配电网大量使用，部分国内地铁和城市轨道交通也使用此电压等级。不同电压等级的中压网络的综合比较如表2-2所示。

国内现有的地铁和城市轨道交通的中压供电网络有35 kV、33 kV、10 kV等电压等级。

北京和天津的地铁和城市轨道交通的中压供电网络采用了10 kV电压等级；上海地铁1号线的中压供电网络中牵引供电网络采用33 kV电压等级，动力照明供电网络采用10 kV电压等级；广州地铁1号线的中压供电网络采用了33 kV电压等级，深圳地铁1、4号线和南京地铁1号线的中压供电网络均采用35 kV电压等级。

我国电力系统并未推荐过使用33 kV电压等级，上海、广州地铁采用此电压等级有其特殊历史原因，其他城市很少采用。

表2-2 不同电压等级的中压网络的综合比较

序号	项目	35 kV	33 kV	20 kV	10 kV
1	适用标准	国家标准	国际标准	国家、国际标准	国家、国际标准
2	对外部电压等级要求	市网可以没有35 kV	市网可以没有33 kV	市网可以没有20 kV	一般市网已有10 kV
3	设备国产化	国内	国外	国内	国内
4	环网柜	无环网柜	有环网柜	有环网柜	有环网柜
5	输电容量	较大	较大	适中	较小
6	输电距离	较长	较长	适中	较短
7	地铁应用	国内采用	国内、外采用	国外采用	国内、外采用

三、中压网络的构成形式

（一）概述

中压供电网络既可采用牵引和动力照明同用一个供电网络的方案，即牵引、动力照明混合网络；也可以采用牵引和动力照明供电网络相对独立的两个供电网络方案，即牵引供电网络、动力照明供电网络。

我国现行中压配电标准电压等级有：35 kV、20 kV、10 kV、6 kV和3 kV；目前，国内城市轨道交通普遍采用牵引动力照明混合网络，电压为35 kV或10 kV。

牵引网络与动力照明网络，可以采用同一个电压级，也可以采用两个不同电压等级。

牵引动力照明混合网络的特点：采用同一电压等级，并通过共用电源电缆同时向牵引变电所、降压变电所提供中压电能，供电系统的整体性较好，设备布置可以统筹安排。

牵引动力照明独立网络的特点：牵引网络与动力照明网络相对独立、相互影响较小；35（33）kV电压等级与较重的牵引负载相适用，而10 kV电压等级则与较小的动力照明负荷相适用。

目前，我国城市轨道交通工程有部分采用了牵引动力照明混合网络，有部分则采用了牵引动力照明独立网络；国外有部分地铁也采用了牵引动力照明独立网络。

在城市轨道供电系统中压网络设计中，应根据中压网络优化原则，结合外部电源的实际情况，通过对供电分区的用电性质、负荷密度的分析研究，确定安全可靠、经济实用的

中压网络接线方式。

(二) 中压网络的构成原则

满足安全可靠的供电要求，供电可靠性是中压网络的重要指标。其中包括每一个变电所均应有两个独立电源；满足电流设计的要求，即满足的设备容量及电压降的要求；满足负荷分配平衡的要求；供电分区应就近引入电源，尽量避免反送电；具有良好的经济指标；满足继电保护的要求；系统接线方式尽量简单；全线牵引变电所、降压变电所的主接线尽量一致；满足运行管理、倒闸操作的要求；满足设备选型要求。

(三) 中压网络的接线方式

对于集中式外部电源方案，牵引网络和动力照明网络，可以采用相对独立的形式，即牵引动力照明独立网络，也可以共用同一个中压网络，即牵引动力照明混合网络。对于分散式外部电源方案，采用牵引动力照明混合网络。

牵引降压混合变电所、牵引变电所的主接线均采用分段单母线形式。地下降压变电所主接线可采用分段单母线形式，地面降压变电所主接线则可以采用两段母线形式，同一工程的地下降压变电所与地面降压变电所主接线，应尽量一致。地面降压变电所的配电变压器也可以采用负荷开关—熔断器组合的电器保护装置。

中压网络采用双线双环网接线方式。牵引降压混合变电所、牵引变电所的环网进线开关均采用断路器；地面降压变电所的环网进线开关可以采用负荷开关，地面降压变电所的配电变压器也可以采用负荷开关—熔断器组合的电器保护装置。假如两个主变电所的10 kV母线间设有专门的联络电缆，那么两个主变电所之间的供电分区间不必再设联络电缆；同一个主变电所供电范围内的供电分区间可以不设联络电缆（尤其是当这些供电分区分别只有一个牵引变电所时）。

该接线方式运行灵活。10 kV牵引动力照明混合网络，因其输电容量小、间隔短，因而更适合于地面线路。

相关案例及知识拓展

国内城市轨道交通中压网络现状及发展思路

1. 国家中压配电现状及发展趋向

我国现行中压配电标准电压等级有：66 kV、35 kV、10 kV。随着城乡电气化事业的发展，只有一种10 kV作为中低电压的分界，显然已不能满足城乡配电网发展的要求。

我国第一个20 kV一次配电的供电区，已经于1996年5月在苏州工业园区投入运行。从前一段运行情况来看，其线损率大大低于10 kV系统。

对于农村电网，从电源电压直接送到中压一次配电层，形成高压电源层—中压一次配电层—低压户内三级配电，可以简化电网、降低造价、减少线损、利于发展。采用20 kV

作为中压一次配电层，功能上可以替代35 kV与10 kV两个配电层，而造价上则与10 kV设备差异不大。由此可见，20 kV电压等级的这种特点，也适合于高密度负荷地区的城市电网。例如，早在1999年中电联供电分会发表的"北京电网实施城网建设和改造的规划原则"中表明，北京市区电压等级按500 kV、220 kV、110 kV、10 kV（20 kV）设计，其中新建开发区可选20 kV电压等级。

2. 国内城市轨道交通中压网络现状及发展思路

以往，因国家城乡电网中没有采用20 kV这一电压等级，相应的20 kV开关柜等设备也没有跟上发展。在这样的大环境下，要在城市轨道交通工程中使用20 kV电压级，是比较困难和不现实的。因而，国内既有城市轨道交通的中压网络电压等级采用了35 kV（若采用国外设备则是33 kV）或10 kV。北京地铁、天津地铁、长春轨道交通环线一期工程、大连快速轨道交通3号线的中压网络为10 kV；上海地铁1、2号线的牵引网络采用了33 kV，动力照明网络采用了10 kV；上海地铁明珠线的牵引网络采用了35 kV，动力照明网络采用了10 kV；广州地铁1、2号线采用了33 kV的牵引动力照明混合网络；南京地铁南北线一期工程、深圳地铁采用了35 kV的牵引动力照明混合网络；武汉轨道交通一期工程、重庆轨道交通较新线工程采用了10 kV的牵引动力照明混合网络。

然而，随着城乡电力消费的增长，发展城乡20 kV配电网已提到议事日程上来。20 kV是目前公认的具有发展前景的优选电压级。20 kV开关柜、变压器、电力电缆等一系列设备也完全实现了国产化。

近年已颁布的国家标准GB 156—1993中表明，20 kV也是可使用的电压级。另外，已经完成送审稿的《地铁设计规范》中规定：地铁中压网络的电压等级可采用35 kV（33 kV）、20 kV、10 kV。因此，在我国城乡电网及20 kV设备已经发生变化的情况下，在城市轨道交通中压网络的电压等级的选用上，也应该拓宽思路，认真比较，优化选用。换言之，不能仅局限于以往的35 kV（33 kV）和10 kV的电压等级，应该认识到，20 kV也是可用的，并已成为一个备选电压级。这是因为：城市轨道交通供电系统，尤其是集中式供电系统与其他公用用户相比，相对独立，自成系统。无论从施工建设，还是运营管理、养护维修等均相对独立。从这个角度来说，城市轨道交通中压网络的电压等级不一定与外部电网电压等级相一致。实际上，上海地铁、广州地铁已采用了国外的33 kV设备，而我国电压等级是35 kV，并非33 kV。另外，南京地铁、深圳地铁采用的35 kV也是这两座城市市区电网所要取消的电压级。换言之，在城市轨道交通中压网络电压等级与外部市网电压等级的关系上，是采用35 kV还是采用33 kV或者20 kV，其性质和概念上是一样的。

任务四 操作运用案例

【操作运用案例1】牵引供电系统电气主接线设备认知

1.实训项目教师工作活页

实训项目教师工作活页			NO:
实训项目	牵引供电系统电气主接线设备认知		
学　时	2	班　级	略
实训场所	变电所模拟控制柜，牵引供电仿真模拟控制实验室		
工具设备	城市轨道交通牵引直流、交流、线性电机实物模型各1套；仿真列车控制系统装置1套；供配电自动化实训装置1套；三相功率表1套；接线板与工具若干块，多媒体设备课件、图片、示教板等。		
教学目标	专业能力	（1）能说出城市轨道交通牵引供电系统的构成及作用。 （2）能说明牵引供电系统主要组成部分，并认知各设备的名称。 （3）熟悉本实训电气主接线供电模式、接线方式、结构和作用。 （4）能识别各个变电所中主要电气设备。 （5）能解释主变电所、牵引变电所、降压变电所的不同功能。	
	方法能力	（1）能综合运用专业知识，通过专业书籍、上网查询、多媒体课件和图片资料获得帮助信息。 （2）能根据实训项目学习任务确定实训方案，从中学会表达及展示活动过程和成果。	
	社会能力	（1）能在实训活动中保持积极向上的学习态度。 （2）能与小组成员和教师进行交流和沟通。 （3）能与他人共享学习资源，具有较好的合作能力和团队协作精神。	
教学活动	略（详见教学活动设计）		
教学评价	学生活动： （1）以5～7人小组为单位开展实训活动，根据本组同学在实训过程中的能力表现及结果进行组内互评。 （2）根据其他小组同学在成果展示活动中的表现及结果进行互评。 教师活动： （1）教师组织学生开展评价活动和总结。 （2）对学生本单元项目单元成绩做出综合评价。		
教学资料	（1）城市轨道交通概论教材。 （2）城市轨道交通运输设备参考书。 （3）实训项目学生学习活页（附页）。		
指导教师		教学时间	年　月　日

2.实训项目学生学习活页

实训项目学生学习活页　　　　　　　　　　　　　NO：_____

实训项目　牵引供电系统电气主接线设备认知

班级：_____姓名：_____　学号：_____时间：_____

一、实训目标
　　1.专业能力目标
（1）能说出城市轨道交通牵引供电系统的构成及作用。
（2）能说明牵引供电系统主要组成部分，并认知各设备的名称。
（3）熟悉本实训电气主接线供电模式、接线方式、结构和作用。
（4）能识别各个变电所中主要电气设备。
（5）能解释主变电所、牵引变电所、降压变电所的不同功能。
　　2.方法能力目标
（1）能综合运用专业知识，通过专业书籍、上网查询、多媒体课件和图片资料获得帮助信息。
（2）能根据实训项目学习任务确定实训方案，从中学会表达及展示活动过程和成果。
　　3.社会能力目标
（1）能在实训活动中保持积极向上的学习态度。
（2）能与小组成员和教师进行交流和沟通。
（3）能与他人共享学习资源，具有较好的合作能力和团队协作精神。

二、知识总结
（1）说出城市轨道交通牵引供电系统的构成、特点和作用。

（2）了解城市轨道供电系统一次主接线的接线方式、结构、运行方式和倒闸操作流程。

（3）熟悉电气一次主接线主要电气设备的作用和类型。

三、操作运用
（1）写出下列城轨基本供电方式示意图中相应部位的名称。

续表

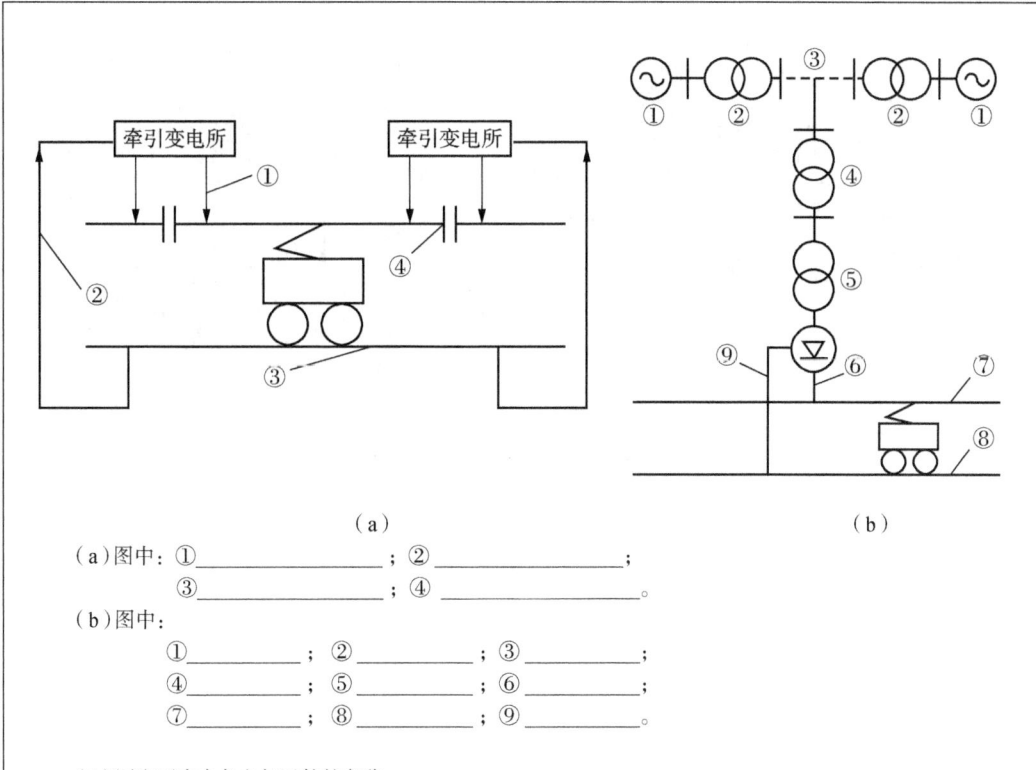

(a)

(b)

(a)图中：① _____ ；② _____ ；
③ _____ ；④ _____ 。

(b)图中：
① _____ ；② _____ ；③ _____ ；
④ _____ ；⑤ _____ ；⑥ _____ ；
⑦ _____ ；⑧ _____ ；⑨ _____ 。

(2)写出下表中各电气元件的名称。

名称	图形	符号	名称	图形	符号
		B			YH
		DL			LH
		DS			BL
		G			ZL
		M			SK
		RD			DK

(3)写出下图中高压电气设备各组成部分的名称、类型和特点。

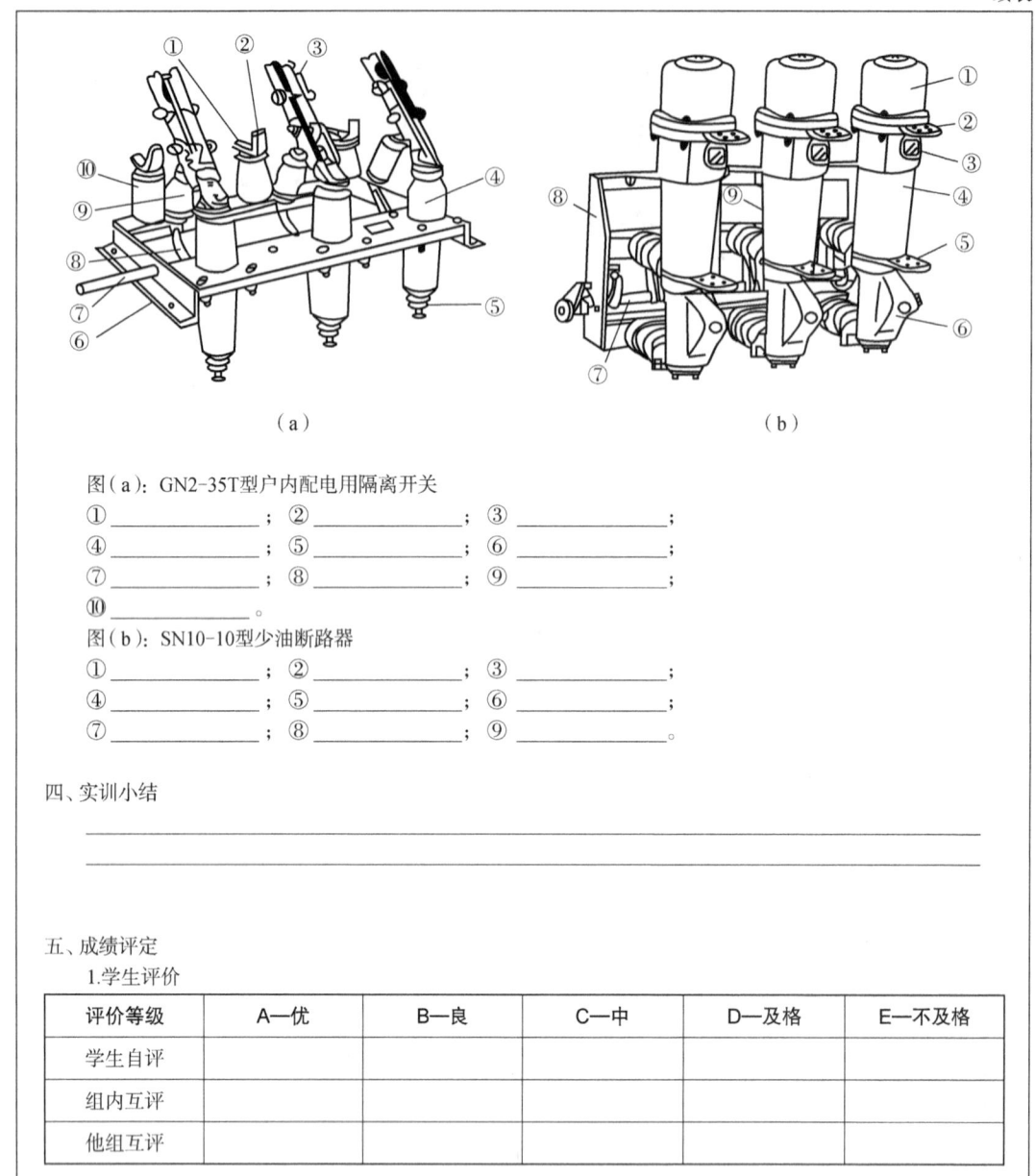

续表

（a） （b）

图（a）：GN2-35T型户内配电用隔离开关
① _____ ；② _____ ；③ _____ ；
④ _____ ；⑤ _____ ；⑥ _____ ；
⑦ _____ ；⑧ _____ ；⑨ _____ ；
⑩ _____ 。

图（b）：SN10-10型少油断路器
① _____ ；② _____ ；③ _____ ；
④ _____ ；⑤ _____ ；⑥ _____ ；
⑦ _____ ；⑧ _____ ；⑨ _____ 。

四、实训小结
_____
_____

五、成绩评定
  1.学生评价

评价等级	A—优	B—良	C—中	D—及格	E—不及格
学生自评					
组内互评					
他组互评					

  2.教师评价

评价等级	A—优	B—良	C—中	D—及格	E—不及格
专业能力					
方法能力					
社会能力					
评价结果					

续表

3.综合评价

评价等级	A—优	B—良	C—中	D—及格	E—不及格
评价结果					

注：按照学生自评占10%、组内互评占10%、他组互评占20%、教师评价占60%的比例计分。其中，A—100分，B—85分，C—75分，D—60分，E—50分。

4.评价量规

等　　级	行为表现描述
A	能圆满高效地完成实训任务的全部内容
B	能顺利完成实训任务的全部内容
C	能完成实训任务的全部内容，但需要一些帮助和指导
D	自己只能完成实训任务的部分内容，但在老师的指导下，能够完成任务的全部内容
E	不能完成实训任务的全部内容

思考与练习

1. 什么是电力系统？

2. 城轨供电系统由哪些部分组成？各组成部分的作用是什么？

3. 外部供电系统对城轨交通的供电方式有哪几种？各有什么特点？

4. 城轨交通牵引变电所中有哪些类型的电气设备？

5. 高压断路器的作用是什么？

6. 简述高压断路器的结构及各部分功能。

7. 高压隔离开关在线路中的主要作用是什么？

8. 互感器在电力系统中有什么作用？

9. 什么是GIS组合电器？在应用中有哪些优点？

10. 什么是中压网络？

11. 中压网络有哪些电压等级？

项目三 直流牵引变电所

任务一 直流牵引变电所的电气设备

学习目标

（1）掌握变压器的作用及工作原理。

（2）了解变压器的基本结构和主要技术参数。

（3）掌握干式变压器的性能特点。

（4）掌握整流器的作用及工作原理。

（5）了解等效24脉波整流机组的工作原理。

（6）了解高压断路器的功能及要求。

（7）了解六氟化硫气体断路器的结构；掌握六氟化硫气体断路器灭弧室的结构及灭弧原理。

（8）了解真空断路器的结构及分类；掌握真空断路器灭弧室的结构及作用。

（9）掌握高压隔离开关的结构及用途。

（10）掌握高压负荷隔离开关的结构及用途。

（11）掌握高压熔断器的作用和特点。

（12）掌握互感器的基本功能。

（13）掌握电流互感器、电压互感器的工作原理。

（14）了解操动机构的类型及特点。

（15）了解弹簧操动机构的工作过程。

（16）了解CY3型液压操动机构的工作原理。

（17）掌握永磁操动机构工作原理。

（18）掌握配电装置的基本要求。

（19）掌握GIS开关柜的组成及特点。

（20）掌握AIS开关柜的结构与特点。

学习任务

学习和理解直流牵引变电所的电气设备，其中主要包括变压器与整流机组的结构、作用及工作原理，高压开关设备的组成、作用及工作原理，互感器的组成、作用及工作原理，操动机构的组成、作用及工作原理，配电装置的基本结构和作用。

工具设备

城市轨道交通直流牵引变电系统仿真软件、变电设备仿真模型和零部件实物、模拟直流牵引变电所、电气设备实物图片、多媒体设备等。

教学环境

理实一体化教室或轨道交通电气化综合实验室。

基础知识

城市轨道交通直流牵引变电系统是轨道交通的重要组成部分，它是电力机车的动力电源。变压器与整流机组是将高压交流电转变成适用于电力机车的直流电；高压开关设备控制电源的分配，电动操动机构控制高压开关的分、合闸操作；互感器是将高电压、大电流变换成适用于低压二次设备的低电压和小电流；上述设备组合起来向接触网正常供电。

一、变压器与整流机组

（一）变压器

1. 变压器的作用、工作原理及基本结构

此部分内容详见本书项目二中任务二的相关讲述。

2. 变压器的主要技术参数

变压器都有特定的额定参数，主要包括额定容量、额定电压、额定电流及其分接开关位置对照值、额定频率、绕组连接组及额定性能数据和重量。

（1）额定容量（kVA）：在额定电压、额定电流、额定频率下长期连续运行时的容量。

（2）额定电压（kV）：变压器长时间运行时所能承受的工作电压。

（3）额定电流（A）：变压器在额定容量、额定电压下，允许长期通过的电流。

（4）空载损耗（kW）：一个绕组加额定频率的额定电压，其余绕组开路消耗的有功功率。

（5）空载电流（%）：当一次侧施加额定电压、二次侧空载时，一次绕组中通过的电流。

（6）负载损耗（kW）：将二次侧绕组短路，一次侧绕组通过额定电流时所消耗的功率。

（7）阻抗电压（%）：将变压器二次绕组短路，在一次绕组慢慢升高电压，当二次绕组的短路电流等于额定值时，此时一次侧所施加的电压即为阻抗电压。

（8）相数和频率：变压器分三相、单相等多种型式。我国规定的标准工业频率为50 Hz。

（9）温升：温升是指变压器在额定电压、额定频率、额定电流等额定参数运行条件下，变压器的测量温度超出周围环境温度的允许数值。

（10）绝缘水平：按绝缘等级标准划分，变压器额定电压不同，绝缘等级标准不同。

（11）联结组别：根据变压器一、二次绕组的相位关系，把变压器绕组连接成各种不同的组合，称为绕组的联结组别。

3. 干式变压器

干式变压器是指没有充装绝缘油的固体式变压器。干式变压器的铁芯和绕组一般为外露接结构，不采用液体绝缘，不存在液体泄漏和污染环境的问题；干式变压器结构简单，维护和检修方便；干式变压器采用阻燃性绝缘固体材料。特别适用于地下变电站、地铁等场所。

1）干式变压器的型号

以SCZ（B）1010/0.4 kV为例，介绍干式变压器型号。此型号表示为：三相树脂绝缘、有载调压、低压为箔式线圈、设计序号为10、额定容量为10 kVA、额定电压为0.4 kV的干式变压器。

2）干式变压器的性能特点

（1）环氧树脂浇注干式电力变压器的特点

①整体机械强度好，耐受短路能力强。

②耐受冲击过电压性能好，基准冲击水平（BIL）高。

③防潮耐腐性能好，适合恶劣环境下工作。

④无油、无污染、难燃阻燃、自熄防火。

⑤局部放电小，可靠性高，运行寿命长。

⑥绝缘温升等级高。

⑦噪声小，损耗低。

⑧安装检修维护方便，运行管理规范。

（2）真空浇注工艺类干式电力变压器的特点为绝缘薄、质量稳定、绝缘性能好。

（3）六氟化硫气体绝缘干式变压器的特点。

六氟化硫气体的特性是无色、无毒、无味，在600 ℃下属于稳定的惰性气体。同时它不易燃烧，不爆炸，绝缘性能好，热容量比变压器油稍差，但在0.14 MPa以上散热性能好，能完全满足变压器的散热要求。但是它的体积相对较大，密封条件要求较高。

（二）整流机组

1. 作用及工作原理

整流机组由变压器和整流器等组成。整流机组是地铁牵引变电所最重要的设备，其作用是将环网电缆35 kV交流电压降为1180 V交流电压，再整流输出1500 V直流电压，经断路器和网上电动隔离开关给接触网供电，实现直流牵引。为了提高直流电源的质量，降低直流电源的脉动量，通常采用多相整流的方法，它可以是六相、十二相整流，还可以增加到二十四相整流。

三相半波整流电路工作原理为：整流变压器的二次侧三相绕组接成星形连接，每相接有一组整流二极管，交流电通过整流二极管转化成脉动的半波直流，三相整流电路如图

3-1所示。在任何时刻，相电压最高一相的整流管导通，此时整流电压即为该相的瞬时电压。

2. 整流器的构造

整流器由大功率二极管、散热器、保护器件、故障显示器件、通信接口等组成。整流器要求可靠性高、噪声小、谐波污染小、维修简单。整流器设有过电流、过电压保护。

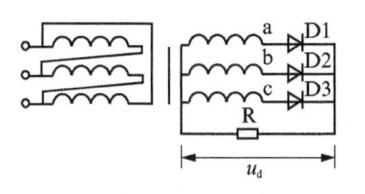

图3-1　三相整流电路

整流器柜一般采用无焊接全螺栓结构，以便故障时拆卸更换。屏柜门板及外骨架采用喷塑防护，采用绝缘材料阻燃。为防止潮湿产生凝露，可设置防凝露加热控制器。

国内一般采用铝合金散热器或陶瓷散热器。

3. 等效24脉波整流机组

为了提高功率因数，降低牵引变压器网侧电压波形畸变，以减少对电网的干扰，以及降低输出直流电压的纹波系数，轨道交通供电系统牵引变电所中的整流机组采用等效24脉波整流电路。

单台整流器由两个三相6脉冲全波整流桥组成。三相6脉冲十二相桥式整流电路如图3-2所示，是两组三相桥式并联组成的。

图3-2中，整流变压器一次侧三相绕组为三角形接线，相应端点为A、B、C，两个二次绕组，其一为星形接线，端点为a、b、c；另一个为三角形接线，端点为a'、b'、c'。星形接线的二次绕组连接到第Ⅰ组三相整流桥上，三角形接线

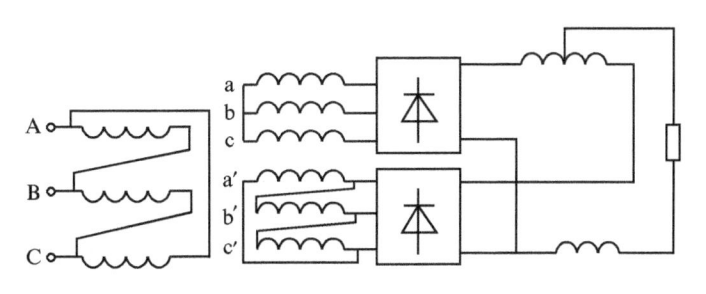

图3-2　三相6脉冲十二相桥式整流电路

的二次绕组连接到第Ⅱ组三相整流桥上。这样就构成了两个三相整流桥连接的并联工作电路。

但实际上两组整流电路要达到真正并联工作，必须两个电源的情况完全相同才行。在图3-2所示电路中，虽然两组整流电压的平均值相等，但是它们的脉动波相差60°，其瞬时值不同。为了解决这个问题，在两组整流电路的中心点之间接入了一个平衡电抗器，平衡电抗器一分为二，两组整流电路各占一半。平衡电抗器的作用有两个：一是起到限制电流中的环流作用；二是在两组中点之间产生感应电动势以补偿两个整流电路瞬时电压的差异，使两组整流电路加到负荷上的电压相等，即两组整流电路真正并联工作。

等效24脉波整流机组由两台整流器构成，它们可以并联或串联工作。两台变压器的网侧绕组采用延边三角形移相的方法，相对于交流线电压，一台变压器网侧星形绕组移相+7.5°，另一台移相-7.5°，则两台变压器网侧电压相位差为15°，而合成后其二次侧星

形和三角形绕组的线电压差为15°，经整流后输出24脉波直流电压。两台整流机组并联运行后输出的24脉波直流波形如图3-3所示。

图3-3　24脉波直流波形

二、高压开关设备

（一）高压断路器

1. 高压断路器概述

1）高压断路器的功能

高压断路器是高压电器设备中最重要的设备，是一次电力系统中控制和保护电路的关键设备。高压断路器主要作用有两个：一是根据电力系统的运行要求，接通或断开负荷电流；二是当系统中发生故障时，在继电保护装置的作用下，断路器自动断开短路电流。

2）高压断路器的要求

（1）工作稳定可靠。

（2）开断能力强：断路器在断开短路电流时，触头间要产生能量很大的电弧。因此，断路器必须具有足够强的灭弧能力，并且还要有足够的热稳定性。

（3）切断时间短。

（4）具有连续分合功能。

（5）机械强度高和稳定性能良好。

（6）结构简单、价格低廉、体积小、重量轻。

3）高压断路器的组成

高压断路器的基本结构如图3-4所示。其中，开断元件是核心部分，操动机构、传动元件是中枢系统，实现开关设备的控制、保护等功能。其他组成部分都是辅助元件。

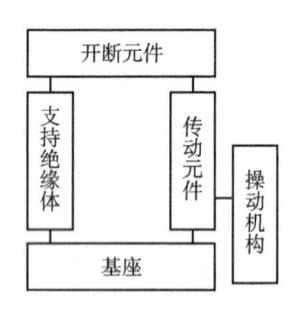

图3-4　高压断路器的基本结构

高压开关基本组成部分的主要零部件及功能如表3-1所示。

表3-1　高压开关基本组成部分的主要零部件及功能

名　称	主要零部件	功　能
开断元件	主灭弧室、主触头系统、主导电回路辅助灭弧室、辅助触头系统等	开、断及关、合电力线路，安全隔离电源
支持绝缘件	瓷柱、瓷套管、绝缘管等构成的支柱本体、拉紧绝缘子等	保证开断元件具有可靠的对地绝缘，承受开断元件的操作力等外力
传动元件	各种连杆、齿轮、拐臂、液压管道、压缩空气管道等	将操作命令及功传递给开断元件的触头和其他部件
基座	开关本体的底架、底座	整台设备的支撑部分
操动机构	弹簧、液压、电磁、气动及手动机构的本体及其配件	为开断元件分合闸操作提供能量，并实现各种规定的操作

4）高压断路器的分类

按安装地点分为户内式和户外式两种。

根据断路器采用灭弧介质的不同，断路器有如下几种类型。

（1）少油断路器。

采用变压器油作为灭弧介质和绝缘介质的断路器称为油断路器。变压器油只作为灭弧介质和触头开断后弧隙绝缘介质，而带电部分与地之间的绝缘由瓷介质完成，由于油量较少，称为少油断路器。它可用于各级电压的户内、户外变电所。

（2）六氟化硫（SF_6）气体断路器。

采用规定压力的、具有优良灭弧性能和绝缘性能的六氟化硫气体作为灭弧介质和弧隙绝缘介质的断路器称为六氟化硫气体断路器。目前主要用于110 kV及以上高电压的变电所。

（3）真空断路器。

真空断路器是指触头在真空度为$133.3 \times 10^{-4} \sim 133.3 \times 10^{-8}$Pa的灭弧室内的断路器。目前，它主要用于55 kV及以下要求频繁操作的场所。

5）高压断路器的技术参数

高压断路器的特性和工作性能，可用它的基本参数来表征。

（1）额定电压U_N：是指断路器长时间运行时能承受的正常工作电压。

（2）最高工作电压：对于220 kV及以下设备，其最高工作电压为额定电压的1.15倍。

（3）额定电流I_N：是指铭牌上标明的断路器可长期通过的工作电流。

（4）额定开断电流I_{NK}：是指断路器在额定电压下能正常开断的最大短路电流的有效值。

（5）额定断流容量S_{NK}：额定断流容量也表征断路器的开断能力。在单相系统中，它和额定开断电流的关系为

$$S_{NK} = U_N I_N$$

式中，U_N为断路器额定电压；I_{NK}为断路器的额定开断电流。

（6）关合电流i_{Ncl}：保证断路器能关合短路电流而不至于发生触头熔焊或其他损伤的允许最大短路电流。

（7）动稳定电流i_{es}：是指断路器在合闸位置时，允许通过的短路电流最大峰值。

（8）热稳定电流I_{Nt}：是指在规定的某一段时间内，允许通过断路器的最大短路电流。

（9）全开断（分闸）时间t_0：是指断路器接到分闸命令瞬间起，到各相触头处的电弧完全熄灭为止的时间间隔，它包括断路器固有的分闸时间t_{gf}和燃弧时间t_h，即

$$t_0 = t_{gf} + t_h$$

（10）合闸时间：是指从操动机构接到合闸命令瞬间起，到断路器触头完全接通为止所需的时间。合闸时间决定于断路器的操动机构及中间传动机构。合闸时间大于分闸时间。

2. 六氟化硫气体断路器

1）六氟化硫气体的特性

六氟化硫气体是一种无毒、不燃的气体，具有优异的绝缘和灭弧性能，将其应用于断路器、变压器和电缆等电气设备，比矿物油有无可比拟的优越性。

（1）六氟化硫气体的优良特性。

一是六氟化硫气体热容量大。六氟化硫气体的分子在分解时吸收的能量多，对弧柱的冷却作用强。二是六氟化硫气体环境下的电弧能量小。三是六氟化硫气体分子的负电性强。

（2）六氟化硫气体的危害。

六氟化硫气体的危害主要体现在两个方面，其一是高温电弧分解产物和其本身与接触介质发生化学反应，生成物对生物的毒性作用；其二是六氟化硫气体作为一种温室气体对环境的危害。

2）六氟化硫气体断路器的结构

常见的六氟化硫气体断路器结构按照对地绝缘方式的不同分为两种类型。

（1）落地罐式。

六氟化硫气体断路器的结构如图3-5所示。它把触头和灭弧室装在充有六氟化硫气体并接地的金属罐中，触头与罐壁间绝缘采用环氧树脂支持绝缘子，引出线靠绝缘瓷套管引出。该结构便于安装电流互感器，抗震性能好，但系列性能差。

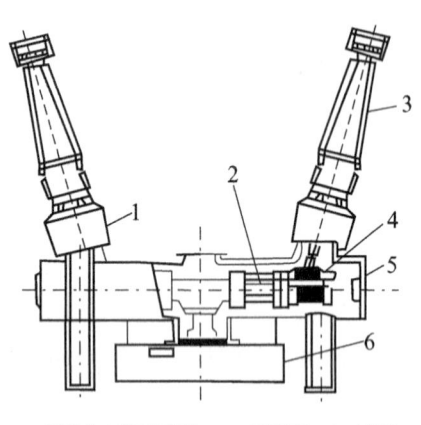

（2）瓷柱式。

瓷柱式断路器的灭弧室可布置成"T"形或"Y"形的单柱式。

3）六氟化硫气体断路器灭弧室的结构及灭弧原理

六氟化硫气体断路器灭弧室结构可分为单压式和双压式两种。

（1）单压式灭弧室。

单压式灭弧室又称为压气式灭弧室。单压式灭弧室只有一个气压系统，即常态时只有单一压力的六氟化硫气体。灭弧室的可动部分带有压气装置，分闸过程中，压汽缸与触头同时运动，将压气室内的气体压缩。触头分离后，电弧即受到高速气流纵吹而将电弧熄灭。灭弧室中，压气活塞是固定不动的，静触头与动触头之间的开距也是固定不变的。单压式灭弧室的工作过程如图3-6所示。

1—套管式电流互感器；2—灭弧室；3—套管；
4—合闸电阻；5—吸附剂；6—操作机构。

图3-5 六氟化硫气体断路器的结构

（2）智能旋弧式灭弧室工作原理。

LW16-35型断路器采用膨胀式灭弧原理。分闸时，动触头向下运动，动、静触头之间产生电弧。当静触头上的弧根转移到弧环上之后，旋弧线圈被串联进电路，并产生旋转磁场，电弧在旋转磁场作用下而旋转。均匀加热六氟化硫气体，气体压力升高，与喷口下游形成压差，产生强烈的喷口气吹，在电流过零时，自然熄弧，其灭弧能力随开断电流而自动调节。这种断路器具有良好的开断性能，而且由于电弧不断的旋转，使触头和灭弧室的烧损均匀且轻微。

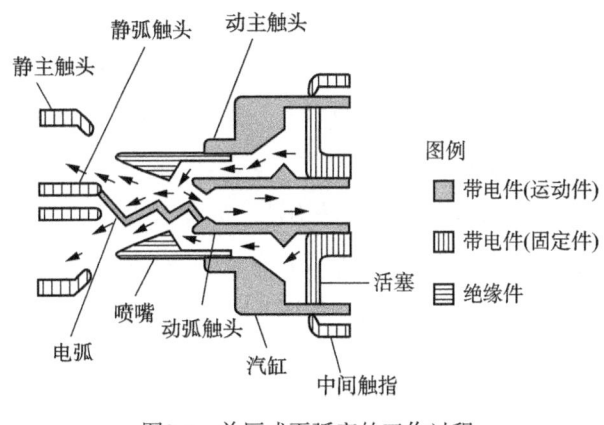

图3-6 单压式灭弧室的工作过程

3．高压真空断路器

1）真空电弧理论

（1）真空断路器的概念。

真空断路器利用真空度约为10^{-4}Pa的高真空作为内绝缘和灭弧介质。真空度就是气体的绝对压力与大气压的差值，表示气体稀薄的程度。气体的绝对压力值越低，真空度越高。

（2）真空电弧的形成与熄灭。

①真空电弧的形成。

首先在触头带电流分离时，触头阳极发热蒸发形成金属蒸气。然后自由电子穿过高温金属蒸气，使金属原子电离产生带电离子，离子的定向移动形成传导电流。最后电极表面发射自由电子的尖端或突起，很快发展成阴极斑点，触头间的预放电流就转变成自持的真空电弧。

②真空电弧的形态。

（a）扩散型电弧。当电弧电流大于100A、小于6kA时，阴极斑点会从一个分裂为若干个，并在阴极表面不断向四周扩散，电弧以许多完全分离的并联电弧的形态存在。

（b）集聚型电弧。当电极上电弧电流大于10kA时，阴极斑点受电磁力的作用相互吸引，使所有的阴极斑点集聚成一个运动速度缓慢的阴极斑点团，形成单束大弧柱，且电极强烈发光。

③真空电弧的熄灭。

对于扩散型电弧，电流过零时，真空电弧即可熄灭。阴极斑点所造成的熔区在电弧熄灭后$10^{-7}\sim10^{-8}$s内便凝固。阴极和阴极斑点便不再向弧柱区提供电子和金属蒸气，而残余的等离子体内的各种粒子在数微秒内向四周扩散完，弧区介电强度迅速提高而形成真空间隙，足以承受很高的恢复电压而不致击穿。扩散型电弧过零后很容易熄灭。

对于集聚型电弧，电流过零时，电弧熄灭，但触头表面有面积和厚度相当大的熔区，这些熔区需要毫秒数量级的时间才能冷却。在这段时间内，电极仍向弧区输送大量金属蒸气和带电粒子，在恢复电压过程中，弧区相当于一个充电间隙，不可避免地要发生重新击穿。只有当触头开距足够大，阴极斑点产生的金属蒸气不足以维持带电粒子扩散时，真空电弧才熄灭。

2）真空断路器的结构及分类

真空断路器由真空灭弧室、绝缘支撑、传动机构、操作机构、基座（框架）等组成，真空断路器的基本结构如图3-7所示。

按不同的分类方法，真空断路器分为以下几种。

（1）按真空灭弧室的布置方式，分为落地式、悬挂式、综合式和接地箱式。

（2）按真空灭弧室的外壳，分为玻璃外壳式和陶瓷外壳式。

（3）按触头形状，分为横磁吹式和纵磁吹式。

3）真空断路器灭弧室的结构及作用

真空断路器灭弧室的结构如图3-8所示。真空灭弧室的外壳由绝缘筒、两端的金属盖板和波纹管组成的密封容器。灭弧室内有一对触头，分别焊接在各自的导电杆上，波纹管的另一个端口与动端盖的中孔焊接，动导电杆从中孔穿出外壳。由于波纹管可以在轴向上自由伸缩，所以这种结构既能实现在灭弧室外带动动触点做分合运动，又能保证真空外壳的密封性。

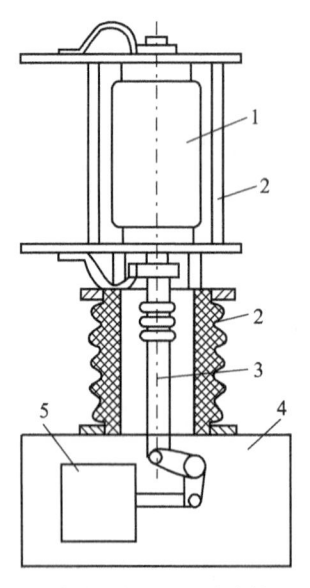

1—空灭弧室；2—绝缘支撑；
3—传动机构；4—基座；5—操作机构

图3-7 真空断路器的基本结构

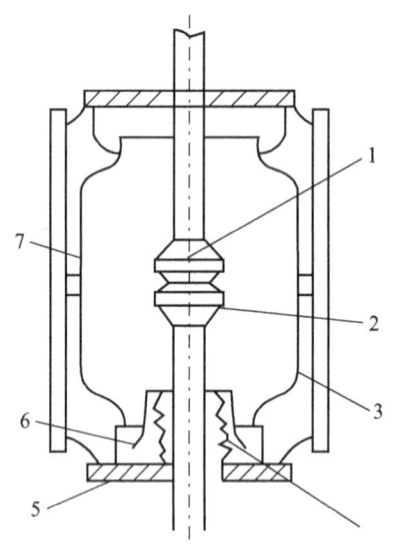

1—静触头；2—动触头；3—屏蔽罩；
4—波纹管；5—金属法兰；
6—波纹管屏蔽罩；7—绝缘外壳

图3-8 真空断路器灭弧室的结构

下面简要地介绍灭弧室中主要部件及各部分的作用。

（1）外壳。

外壳是真空灭弧室的密封容器，它不仅要容纳和支持灭弧室内的各种部件，而且当动、静触头在断开位置时起绝缘作用。

（2）波纹管。

波纹管要保证灭弧室完全密封和灭弧室外部操动时使触头分合运动灵活。

（3）屏蔽罩。

触头周围的屏蔽罩主要是用来吸附燃弧时触头上蒸发的金属蒸气，防止绝缘外壳因金属蒸气的污染而引起绝缘强度降低和绝缘破坏，同时，也有利于熄弧后弧隙介质强度的迅速恢复。

（4）触头。

触头是真空灭弧室内最为重要的元件，灭弧室的开断能力和电气寿命主要由触头状况来决定。根据触头开断时灭弧的基本原理的不同，可分为非磁吹触头和磁吹触头两大类。磁吹触头又分为横向和纵向磁吹触头两类。

（二）高压隔离开关

1. 隔离开关的用途

隔离开关又称刀闸，是一种没有专门灭弧装置的高压开关电器，其主要作用如下。

（1）隔离电源。

利用隔离开关断口的可靠绝缘能力，使需要检修或分段的线路与带电线路相互隔离，以确保检修工作的安全。

（2）隔离开关与断路器配合进行倒闸操作。

操作隔离开关时必须注意：绝不允许带负荷电流分闸，否则，断口间产生的电弧将烧毁触头或形成三相弧光短路，造成供电中断。

（3）分、合小电流电路。

用隔离开关可以分、合电压互感器和避雷器电路；分、合激磁电流不超过2A的空载变压器电路；分、合电容电流不超过5A的空载线路。

2. 隔离开关的技术要求

（1）有明显的断开点；三相隔离开关应保证同期性。

（2）断口应有足够可靠的绝缘强度。

（3）具有足够的动、热稳定性。

（4）结构简单，分、合闸动作灵活可靠。

（5）隔离开关与断路器配合使用时，应具有机械或电气的连锁装置，以保证操作顺序。

（6）主闸刀与接地闸刀之间设有机械或电气连锁装置，保证两者之间的动作顺序。

3. 隔离开关的分类

隔离开关种类很多，按不同的分类方法分类如下：

（1）按装设地点的不同分为户内式和户外式两种。

（2）按绝缘支柱数目分柱式、双柱式和三柱式。

（3）按动触头运动方式分为水平旋转式、垂直旋转式、摆动式和插入式等。

（4）按有无接地闸刀分为无接地闸刀、一侧有接地闸刀、两侧有接地闸刀三种。

（5）按操动机构的不同分为手动式、电动式、气动式和液压式等。

（6）按极数分为单极、双极、三极三种。

（7）按安装方式分为平装式和套管式等。

4. 直流馈线隔离开关

直流馈线隔离开关用于城市轨道交通供电系统的牵引变电所直流馈线侧，电压等级DC 1500 V或者DC 750 V，安装在变电所室内或者室外接触网钢柱上。都是闸刀式结构，由底座、支持瓷瓶、动触旨、动触头、操作瓷瓶和转轴等构成。直流馈线隔离开关如图3-9所示。

图3-9 直流馈线隔离开关

5. 三工位隔离开关

三工位隔离开关的外形如图3-10所示，常用于全封闭组合开关柜（GIS）中，所谓三工位是指三个工作位置：隔离开关主断口接通的合闸位置；主断口分开的隔离位置；接地侧的接地位置。

三工位隔离开关其实就是整合了隔离开关和接地开关两者的功能，并由一个动触头来完成，这样就可以实现机械闭锁，防止主回路带电合地刀，因为一个动触头只能在一个位置，而不像传统的隔离开关，主刀是主动触头，地刀是地动触头，两个动触头之间就可能误操作。

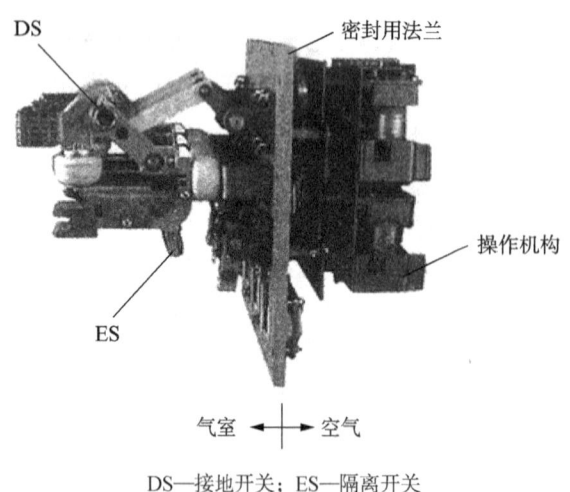

DS—接地开关；ES—隔离开关

图3-10 三工位隔离开关的外形

以GN36-12D系列隔离开关为例说明，该开关由焊接底架、触刀、支柱绝缘子、汇流排、触头座、套管、轴、拉杆、停挡、拐臂、接地触刀组成。焊接底架由4 mm钢板折弯并与角钢焊成的矩形框架，支柱绝缘子、套管、轴承座等安装在底架上，导电套管采用环氧树脂压力注射成型（简称APG工艺）使导电杆与环氧树脂紧密结合。利用导电套管方便了开关柜体的分割，达到铠装式的要求。触座部分直接与支柱绝缘子连接，调整简单，分、合闸时，只要操作

手柄转动与轴相连的拐臂，通过连杆带动触刀旋转达到合闸、隔离、接地的位置。

（三）高压负荷隔离开关

1. 高压负荷开关的用途

高压负荷开关是一种结构简单、具有一定开断和关合能力的开关电器。它有灭弧装置和一定的分合闸速度，能开断正常的负荷电流和过负荷电流，但不能开断短路电流。

2. 高压负荷开关的分类

（1）按使用地点分为户内型和户外型。

（2）按灭弧方式可以分为产气式、压气式、压缩空气式、油浸式、真空式和SF_6式等。近年来，真空式在配电网中得到了广泛应用。

（3）按是否带熔断器可分为带熔断器式和不带熔断器式。

3. 户内型高压负荷开关

户内型高压负荷开关如图3-11所示。户内型高压负荷开关采用落地式结构，真空灭弧室装在上部，电磁操动机构装设在下面，机构部分就是基座。在基座底板上前后对称地竖立着两排绝缘杆，用来固定和支撑中间的绝缘板。在这块绝缘板上按三角位置排列，又竖立三组绝缘杆（共计9根），每一组绝缘板上分别装着压板，真空灭弧室就垂直被压在压板和中间绝缘板之间。

电磁操动机构通过3个环氧树脂绝缘子拉杆，使3个真空灭弧室的动触头同时动作，接通或断开电路。在合闸位置时，压缩连接杆内的弹簧使触头保持一定的接触压力。绝缘杆之间装有绝缘板，以避免发生相间弧光短路。

4. 户外型高压负荷开关

户外型高压负荷开关如图3-12所示。三相共用一个箱体，箱内充有六氟化硫气体。箱体的一端安装操动机构，箱体底部有吸附剂罩，里面有吸附剂和充气阀门，吸附剂是用来吸附六氟化硫气体中的水分。瓷套管起对地绝缘、支持动静触头和引出接线端子的作用。

（四）高压熔断器

1. 作用和特点

熔断器（文字符号位FU）是一种保护电器。它串联在电路中，当电路路发生短路或过负荷时，熔断器内熔体熔断，切断故障电路使电气设备免遭损坏，并维持电力系统其余部分的正常工作。

其优点是：结构简单、体积小、布置紧凑、使用方便、动作直接、不需要继电保护和二次回路相配合、价格低。缺点是：没有自恢复功能，每次熔断后须停电更换熔件才能再次使用，增加了停电时间；保护特性不稳定，可靠性低，保护选择性不易配合。

2. 分类

（1）按安装地点分为户内式（N）和户外式（W）。

（2）按使用电压的高低分为高压熔断器和低压熔断器。

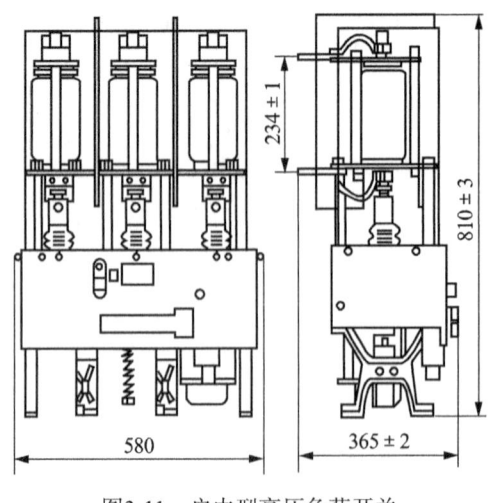

图3-11 户内型高压负荷开关

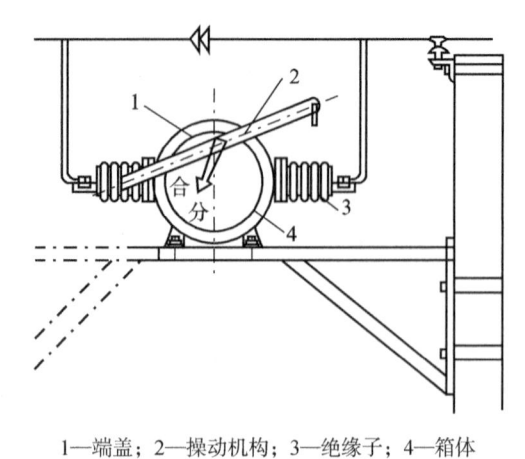

1—端盖；2—操动机构；3—绝缘子；4—箱体

图3-12 户外型高压负荷开关

（3）按灭弧方法分为瓷插式（C）、封闭产气式（M）、封闭填料式（T）、产气纵吹式。
（4）按限流特性分为限流式和非限流式。

3. 结构和工作原理

RN1型熔断器安装图如图3-13所示，熔断器主要由金属熔件、支持熔件的触头、灭弧装置和绝缘底座等部分组成。其中决定其工作特性的主要是熔体和灭弧装置。

熔体是熔断器的主要部件。熔体应具备材料熔点低、导电性能好、不易氧化和易于加工等特点。一般选用铅、铅锡合金、锌、铜、银等金属材料。

灭弧措施可分为两类：一类是在熔断器内装有特殊的灭弧介质，如产气纤维管、石英砂等，它利用了吹弧、冷却、隔离等灭弧原理；另一类是采用特殊形状的熔体，如焊有小锡（铅）球的熔体、变截面的熔体、网孔状的熔体等，其目的在于减小熔体熔断后的金属蒸气量，或者把电弧分成若干串并联的小电弧，并与石英砂等灭弧介质紧密接触，以提高灭弧效果。

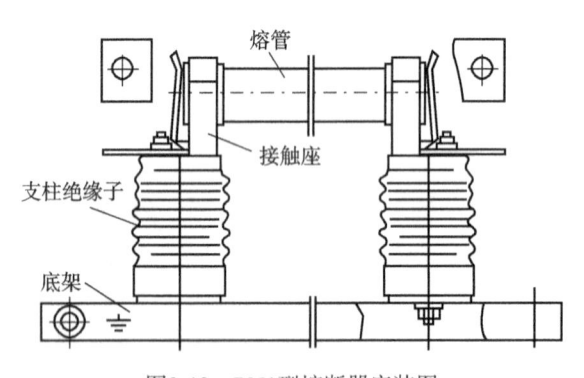

图3-13 RN1型熔断器安装图

三、互感器

（一）互感器概述

互感器是电压、电流变换设备。供电系统中的高电压、大电流，无法直接在低压二次电路中使用，供电设备的运行状态也无法直接从主回路上取得参数，因此，需要将高电压、大电流变成低电压和小电流，以供继电保护和电气测量使用。

1. 变压、变流功能

互感器将一次侧的高电压、大电流变成二次侧标准的低电压（100 V等）和小电流（5 A或1 A），用以分别向测量仪表、继电器的电压线圈和电流线圈供电，使二次电路正确反映一次系统的正常运行和故障情况。

2. 高、低压的绝缘隔离功能

采用互感器作为一次与二次电路之间的中间联络元件，既可避免一次电路的高电压直接引入仪表、继电器保护设备等二次设备，又可避免二次电路的故障影响一次侧电路。

3. 扩大仪表的范围

采用互感器以后，相当于扩大了仪表、继电器的使用范围。

（二）电流互感器

1. 外形结构

电流互感器的外形如图3-14所示。

2. 型号

电流互感器的型号说明如图3-15所示。

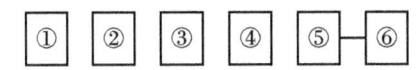

图3-15 电流互感器的型号说明

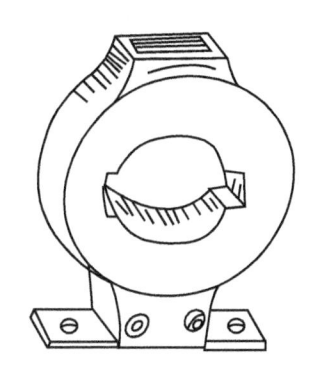

图3-14 电流互感器的外形

① L——电流互感器产品名称。

② 一次绕组形式：M——母线式；F——贯穿复匝式；D——贯穿单匝式；Q——线圈式。安装形式：A——穿墙式；B——支持式；Z——支柱式；R——装入式。

③ 绝缘形式：Z——浇筑绝缘；C——瓷绝缘；J——树脂浇筑绝缘；K——塑料外壳绝缘。

结构形式：W——户外式；M——母线式；G——改进式；Q——加强式。

④ 结构形式：Q——加强式；L——铝线式；J——加大容量。

用途：B——保护用；D——差动保护用；J——接地保护用；X——小体积柜用；S——手车柜用。

⑤ 设计序号。⑥ 额定电压（kV）

3. 工作原理

电流互感器的工作原理如图3-16所示。在理想的电流互感器中，如果假定空载电流$I_0=0$，则总磁动势$I_0N_0=0$，根据能量守恒定律，一次绕组磁动势等于二次绕组磁动势，即$I_1N_1=-I_2N_2$。

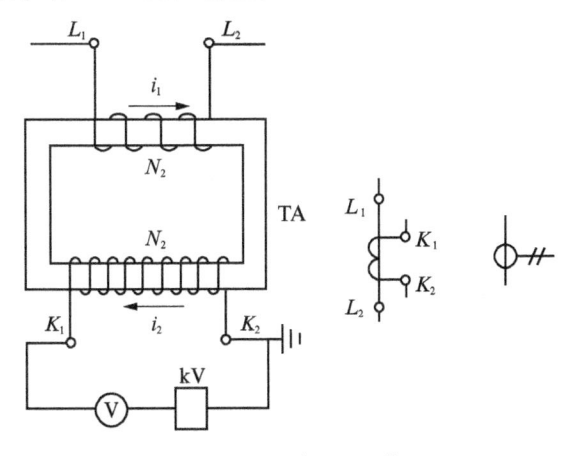

图3-16 电流互感器的工作原理

即电流互感器的电流与它的匝数成反比,一次电流对二次电流的比值(I_1/I_2)称为电流互感器的变流比。当知道二次电流时,乘上电流比既为一次电流,这时二次电流与一次电流的相位差为180°。

变流比通常表示为一次额定电流和二次电流之比,即$K_i=I_{N1}/I_{N2}$,如100A/5A。

电流互感器的一次绕组匝数很少,导体直径很大。而二次绕组匝数很多,导体直径较细。其一次绕组串连接入一次电路,二次绕组与仪表、继电器等的电流线圈串联,形成一个闭合回路。由于二次仪表、继电器等的电流线圈阻抗很小,所以其工作时二次回路接近于短路状态。二次绕组的额定电流一般为5A或1A。

4. 使用注意事项

(1)电流互感器在工作时其二次侧不得开路。

(2)电流互感器的二次侧必须有一端接地。

(3)电流互感器在连接时,要注意其端子的极性。

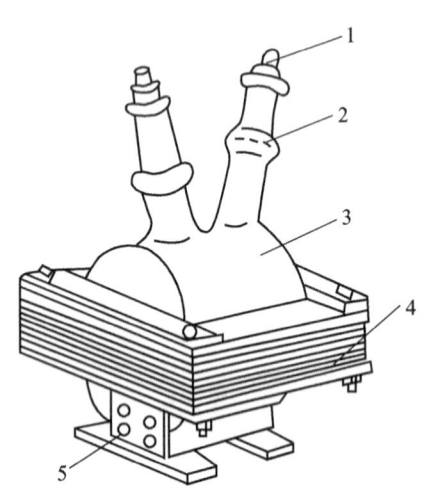

1——次接线端子;2—高压绝缘套管;3—二次绕组;4—铁芯;5—二次接线端子

图3-17 电压互感器的外形和结构

(三)电压互感器

1. 外形结构

电压互感器的外形和结构如图3-17所示。

2. 工作原理

电压互感器的工作原理与普通变压器相似。其特点是:

(1)一次绕组匝数很多,二次绕组匝数很少,相当于一个降压变压器。

(2)工作时一次绕组并联在一次电路中,二次绕组并联在仪表、继电器的电压线圈回路中,要求二次绕组负载阻抗很大,接近于开路状态。

(3)一次绕组导线较细,二次绕组导线较粗。

3. 使用注意事项

(1)电压互感器的一、二次侧必须加熔断器保护,不得短路。

(2)电压互感器的二次侧有一端必须接地。

(3)电压互感器接线时必须注意极性,防止因接线错误而引起事故。

四、操动机构

(一)操动机构概述

操动机构是用来驱使高压开关进行分、合闸和维持在既有状态的电气设备。由于相同的机构可配用不同型号的高压开关,因此操动机构一般独立于高压开关本体,有独立的型号。

断路器操动机构的特点是：结构较复杂、操动功率较大、传动部分运动速度高、动作过程快（几十毫秒至几百毫秒）。

1. 操动机构的结构

操动机构一般由下列几部分组成。

（1）能量转换装置：其作用是把其他形式的能量转换成机械能，使操动机构按规定目的发生机械运动。这种装置如电磁铁、电动机、液压传动工作缸、压缩空气工作缸等。

（2）传动机构：它是操动机构与开关的联通元件，用以改变操作功的大小、方向、位置，使断路器改变工作状态。它多由连杆机构、拐臂、拉杆、油、气管道等元件组成。

（3）保持与脱扣机构：既可使断路器可靠地保持在合闸位置，又可迅速解除合闸位置，使断路器进入自由分闸状态的装置称为保持与脱扣机构。

（4）控制系统：操动机构的控制系统有电控、气控、油控等类型，用于实现对断路器的远距离控制，保持或释放操作功。

（5）缓冲装置：缓冲装置用于吸收做功元件在完成分、合闸操作后剩余的操作功，使机构免受和缓解机械冲击，如弹簧缓冲器、橡皮缓冲器、油缓冲器、气缓冲器等。

（6）闭锁装置：其作用在于防止断路器的误操作和误动作。

2. 操动机构的类型及特点：操动机构的类型及特点如表3-2所示。

表3-2 操动机构的类型及特点

类型	基本特点	使用场合
手动机构	用人力合闸，用已储能的弹簧分闸，不能遥控合闸操作及自动重合闸 结构简单，须有自由脱扣机构 关合能力决定于操作者，不易保证	可用于电压10 kV，开断电流6kA以下的断路器或负荷开关
弹簧机构	用合闸弹簧（用电动机或手力储能）合闸，靠已储能的分闸弹簧分闸。动作快，能快速自动重合闸；能耗小 结构较复杂，冲击力大，构件强度要求较高 输出力特性与本体反力特性配合较差	一般用直流操作，适用于220 kV及以下的断路器。是35 kV及以下断路器配用的操动机构的主要品种
液压机构	以高压油推动活塞实现合闸与分闸。动作快，能快速自动重合闸 结构较复杂，密封要求高，工艺要求高 操作力大，冲击力小，动作平稳，故障率高	适用于110 kV及以上的断路器，是超高压断路器配用的操动机构的主要品种
液压弹簧机构	以碟状弹簧组压缩储能，高压油推动活塞实现合闸与分闸。动作快 综合了弹簧机构、液压机构的特点	适用于110 kV及以上的断路器，是超高压断路器配用的操动机构的主要品种
气动机构	以压缩空气推动活塞往复运动，使断路器分、合闸，或仅用压缩空气推动活塞合闸（或分闸），而以已储能的弹簧分闸（或合闸）。动作快，能快速自动重合闸；合闸力容易调整 制造工艺要求较高；需压缩空气源，操作噪声大	一般很少采用，适用于有压缩空气源的开关站

续表

类型	基本特点	使用场合
永磁机构	储能电容器代替弹簧机构储能 永磁机构配置控制器，可以对断路器的反应速度及其他功能进行调控 操作机构不依靠机械闭锁，大幅度提高了机构的寿命	适用于27.5 kV及以下的断路器

（二）弹簧操动机构

弹簧操动机构是一种以弹簧储能（压缩储能和拉伸储能两种类型），机械杆件传递操作功的一种操动机构。城市轨道交通供电系统中，中压（35 kV或10 kV）真空断路器一般配用弹簧操动机构，弹簧操动机构主要有CT6、CT8、CT8G、CT9、CT10等多种形式。

CT10操动机构的结构如图3-18所示。弹簧操动机构采用夹板式结构，机构的储能驱动部分和合闸驱动的凸轮连杆部分、合闸电磁铁等布置在左右夹板之间，使各转轴受力合理，动稳定性好。两根合闸弹簧分别布置在左右夹板外边，合闸电磁铁、储能电机和辅助开关在下部。

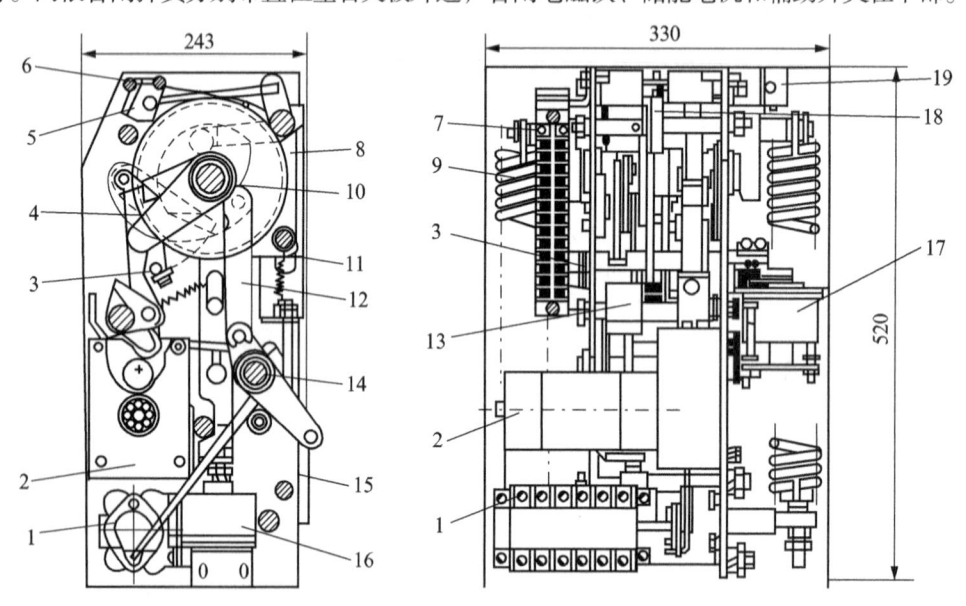

1—辅助开关；2—储能电机；3—半轴；4—驱动棘爪；5—按钮；6—定位件；7—接线端子；8—保持棘爪；9—合闸弹簧；10—储能轴；11—合闸连锁板；12—合闸四连杆；13—分合指示牌；14—输出轴；15—角钢；16—合闸电磁铁；17—过电流脱扣电磁铁及分闸电磁铁；18—储能指示；19—行程开关

图3-18 CT10型操动机构的结构

CT10型机构有储能、合闸操作、分闸操作工作状态，有电机储能和人力储能两种储能方式，合闸操作有电动操作和手动操作，分闸操作也有电动操作和手动操作。

（三）液压操动机构

利用高压压缩气体（氮气）作为储压能源、液压油（10#航空油）作为传递能量的介质，经特定的油路和阀门注入带有活塞的工作缸中，推动活塞往复运动，驱使断路器分、

合闸的机构，称为液压操动机构。城市轨道交通供电系统中，高压（110 kV）SF6断路器一般采用常充压、差动式液压机构。

CY3型液压机构自成一个独立部分，它通过伸出机构箱的活塞杆与断路器本体的水平拉杆相连，其余部件均封闭在机构箱内部。CY3型液压机构的液压系统如图3-19所示。它有打压储能、合闸操作、分闸操作工作状态，合闸、分闸有电动和手动操作。

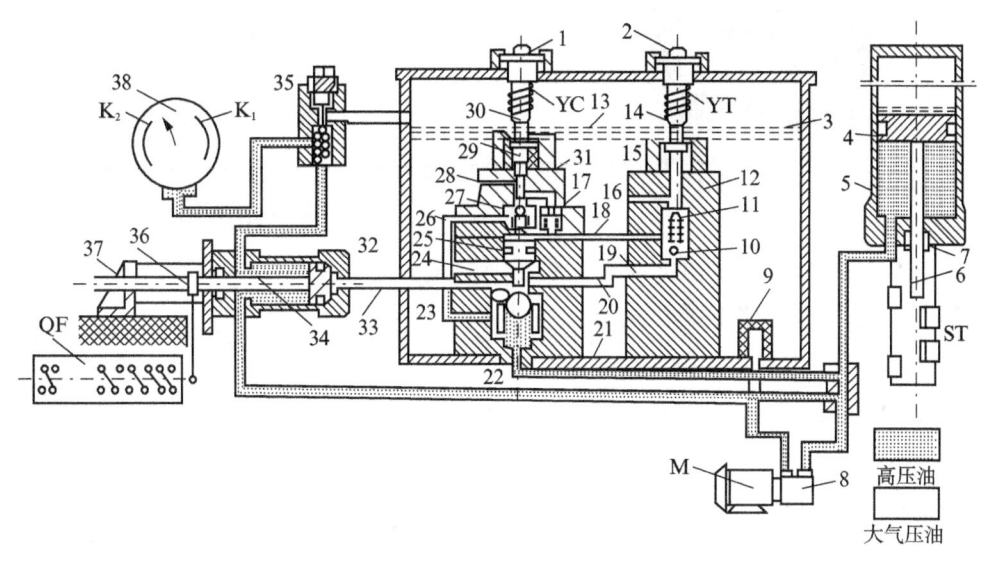

1—台闸按钮；2—分闸按钮；3—密封圈；4—活塞；5—贮压筒；6—活塞杆；7—密封圈；8—油泵；9—滤油器；10、11—球阀；12—分闸电磁阀；13—油；14—分闸电磁铁；15—推动杆；16—泄油孔；17—逆止阀；18—油道；19—节流接头；20、21—油道；22—接头；23—合闸二级阀；24—泄油孔；25—合闸二级阀活塞；26—油管道；27—合闸一级阀；28—泄油孔；29—推杆；30—合闸电磁铁；31—合闸电磁阀；32—工作缸；33—合闸管道；34—活塞杆；35—放油阀；36—传动拉杆；37—导向支架；38—电接点压力表；YC—合闸线圈；YT—分闸线圈；S—微动开关；M—电动机；QF—断路器辅助联动接点；K_1、K_2—电接点压力表的静触头

图3-19　CY3型液压机构的液压系统

（四）永磁操动机构

永磁操动机构主要由储能电容器、智能控制器、永磁驱动器和传动机构组成。它具有智能控制、操作电流小和使用寿命长等特点。

1. 永磁驱动器

永磁机构的核心部分是永磁驱动器，永磁驱动器分为单稳态永磁驱动器和双稳态永磁驱动器两种。

1）单稳态永磁驱动器

单稳态永磁驱动器主要由动铁芯、定铁芯、钕铁硼稀土永久磁铁、工作线圈和驱动轴五部分组成。

2）双稳态永磁驱动器

双稳态永磁驱动器的结构如图3-20所示。它主要由动铁芯、定铁芯、钕铁硼稀土永久

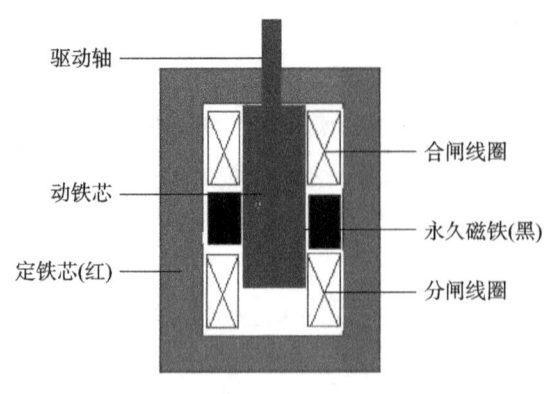

图3-20 双稳态永磁驱动器的结构

磁铁、合闸线圈、分闸线圈、驱动轴六部分组成。

2. 永磁操动机构工作原理

永磁操动机构的结构如图3-21所示，其工作过程如下。

1）合闸过程

由智能控制器控制外部电源（储能电容）向合闸线圈提供驱动电流，合闸线圈中电流产生的磁场与永久磁铁产生的磁场方向一致并相互叠加，随着合闸线圈驱动电流的不断增大，磁场产生的驱动力也逐渐增大。

当驱动力大于断路器提供的分闸保持力时，动铁芯按照牛顿定律：F=ma向合闸方向运动，并且驱动力随着定铁芯与动铁芯之间上部磁隙的减小而急剧增大，该特点与断路器的机械特性完全吻合，最终将动铁芯推到合闸位置并保持合闸状态。

此时辅助开关切断合闸线圈电源。由于合闸方向铁磁回路已经闭合，磁阻非常小，永磁驱动的磁场力已足以克服断路器的合闸保持力，不需要线圈电流的磁场而完成合闸的锁扣过程。即永磁机构通过平面磁力吸合锁扣，不需要机械锁扣部分。

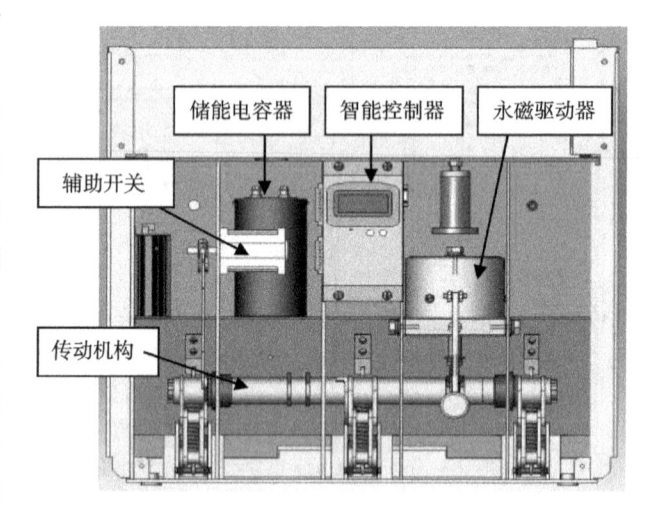

图3-21 永磁操动机构的结构

2）分闸过程

（1）单稳态永磁机构。

由智能控制器控制外部电源向线圈施加一个小电流，该电流产生的磁场与永磁体产生的磁场方向相反，削弱了铁磁回路的磁场，当磁力小于断路器的合闸保持力时，断路器合力推动机构动铁芯向分闸方向运动，完成分闸过程。

（2）双稳态永磁机构。

由智能控制器控制外部电源（储能电容）向分闸线圈施加电流，该电流产生的磁场与永磁体产生的磁场方向相同，当磁力大于断路器的合闸保持力时，断路器合力推动机构动铁芯向分闸方向运动，完成分闸过程。分闸状态由分闸簧F分簧以保持分闸状态。

五、配电装置

(一)一般配电装置

1. 概述

配电装置是根据电气接线的基本要求,把一、二次电气设备如开关设备、保护电器、检测仪表、母线和必要的辅助设备组装在一起构成的在供配电系统中进行接受、分配和控制电能的总体装置。

配电装置按安装地点不同,可分为户内配电装置和户外配电装置。为了节约用地,一般35 kV及以下配电装置宜采用户内式。

配电装置还可分为装配式配电装置和成套配电装置。电气设备在现场组装的配电装置称为装配式配电装置。在制造厂按照一定的线路接线方案预先组装成柜再运到现场安装,制造厂成套供应的设备,称为组合电器或开关柜。

组合电器或开关柜将电气主电路分为若干个配电单元,每个单元即一条回路,并将每个单元的断路器、隔离开关、电流互感器、电压互感器,以及保护、控制、测量等设备集中装配在一个整体柜内,多个高压开关柜在变、配电所安装组成的配电装置称为成套配电装置。

由于城市轨道供电系统变电所都建在城市中心地带,所以,其配电装置都采用成套配电装置,并布置在户内。

高压成套配电装置按主要设备的安装方式分为固定式和移开式(手车式);按开关柜隔室的构成形式分为铠装式、间隔式、箱型、半封闭型等;按其母线系统分为单母线型、单母线带旁路母线型和双母线型;根据一次电路安装的主要元器件和用途分为断路器柜、负荷开关柜、高压电容器柜、电能计量柜、高压环网柜、熔断器柜、电压互感器柜、隔离开关柜、避雷器柜等。按照绝缘介质划分,包括AIS和GIS两种。AIS是以大气绝缘(包括大气与固体绝缘组成的复合绝缘)的高压开关柜,GIS是以六氟化硫气体为绝缘介质的高压开关柜。

城市轨道交通供电系统中,110 kV及以上采用GIS(内设六氟化硫气体断路器),35 kV开关柜采用GIS内设真空断路器),10 kV开关柜采用AIS(内设真空断路器),0.4 kV开关柜采用AIS(内设空气断路器)。

2. 配电装置的最小安全净距

配电装置的各种结构尺寸由设备外形尺寸、检修维护和搬运的安全距离、电气绝缘距离等综合因素决定的。各种安全距离中最基本的是空气中不同相的带电部分之间或各带电部分对接地部分之间的空间最小安全净距,在国家标准中称为A值。在此距离下,无论是处于正常最高工作电压或处于内外过电压下,空气间隙均不致被击穿。我国《高压配电装置设计技术规程》规定的室内、室外配电装置的安全净距。室内配电装置最小安全净距校验图如图3-22所示。

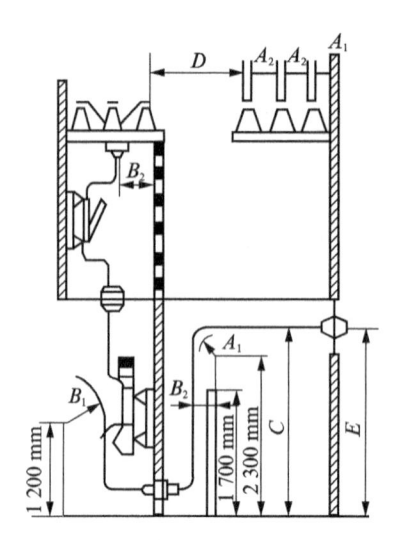

B_1—栅状遮栏和带电部分之间安全净距;B_2—网状遮栏和带电部分之间安全净距;A_1—带电部分和接地部分之间安全净距;A_2—不同相的带电部分之间安全净距;C—无遮栏裸导体和地面之间安全净距;D—平行的不同时停电检修的裸导体之间安全净距;E—通向室外的出线套管至室外通道的路面的安全净距

图3-22 室内配电装置最小安全净距检验图

(二) GIS组合电器

1. 概述

GIS由断路器、隔离开关、接地开关、互感器、避雷器、母线、连接件等单元,封闭在接地的金属体内组成。其内部充有一定压力的六氟化硫绝缘气体。由于GIS既封闭又组合,故占地面积小,占用空间少,基本不受外界环境影响,不产生噪声和不受无线电干扰,运行安全可靠,且维护工作量少,在城网建设和改造工程中,得到广泛的应用。其主要特点如下。

(1)最大限度地缩小整套配电装置的占地面积和空间体积,结构十分紧凑。110~220 kV GIS占地面积仅为敞开式变电站(AIS)的1/10。

(2)全封闭的电器结构,不受污染、雨雪、尘沙及盐雾等各种恶劣自然环境条件的影响,减小了设备故障的可能性,特别适合应用在工业污染、气候恶劣及高海拔地区。

(3)安装方便。由于GIS已向三相共箱式、复合式和智能式方向发展,所以GIS一般由整件或若干单元组成,可大大缩短安装工期。

2. 地铁变电所的中压柜型GIS开关柜

中压柜型GIS开关柜的外壳采用优质不锈钢板和复合铝锌钢板材料制成,接地牢固,完全能承受运行中出现的正常压力。外壳的制造工艺采用优质不锈钢板、先进的激光焊接技术和对抗老化、耐温升的绝缘材料,保证开关柜气室具有极高的气密性。

采用弹簧储能操作机构的真空断路器,采用复合式电流/电压传感器。

GFC-30中压柜型GIS开关柜的结构及外形如图3-23所示,其高压室分为上下两个独立隔离的密封气室,上气室内有隔离/接地开关单元和主母线进出端;下气室内有断路器单元、电流互感器和电缆进出端。断路器单元和隔离/接地开关单元与主回路为插拔式柔性连接，装配和维护方便。

（三）AIS组合电器

AIS组合电器是指以空气绝缘的3～35 kV的成套配电装置（或高压开关柜）。发电厂和变电站中常用的高压开关柜有移开式和固定式两种。

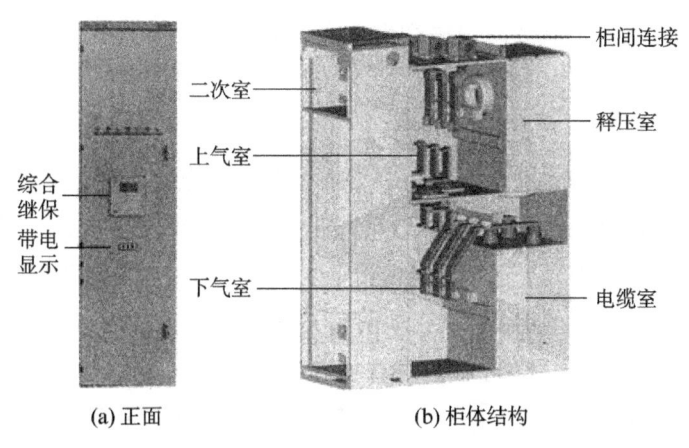

1. 固定式高压开关柜

(a) 正面　　(b) 柜体结构

图3-23　GFC-30中压柜型GIS开关柜的结构及外形

固定式高压开关柜的柜内所有电器部件（包括其主要设备如断路器、互感器和避雷器等）都固定安装在不能移动的台架上。固定式开关柜具有构造简单、制造成本低、安装方便等优点；但内部主要设备故障处理或需要检修时，必须停电进行，因此固定式高压开关柜一般用在企业的中小型变配电所和负荷不是很重要的场所。

下面以HXGN系列（固定式高压环网柜）、XGN系列（交流金属箱型固定式封闭高压开关柜）为例来介绍固定式高压开关柜的结构与特点。

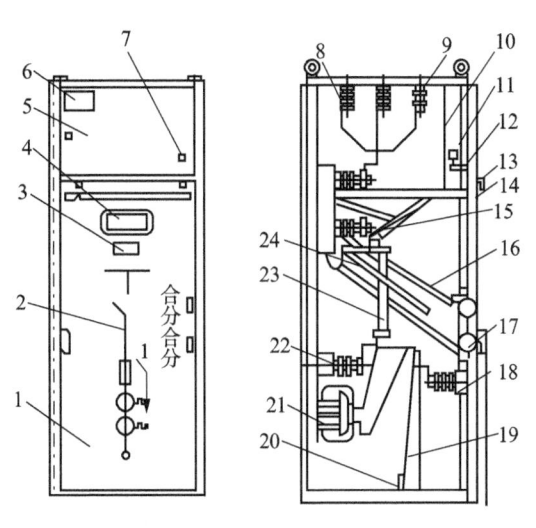

高压环网柜是为适应高压环形电网的运行要求而设计的一种专用开关柜。高压环网柜主要采用负荷开关和熔断器的组合方式，正常电路地通断操作由负荷开关实现，而短路保护由熔断器来完成。这种负荷开关加熔断器的组合柜与采用断路器的高压开关柜相比，体积和重量都明显减小，价格也便宜很多。而在一般6～10 kV的变配电所中，负荷的通断操作较频繁，短路故障的发生却比较少，因此，采用负荷开关—熔断器的环网柜更为经济合理。

HXGNl-10型高压环网开关柜的结构及组成如图3-24所示。它由三个间隔组成：电缆进线间隔、电缆出线间隔、变压器回路间隔。主要电气设备有高压负荷开关、高压熔断器、高压隔离开关、接地开关、电流和电压互感器、避雷器等。并

1—下门；2—模拟电路；3—显示器；4—观察孔；5—上门；6—名牌；7—组合开关；8—母线；9—绝缘子；10、14—隔板；11—照明灯；12—端子排；13—旋钮；15—负荷开关；16、24—连杆；17—负荷开关机构；18、22—支架；19—电缆；20—电缆支架；21—电流互感器；23—高压熔断器

图3-24　HXGNl-10型高压环网开关柜的结构及组成

且具有可靠的防误操作设施和"五防"功能。在我国城市电网改造和建设中得到广泛的应用。

2. 手车式高压开关柜

手车式高压开关柜是将成套高压配电装置中的某些主要电气设备（如高压断路器、电压互感器和避雷器等）固定在可移动的手车上，另一部分电气设备则装置在固定的台架上。当手车上安装的电气设备发生故障或需检修、更换时，可以随同手车一起移出柜外，再把同类备用手车式电气设备（与原来的手车同设备、同型号）推入，就可以立即恢复供电，相对于固定式开关柜，手车式高压开关柜的停电时间大大缩短。因为可以把手车从柜内移开，又称为移开式高压开关柜。这种开关柜检修方便安全，恢复供电快，供电可靠性高，但造价比较高，主要用于大中型变配电所和负荷较重要、供电可靠性要求较高的场所。手车式高压开关柜的主要新产品有KYN系列、JYN系列等。

任务二　直流牵引变电所的电气线路

学习目标

（1）掌握直流牵引变电所的组成及作用。
（2）掌握直流牵引变电所的工作原理。
（3）掌握带直流备用母线的接线的优缺点。
（4）掌握直流牵引变电所的二次回路的组成。
（5）掌握二次接线图的种类。
（6）掌握二次接线图中的标志方法。
（7）掌握控制电路的基本组成和要求。
（8）掌握断路器的控制、信号回路中主要部件的功能。
（9）掌握断路器、隔离开关的控制、信号回路的工作过程。
（10）了解断路器与隔离开关联动的控制、信号回路的工作过程。

学习任务

学习和理解城市轨道交通直流牵引变电所的电气线路，主要包括直流牵引变电所的组成、作用和工作原理，直流牵引变电所的主接线，直流牵引变电所的二次接线概述、功能及类别，直流牵引变电所的控制、信号回路的概述及工作过程。

工具设备

城市轨道交通直流牵引变电系统仿真软件、变电设备仿真模型和零部件实物、模拟直流牵引变电所、电气设备实物图片、多媒体设备等。

教学环境

理实一体化教室或轨道交通电气化综合实验室。

基础知识

城市轨道交通直流牵引变电所的电气线路，明确表征了变电所一次高压设备连接的关系和二次低压设备连接的关系。主要讲述了直流牵引变电所的组成、作用和工作原理，直流牵引变电所的主接线，直流牵引变电所的二次接线概述、功能及类别，直流牵引变电所的控制、信号回路的概述及工作过程。

一、直流牵引变电所的原理

（一）牵引变电所的组成及作用

1. 直流牵引变电所的基本组成

直流牵引变电所主要有一次设备和低压二次设备组成。

一次设备主要是指直接生产、输送和分配电能的设备，主要由高压交流配电装置（也称为高压交流开关柜，包括高压断路器和隔离开关）、降压变压器、高压互感器、高压避雷器、母线、整流器、钢轨电位限制器、直流配电装置（也称为直流开关柜）电抗器、并联补偿电力电容器、电力电缆、送电线路等组成。

对一次设备的工作状态进行监视、测量、控制和保护的辅助电气设备称为二次设备。低压二次设备主要由低压开关、继电器、接触器、控制开关、转换开关、整流稳压监控设备、综自装置（保护测控装置）、交直流屏、信号显示设备、测量仪表、远动装置、蓄电池、电流互感器、电压互感器二次线圈等组成。其作用是对主接线中的高压设备的工作状态进行控制、监察、测量及实现继电保护与远动功能等。

国际电工委员会拟定的直流牵引电压标准为：750 V、1500 V、3000 V。而国内的轨道交通大都采用1500 V电压。

2. 直流牵引变电所的主要作用

直流牵引变电所的主要作用为：一是将交流电变成750 V或1500 V直流电源，再由牵引变电所内的直流配电装置将直流电源送到区间接触网，供电动列车用电。二是将交流系统与直流系统进行隔离，减少互相影响。三是提高接触网供电的灵活性，可以在当地操作或远动实现上下行分别供电、分别停电等。四是可以馈线接触网故障时，通过继电保护装置进行有选择性的使断路器跳闸，缩小事故停电范围。五是在某个变电所故障引起全所停电时，可以通过分区联络开关实现越区和跨所供电。六是可以为铁路其他用电设备提供电源。

（二）直流牵引变电所的工作原理

直流牵引变电所将引自城市电网区域变电所或轨道交通主变电所的35 kV或10 kV交流电

源，通过交流配电装置进入整流变压器降压，然后经整流器将交流电变成750 V或1500 V直流电源，再由牵引变电所内的直流配电装置将直流电源送到区间接触网，供电动列车用电。

为了提高直流电的供电质量，降低直流电源的脉动量，通常采用多相整流的方法，它可以是六相、十二相整流，还可以增加到二十四相整流。为此，整流变压器不仅起降压作用，还要将三相交流电变成多相交流电供整流器整流，整流变压器与整流器合称为整流装置。

二、直流牵引变电所的主接线

直流牵引变电所主接线主要有两种形式：一种是无直流备用母线的接线方式；一种是带直流备用母线的接线方式，如图3-25所示。

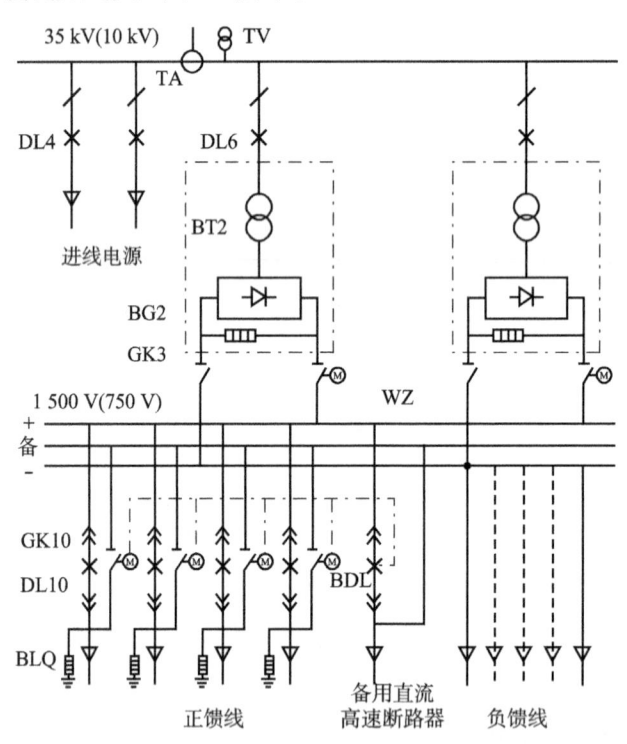

WB—高压母线；WZ—直流母线；TA—电流互感器；TV—电压互感器；DL6、DL4—高压侧断路器；DL10—直流断路器；BDL—备用直流断路器；GK2—电动隔离开关；GK3—手动隔离开关；BT2—整流变压器；GB2—整流器；BLQ—避雷器；/表示交流三相接线

图3-25 带直流备用母线的接线图

两种接线方式的进线电源、高压母线、两组整流机组相同，只有直流母线不同。

1. **无直流备用母线的接线的优缺点**

（1）优点：接线相对简单，造价比较低，节省占地面积。

（2）缺点：灵活性差，一台馈线断路器出现故障会中断此馈线的供电。

2. **带直流备用母线的接线的优缺点**

（1）优点：一台馈线断路器出现故障后，有备用断路器代替馈线断路器继续供电，防

止了馈线断路器故障使此馈线停电。如馈线断路器DL10故障，其操作过程为：依次合上旁路隔离开关GK10、备用断路器BDL，断开馈线断路器DL10，此馈线将通过BDL、GK10向线路继续供电。检修维护馈线断路器灵活方便。

（2）缺点：接线相对复杂，造价比较高，占地面积相对较大。检修维护工作量相对增加。

三、直流牵引变电所的二次接线概述

（一）二次接线概述

在变电所中的电气设备分为一次设备和二次设备两大类。对一次设备的工作状态进行监视、测量、控制和保护的辅助电气设备称为二次设备。二次设备采用低压电源供电，它们相互间所连接的电路称为二次回路或二次接线。变电所低压系统二次回路的功能示意图如图3-26所示。

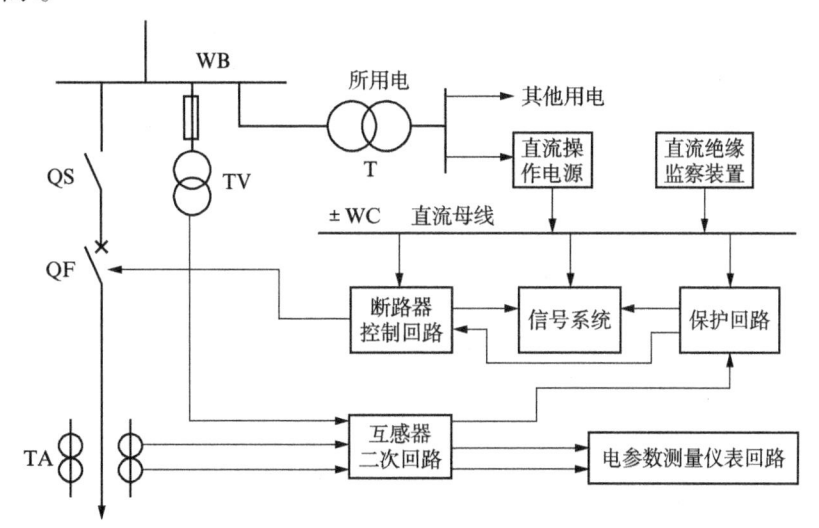

图3-26 变电所低压系统二次回路的功能示意图

二次回路按照功用可分为控制回路、合闸回路、信号回路、测量回路、计量回路、保护回路、照明回路及远动装置回路等；按照电路类别分为直流回路、交流回路、电压回路和电流回路等。

图3-26中接变电所用变压器T的回路一般称为交流回路；直流母线WC所连接的回路为直流回路；电压互感器TV二次线圈所连接的回路为电压回路；电流互感器TA二次线圈所连接的回路为电流回路。图中WB为高压母线，QS为高压隔离开关，QF为高压断路器。

（二）二次接线图

反映二次设备接线间关系的图称为二次回路图。二次回路的接线图按用途可分为原理接线图、展开接线图和安装接线图三种形式。

1. 原理接线图

原理接线图用来表示继电保护、监视测量和自动装置等二次设备或系统工作原理的完整图,它以元器件的整体形式表示各二次设备间的电气连接关系。通常在二次回路的接线原理图上还将相应的一次设备画出,构成整个回路,便于了解各设备间的相互工作关系和工作原理。10 kV线路的电气测量、计量回路接线原理和展开接线如图3-27(a)所示。

从图3-27中可以看出,原理图概括地反映了电流测量、电量计量的接线原理及相互关系,但没有注明设备内部接线和具体的外部接线,对于复杂的回路读图困难。

2. 展开接线图

展开接线图按二次接线使用的电源分别画出各自的交流回路、交流电压回路、直流控制、信号回路中各元件的线圈和触点。所以,属于同一个设备或元件的电流线圈、电压线圈、控制触点分别画在不同的回路里。为了避免混淆,对同一设备的不同线圈和触点应用相同的文字标号,但各支路需要标上不同的数字回路标号,如图3-27(b)所示。

二次接线展开图中所有开关电器和继电器触头都是按开关断开时的位置和继电器线圈中无电流时的状态绘制的。由图3-27(b)可以看出,展开图接线清晰,回路次序明显,易于阅读,便于了解整套装置的动作程序和工作原理,对于复杂线路的工作原理的分析更为方便。

3. 安装接线图

安装接线图是进行现场施工必需的图纸,是制作和向设备生产厂家加工订货的依据。

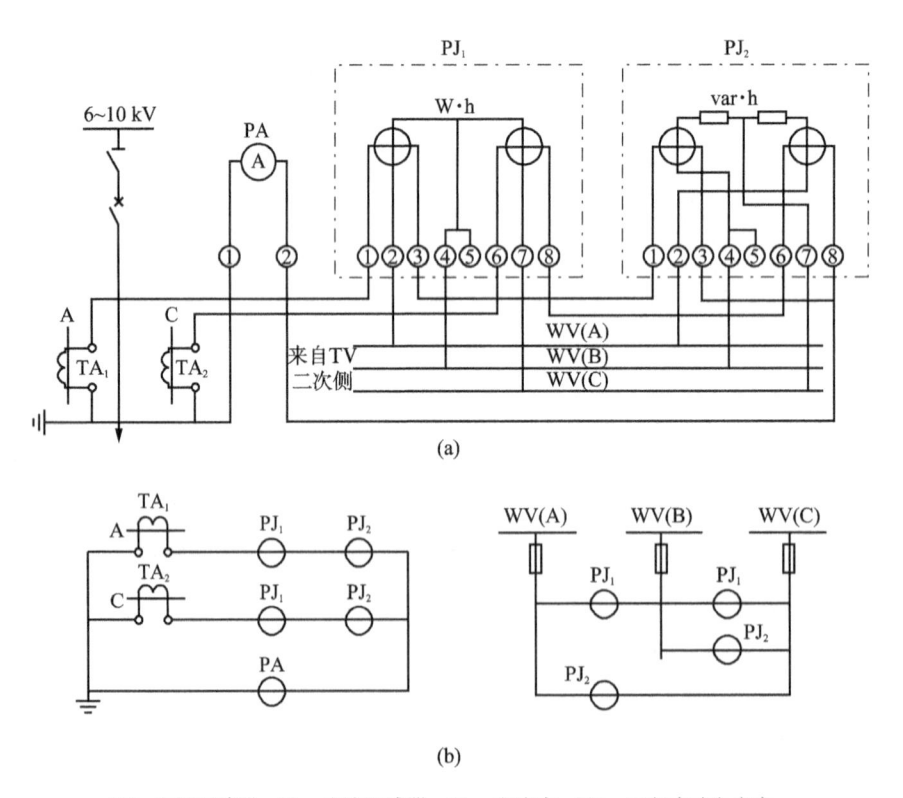

TV—电压互感器;TA—电流互感器;PA—电流表;PJ1—三相有功电度表;
PJ2—三相无功电度表;WV—电压小母线

图3-27 10 kV线路的电气测量、计量回路接线原理和展开接线

它反映的是二次回路中各电气元件的安装位置、内部接线及元件间的布线关系。

二次接线安装图包括屏面布置图、屏背面接线图和端子板接线图等几个部分。屏面布置图是按照一定的比例尺寸将屏面上各个元器件和仪表的排列位置及相互间的距离和尺寸表示在图纸上。而外形尺寸应尽量参照国家标准的屏柜尺寸,以便和其他控制屏并列时美观整齐。

4.二次接线图中的标志方法

为便于安装施工和投入运行后的检修维护,在展开图中应对回路进行编号,在安装图中对每个设备设定文字和代码标志。

1)展开图中回路编号

对展开图进行编号可以方便维修人员检查线路的正确连接情况,根据展开图中回路的不同,如电流、电压、交流、直流等,回路的编号一般进行相应的分类。具体编号的原则如下。

(1)回路的编号由3个或3个以内的数字构成。对三相交流回路要加注A、B、C、N符号区分,对不同用途的回路都规定了编号的数字范围,各回路的编号要在相应数字范围内。

(2)二次回路的编号应根据等电位原则进行。即在电气回路中,连接在一起的导线属于同一电位,应采用同一编号。

(3)展开图中小母线用粗线条表示,并按规定标注文字符号或数字编号。

2)安装图中设备的标志编号

二次回路中的设备都是从属于一次设备或一次线路的,为了使与不同回路的二次设备有明显的区别,避免混淆,在所有的二次设备上必须标以规定的项目种类代号。例如,某高压线路的测量仪表,本身的种类代号为P。有功功率表、无功功率表和电流表,它们的代号分别为PJ1、PJ2、P3。而这些仪表又从属于某一线路,线路的种类代号为W2,设无功功率表PJ2是属于线路W2上使用的,由此无功功率表的项目种类代号全称应为"-W2-PJ2",这里的"-"是种类的前缀符号。又设这条线路W2又是2号开关柜内的线路,而开关柜的种类代号规定为A,因此该无功功率表的项目种类代号全称为"=A-W2-PJ2"。这里的"="号是高层的前缀符号,高

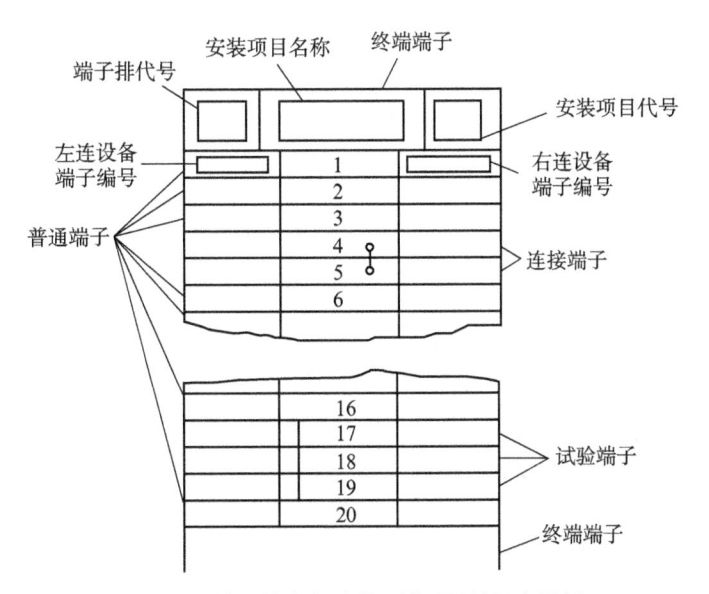

图3-28 端子排中各种类型端子板的标志图例

层是指系统或设备中较高层次的项目。

3）接线端子的标志方法

端子排由专门的单个接线端子与底座组合而成的,是连接配电柜之间或配电柜与外部设备连线用的。接线端子分为一般端子、连接端子、试验端子、终端端子和特殊端子等形式。

试验端子用来在不断开二次回路的情况下,对仪表、继电器进行试验。终端端子板则用来固定或分隔在不同安装单元中的端子排。

在接线图中,端子排中各种类型端子板的标志图例如图3-28所示。端子板的文字代号为X,端子的前缀符号为":"。按规定,接线图上端子的代号应与设备端子排上的端子标记一致。

4）连接导线的表示方法

安装接线图既要表示各设备的安装位置,又要表示各设备间的连接关系,如果直接绘出这些连接线,将使图纸上的线条互相交叉,难以辨认,因此在安装图上表示导线的连接关系时,一般只在各设备的端子处标明导线的去向。标志的方法是在两个设备连接的端子出线处互相标以对方的端子号和设备号,这种标注方法称为"相对标号法"。例如,PJ1、PJ2两台设备,现PJ1设备的2号端子要与PJ2设备的3号端子相连,连接导线的表示方法所图3-29所示。

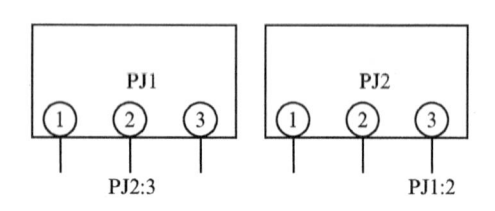

图3-29 连接导线的表示方法

四、直流牵引变电所的控制、信号回路

（一）控制、信号回路概述

1. 控制电路

1）控制电路的基本组成

变电所断路器、隔离开关的控制电路一般有指令单元、闭锁单元、连锁单元、中间传送放大单元、执行单元及导线等二次设备组成。

指令单元一般由控制开关、转换开关、按钮、保护出口继电器和自动装置等组成,其作用是发出断路器、隔离开关的分、合闸指令脉冲信号。

闭锁单元一般由闭锁继电器接点、断路器的辅助接点组成,其作用为：一是正常情况下进行闭锁,防止继电保护误动；二是高压断路器在异常状态下闭锁,防止分、合闸损坏高压断路器；三是手动合闸,在短路故障时线路跳闸,闭锁重合闸不能动作,防止事故范围扩大。

连锁单元的作用是：断路器、隔离开关实行联动操作时,一般在控制回路中设置连锁单元,有效的保证断路器、隔离开关操作顺序的正确性。

中间传送放大单元一般由继电器、接触器及其接点组成,其作用是将指令单元发出的

指令脉冲信号放大,并按一定程序送给执行机构。

执行单元由断路器、隔离开关的电动操作机构组成,其作用是按照指令驱使断路器、隔离开关进行分、合闸。

2)控制电路的类型

按指令电气设备与操作机构之间的距离远近,分为远动控制、距离控制、当地控制三种。

远动控制:由供电调度通过远动系统远程控制变电所断路器、隔离开关的分、合闸及保护投切等,改变变电所的运行方式的操作。一般称为遥控。

距离控制:在变电所主控制室中,通过综自监控主机或控制开关对电气设备进行控制操作,改变变电所的运行方式。

当地控制:操作人员在断路器、隔离开关的操作机构箱内通过按钮、控制开关或机械操作,使断路器、隔离开关实现分、合闸。

3)控制电路的基本技术要求

(1)由于断路器、隔离开关操作机构的分、合闸线圈是按短时通过工作电流设计的,因此要求分、合闸操作完成后,分、合闸控制回路立即自动断电。

(2)能够准确的指示分、合闸位置和自动分、合闸信号。

(3)能够对电源和控制回路的完整性进行实时监视。

(4)控制回路应设有防止断路器跳跃的功能。

(5)根据断路器的功能,控制回路应设有气压、液压等闭锁功能。

(6)接线力求简单、可靠,闭锁接点最好直接采用开关的辅助接点。

2. 信号电路

在变电所运行的各种电气设备,随时都可能发生不正常的运行状态,中央信号装置就是为此而设置的,它一般安装在中央信号屏上。目前在综合自动化变电所中,综自监控主机已经代替和扩展了中央信号装置的功能。

(1)中央信号装置按形式分为灯光信号和音响信号。灯光信号表明非正常运行状态的性质和地点;音响信号用于引起值班人员的注意。

(2)中央信号装置按用途分为事故信号、预告信号和前位置信号。

事故信号表示供电系统设备发生了某种故障,即继电保护装置动作后所发出的信号。

预告信号表示供电系统在运行中发生了某种异常状态,但系统不需要立即停止运行。

位置信号表示电气设备的工作状态。如断路器的分、合闸位置指示灯。

目前在综合自动化变电所中,各种信号通过综自监控主机均能体现出来,并且附有文字的显示形式,更加直观明了。

(二)高压断路器的控制、信号回路

尽管断路器的控制、信号回路因断路器的型式、操作机构的类型不同,以及运行上的不同要求而有所差异,但其基本接线是相似的。对断路器的控制、信号回路的基本要求如下:

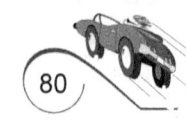

（1）能监视电源及下次操作时分闸回路和合闸回路的完整性。

（2）能指示断路器分闸和合闸后的位置状态。

（3）事故分闸和自动重合闸时，应有明显的信号显示。

（4）分闸和合闸完成后，应使分闸回路和合闸回路自动断电。

（5）具有防止断路器多次合、分闸的"跳跃"闭锁装置（电气闭锁）。

（6）当采用液压操作机构时，应具有操作液压操作机构的电气闭锁措施。

（7）当采用气体断路器时，应具有气压过高、过低的电气闭锁措施。

（8）当与断路器配合的隔离开关采用电动操作机构时，其控制电路采用电气闭锁措施。

（9）断路器的控制、信号回路应能与远动装置相配合，实现远方操作和信息反馈功能。

1. 断路器的控制、信号回路主要部件功能

（1）控制开关WK：其主要作用是手动操作实现断路器合、分闸。当手松开操作把手后，自动返回使接点处于断开状态。

（2）转换开关SK：它是当地/远方转换开关，其主要作用是当SK达到"当地"S位时，可以进行当地操作；当SK达到"远方"Y位时，可以进行远动操作。

（3）保护测控装置WKH-892：它是控制、信号回路的核心部件，其主要作用如下。

①通过内部的跳闭继TBJ，实现断路器合、分闸的"跳跃"闭锁功能。

②通过内部的分位继FWJ、合位继HWJ，实现位置信号传递功能。

③实现继电保护和自动重合闸功能和跳闸数据存储功能。

④实现故障点测距功能和测距参数存储功能；实现电流、电压、角度、频率等测试功能。

⑤实现与综自后台机的通信功能，与调度端远动配合，实现远方操作功能。

（4）空气开关ZK：正常时闭合，使断路器的控制、信号回路受电工作。当断路器的控制、信号回路发生局部短路故障时，ZK自动跳闸，切断短路电流，缩小事故范围。

2. 断路器的控制、信号回路工作过程（如图3-30所示）

（1）当地操作：将当地/远方转换开关SK转到"当地"S位。

①断路器在分闸位置时，用手顺时针旋转控制开关1WK到90°位置，此时1WK的3、4接点接通，正电源通过SK_{1-2}接点→$1WK_{3-4}$接点→WKH-892→断路器操作机构内的常闭接点和合闸线圈HQ→闭锁接点2111_{5-6}→到达负电源形成回路，合闸线圈HQ受电使断路器合闸。

断路器合闸后，其常闭接点断开，切断合闸回路电流，常开接点闭合，作好了分闸准备；同时将手松开控制开关1WK的操作把手，1WK自动返回到操作前的状态，$1WK_{3-4}$接点断开。

断路器正常合闸后，常开接点闭合，红色信号灯HD亮，绿色信号灯LD熄灭。保护测控装置向综自后台机及调度端传送断路器变位信号。

②断路器在合闸位置时，用手逆时针旋转控制开关1WK到90°位置，此时1WK的1、2接点接通，正电源通过SK_{1-2}接点→$1WK_{1-2}$接点→WKH-892→断路器操作机构内的常开接点和分闸线圈FQ→2111_{5-6}闭锁接点→到达负电源形成闭合回路，分闸线圈FQ受电使断路

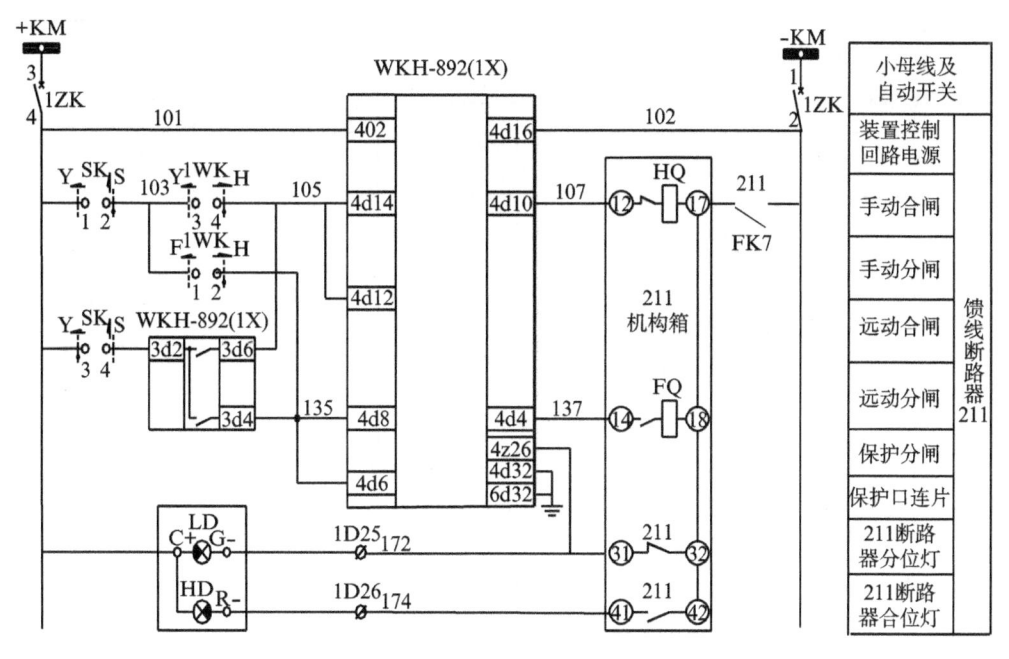

图3-30 断路器的控制、信号回路接线图

器分闸。

断路器分闸后,其常开接点断开,切断分闸回路电流,常闭接点闭合,作好了合闸准备;同时将手松开控制开关1WK的操作把手,1WK自动返回到操作前的状态,1WK$_{1-2}$接点断开。

断路器正常分闸后,常闭接点闭合,绿色信号灯LD亮,红色信号灯HD熄灭。保护测控装置向综自后台机及调度端传送断路器变位信号。

③断路器在合闸位置时,若外部高压设备(线路)发生短路故障,保护测控装置WKH-892启动使断路器跳闸,切断外部短路电流。同时启动自动重合闸重合一次,若为瞬时性故障,重合闸重合成功。

继电保护动作后,保护测控装置向综自后台机传送故障跳闸信号和故障参数,综自后台机显示出故障跳闸情况和故障参数,同时发出的音响报警和断路器变位闪烁信号。

注意,手动分闸后,不启动重合闸;手动合闸后,若发生短路故障,保护测控装置WKH-892会立即启动断路器跳闸,也不启动重合闸。

(2)远方操作:将当地/远方转换开关SK达到"远方"Y位。

供电调度在调度端点击合(分)闸按钮,合(分)闸命令通过通信通道到达保护测控装置WKH-892,WKH-892接到合闸命令后使断路器合(分)闸。

(三)隔离开关的控制、信号回路

(1)隔离开关的控制、信号回路主要部件功能

隔离开关的控制、信号回路接线图如图3-31所示,隔离开关的控制、信号回路的主要

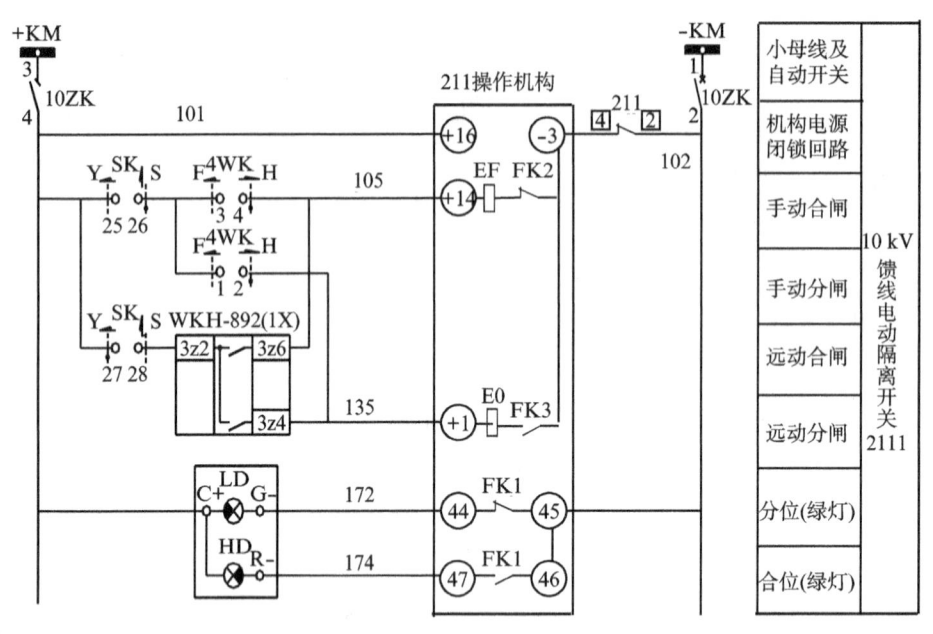

图3-31 隔离开关的控制、信号回路接线图

部件的功能与断路器的控制、信号回路的主要部件的功能基本相同。不同点是在其控制回路中串有断路器闭锁接点211_{2-4}。

闭锁接点211_{2-4}的作用：在211断路器处于分闸位置时，其常闭接点211_{2-4}闭合，解除2111隔离开关电动操作机构的闭锁回路，2111隔离开关可以正常分、合闸操作。在211断路器处于合闸位置时，其常闭接点211_{2-4}断开，闭锁回路起作用，使2111隔离开关电动操作机构不能分、合闸操作。防止隔离开关误操作造成人身和设备事故。

（2）隔离开关的控制、信号回路工作过程与断路器的控制、信号回路工作过程相似。

（四）断路器与隔离开关联动的控制、信号回路

在牵引变电所馈线系统中，为了保证可靠的供电，馈线设有备用断路器和旁路隔离开关，二者配合使用代替馈线断路器运行。备用断路器和旁路隔离开关设计成联动形式。

（1）断路器与隔离开关联动的控制、信号回路主要部件的功能

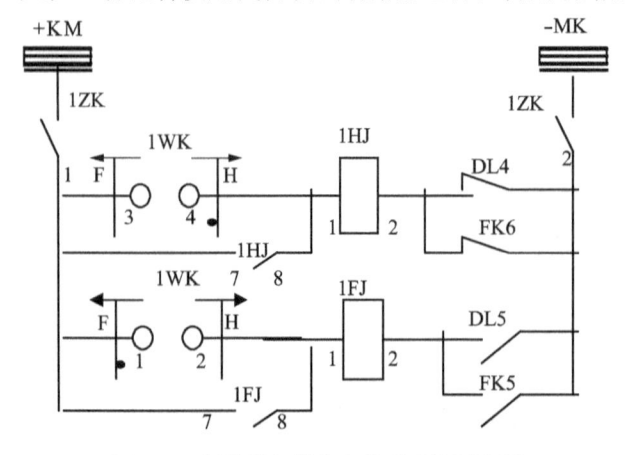

断路器与隔离开关联动控制总图如图3-32所示，控制、信号回路主要部件的功能与断路器的控制、信号回路基本相同。不同点是在断路器与隔离开关联动的控制回路中将控制开关WK换成了中间继电器HJ和FJ的接点。中间继电器的作用：一是增加控制开关WK的接点，使之

图3-32 断路器与隔离开关联动控制总图

实现断路器与隔离开关联动控制的目的。二是通过接点和线圈的合理连接，实现继电器自保持功能，提高控制回路的可靠性。

（2）断路器与隔离开关联动的控制、信号回路工作过程：一是在图3-32操作控制开关1WK使中间继电器HJ（FJ）闭合，启动如图3-30、图3-31所示的控制电路，使断路器和隔离开关进行合（分）闸。

任务三　城市轨道交通牵引变电所的运行与维护

学习目标

（1）了解变电站设备操作规程的主要项目。
（2）掌握现场运行规程的编制依据。
（3）掌握倒闸操作的一般规定和操作程序标准化。
（4）掌握倒闸表的编制原则。
（5）了解牵引变电所的运行管理制度。
（6）掌握牵引变电所巡视的一般要求，了解主要设备的巡视内容。
（7）掌握变电设备检修的原则和过程。
（8）掌握检修计划编制及检修周期。
（9）掌握高压设备的停电作业的特点，掌握高压设备的远离带电部分的作业特点。
（10）掌握变电设备的检修作业特点。

学习任务

学习和理解城市轨道交通牵引变电所运行与维护的内容，主要包括牵引变电所的操作规程及运行规程编制，牵引变电所倒闸操作规定、操作卡片编制和标准化操作；牵引变电所的运行管理制度及巡视要求；变电设备检修作业的管理及检修周期；检修作业方式及检修作业的特点。

工具设备

城市轨道交通直流牵引变电系统仿真软件、变电设备仿真模型和检修工具实物、模拟直流牵引变电所、电气设备检修图片和多媒体设备等。

教学环境

理实一体化教室或轨道交通电气化综合实验室。

基础知识

城市轨道交通牵引变电所运行与维护是变电系统运营和检修人员的日常工作，是保障牵引变电所设备正常运行和可靠供电的基本措施。因此，变电所运营和检修人员在熟悉变

电所设备的基础上，必须严格按有关运行操作规程、检修规程、运行管理制度、工艺标准和"三定、四化、记名检修"的内容进行运行管理和检修作业。

一、城市轨道交通牵引变电所的操作规程

（一）变电站设备操作规程

牵引变电站设备操作规程，是变电系统所有人员进行运行管理、检修作业与管理、倒闸操作等工作的指导方针。严格执行变电站设备操作规程及有关文件，是确保安全生产的前提和保障。

（1）高压设备工作的基本要求。

①一般安全要求。

②高压设备的巡视。

③倒闸操作。

④高压设备上工作。

（2）保证安全的组织措施。

①在电气设备上工作，保证安全的组织措施。

②工作票制度。

③工作许可制度。

④工作监护制度。

⑤工作间断、转移和终结制度。

（3）保证安全的技术措施。

①在电气设备上工作，保证安全的技术措施。

②停电。

③验电。

④接地。

⑤悬挂标示牌和装设遮栏（围栏）。

（4）线路作业时变电站和发电厂的安全措施。

（5）带电作业。

①一般规定。

②一般安全技术措施。

③等电位作业。

④带电断、接引线。

⑤带电短接设备。

⑥带电水冲洗。

⑦带电清扫机械作业。

⑧感应电压防护。

⑨高架绝缘斗臂车作业。

⑩保护间隙；带电检测绝缘子；低压带电作业；带电作业工具的保管、使用和试验。

（6）发电机、同期调相机和高压电动机的检修、维护工作。

（7）在高压电气设备及二次系统上的工作。

（8）在停电的低压配电装置和低压导线上的工作。

（9）电气试验。

①高压试验。

②使用携带型仪器的测量工作。

③用钳形电流表的测量工作。

④使用摇表测量绝缘的工作。

（10）电力电缆工作。

①电力电缆工作的基本要求。

②电力电缆作业时的安全措施。

（二）牵引变电所运行规程编制

1. 现场运行规程的编制依据

现场运行规程的编制和修订的主要依据有以下几个方面。

（1）《供电工业技术管理法规》。

（2）供电行业中已成文的各种电气设备运行规程、安全工作规程和运行检修管理规程。

（3）本变电所一次、二次接线图、保护配置等设计资料。

（4）本变电所中各种设备技术性能、使用说明等制造厂家的资料。

（5）与变电所有调度业务联系的调度部门制定的调度规程。

（6）本单位运行实践经验。

2. 现场运行规程的内容

现场运行规程一般应包括下列内容。

（1）各级运行人员及运行管理人员的岗位职责。

（2）设备运行的履历和台账（包括主要设备的性能、特点、正常和极限运行参数）。

（3）设备和建筑物在运行中检查巡视、维护、调整的要点及注意事项。

（4）设备的倒闸操作程序。

（5）设备故障应急处理方案。

（6）有关安全作业、消防方面的规定。

（三）牵引变电所倒闸操作

1. 倒闸操作的一般规定

（1）倒闸操作须有值班负责人的命令（工作票或口头命令）。属于供电调度管辖的设备，在倒闸操作时须有供电调度的命令。供电调度的命令应由值班员受令，在复诵无误后供电调度给出命令编号和批准时间，上述命令授受双方均要认真记录并复诵，然后才可执行。

非供电调度管辖的设备，受令人倒闸完毕后应将倒闸时间、原因和操作人、监护人姓名记入单独的倒闸操作命令记录簿中，倒闸操作命令记录格式如表3-3所示。

表3-3　倒闸操作命令记录格式

日期	命令内容	发令人	受令人	操作卡片	命令号	批准时间	完成时间	报告人	供电调度员

（2）一次设备的倒闸操作及单独进行继电保护和自动装置的投切操作，一般应分别记在两个倒闸操作命令记录簿中。

（3）倒闸作业要按操作卡片或倒闸表进行。

（4）一个牵引变电所一次只能下达一个命令，一个命令只有一个倒闸操作（即一张操作卡片或一张倒闸表上的倒闸操作）。

（5）倒闸操作人和监护人均应穿绝缘靴、戴安全帽、操作人还应戴绝缘手套。在拆装高压熔断器时操作人应戴防护镜。操作人在倒闸操作时要做到坚定、迅速，中途不能停留。

（6）倒闸操作期间严禁做与操作无关的事情，以便精力集中，确保人身和设备安全。

（7）遇有危及人身或设备安全的紧急情况，值班人员可先行断开有关的断路器或隔离开关，然后再报告供电调度，但合闸时必须有供电调度或值班负责人的命令才能进行。

（8）雷雨天气时禁止进行室外高压设备的倒闸操作。

2. 操作程序标准化

倒闸操作一般按下列程序进行。

（1）了解倒闸计划。值班人员在交、接班后，接班的值班负责人应向供电调度了解当天计划停电或送电的倒闸项目及预计倒闸时间。

（2）做好准备工作。供电调度在确定某项倒闸后，应于倒闸操作前通知值班员。

在倒闸前10分钟，值班员准备倒闸操作命令记录簿，并审查操作卡片（无操作卡片者审查倒闸表）；助理值班员则准备需用的安全用具及钥匙。

（3）发布倒闸命令。当供电调度宣布"××变电所命令"后，同时发布命令时间、命令内容、操作卡片编号及发令人姓名。值班员复诵全部内容，并告之受令人姓名。在上述授受令过程中，助理值班员始终监护值班员的受令，并校核其复诵内容与记录是否相符。

经发、受令双方核对无误后，供电调度发布命令号及批准时间。

（4）模拟图操作。值班人员受令后，首先按操作顺序在模拟图上进行核对性模拟操作。

（5）正式进行操作。模拟操作无误后，值班员及助理值班员前往现场，核对设备名称、编号。在相互确认正确无误后，值班员宣读操作卡片（或倒闸表），并站在助理值班员左侧稍后处进行监护；助理值班员站在设备前用右手进行操作。操作过程中应逐项呼唤

应答、手指眼看,操作人则予以复诵,以此达到双方共同确认、保证操作无误的目的。

(6)检查和确认。根据设备的机械指示、信号指示灯和综自后台机屏幕显示、验电器显示及表计变化等,确认设备的实际位置与操作目的是否相符。

(7)消令。前述程序完成并经确认达到操作目的后,值班员即向供电调度报告:"××变电所××号命令完成",并报出自己的姓名。供电调度则应答复出命令完成时间及本人姓名,即"××号命令××时××分完成,×××(姓名)"。至此,值班员即可宣布"倒闸结束"。

(8)复查。倒闸结束后,由值班员对设备的技术状况进行检查。例如检查手车断路器的闭锁杆、导簧管(或跳闸弹簧)、凸轮位置是否正确,隔离触指接触是否良好等。

3. 操作卡片及倒闸表编制

操作卡片可分为单项操作卡片、综合操作卡片和程控操作卡片。

编写操作卡片或倒闸表时应遵守以下原则。

(1)停电时,应先断开负荷侧,后断开电源侧;断路器与隔离开关串联供电时,先断开断路器,后断开隔离开关。送电时,与上述操作程序相反。

(2)隔离开关分闸时,先断开主闸刀,后合上接地闸刀;合闸时程序相反。

(3)禁止带负荷进行隔离开关倒闸操作和在接地闸刀处于闭合状态下强行闭合主闸刀。

(4)与断路器并联的隔离开关只有当断路器闭合时方可操作。

(5)回路中未装设断路器时可用隔离开关进行下列操作。

①开、合电压互感器和避雷器,以及规定范围内的小容量空载变压器。

②开、合母线和直接接在母线上的设备的电容电流。

③开、合变压器中性点的接地线。

④开、合小于10 km的接触网线路的空载电流。

⑤用室外三联隔离开关开、合10 kV及以下、电流不超过15 A的负荷。

⑥开、合10 kV及以下、电流不超过70 A的环路均衡电流。

(6)凡涉及高压母线停电或送电的倒闸操作,均应先断开并联电容补偿装置,只有当高压母线送电操作完成后才能重新投入该装置(其目的是防止回路谐振而产生操作过电压)。

(7)下列项目应填入操作卡片或倒闸表。

①应开、合的断路器和隔离开关,应推上、拉出的断路器手车。

②检查断路器和隔离开关的实际跳(分)、合位置及手车断路器的手车实际位置。

③安装或拆除接地线。

④检查接地线是否拆除。

⑤安装或拆除的高、低压熔断器。

⑥投入或撤出保护装置或回路;投入或撤出自动装置或重合闸。

⑦验明有电、无电。

二、城市轨道交通牵引变电所的运行及巡视

(一)牵引变电所的运行管理制度和巡视

牵引变电所的运行管理制度详见本书项目八中任务一的相关讲述。

1. 巡视的一般要求

为了保障变电所的安全运行和正常供电,值班人员应按规定对变电所设备进行巡视检查。巡视分正常巡视和特殊巡视两种。

(1)正常巡视。主要包括交、接班,班中,熄灯及月、季巡视。

①交、接班巡视应检查全部设备的全部巡视项目。

②变电所值班人员每班至少巡视4次(不包括交接班的巡视),一般在6、12、18、24时进行整点巡视。巡视中应检查主变压器、断路器和综自设备的全部巡视项目,以及其他设备的绝缘部件和有关仪表指示情况。

③每周至少进行1次夜间熄灯巡视。重点检查各种电器设备的绝缘部件和电气连接部位有无放电和过热现象。

④相关负责人主持参加的月度巡视一般在月底进行,应检查全部设备的全部巡视项目。并最好确定在非极端天气时进行。

⑤季度巡视为相关负责人对重点设备的巡视。

(2)特殊巡视。遇有下列情况,应进行特殊巡视,并将巡视情况记录值班日志中。

①恶劣天气。遇有雾、雪、大风、雷雨、冰雹等恶劣天气时,要适当增加巡视次数。

雷电后应立即巡视,重点巡视检查瓷绝缘件有无损伤、裂纹和放电现象,避雷针尖有无熔化现象,避雷器的计数器有无动作等。

大风后应立即巡视,重点巡视检查设备和母线上有无杂物悬挂及断线等情况。

②断路器跳闸后,应立即巡视。重点巡视检查短路电流涉及的设备和母线。

③设备运行中有异常过负荷和非正常运行时,要适当增加巡视次数。

④设备经过大修、改造或长期停用后重新投入系统运行;新安装的设备加入系统运行后,24h内,要每隔2h巡视1次。

2. 主要设备的巡视内容

1)巡视的一般项目和要求

(1)绝缘子表面应清洁、无破损和裂纹,无放电痕迹,瓷釉剥落面积不得超过规定的面积。

(2)电气连接部分应连接牢固、接触良好、无过热烧伤痕迹、连接线无过松和过紧现象。

(3)设备音响应正常、无异色、无异味和异状。

(4)充油设备的油标、油阀、油位、油温、油色应正常,充油、充气设备应无渗漏和

喷油、喷气现象。充气设备的气压和气体状态应正常。

（5）设备安装应牢固、无倾斜，外壳应无严重锈蚀，接地良好，基础支架应无严重破损和剥落。设备室和防护栅应完好和锁闭良好。

2）主要设备的巡视要求

除上述巡视的一般项目和要求外，各种主要设备的巡视内容主要如下。

（1）主变压器。

（2）断路器。

（3）隔离开关。

（4）整流机组。

①整流器柜及整流器应安装牢固、正直、设备清洁；大功率二极管及散热器工作正常、噪声较小、散热良好；通风电机运转正常，效果良好；各种绝缘部件应良好、无脏污、无裂纹、无破损和无烧伤放电痕迹。

②控制保护器、故障显示器、通信接口等二次设备运行正常。显示器显示各种参数正常。二次设备屏体及屏蔽罩接地可靠。二次线连接良好，排列整齐，标识清楚、正确。

（5）其他设备巡视：高压母线和引线、电容补偿装置、避雷设备、电缆及电缆沟、端子箱、综合自动化设备和交、直流系统的巡视等。

三、城市轨道交通变电所的维修

（一）变电设备检修作业的管理

1. 检修的原则和修程

目前设备检修存在两种检修模式，即"状态修"和"周期修"。电气设备经过长期运行，随着绝缘的老化及有形的磨损达到一定程度后，性能急剧变坏，这就需要进行检修。设备坏了以后再进行修复的做法，称为"事后修理"或称"状态修"。为了防止设备出现故障影响变电所的正常运行，根据设备的运行状态和发生故障的频率，对设备出现故障前进行循环定期修理，通常称为"预防性修理"或称"周期修"。是当前普遍采用的检修制度。

当前，实行设备检修的原则如下所述。

1）计划检修与维护保养并重，以预防为主

计划检修与维护保养是相辅相成的。设备维护保养得好，操作使用得当，就会延长检修周期或减少检修工作量。计划并检修得好，维护保养也就容易搞好。因此，两者都不能忽视。

2）检修为变电所的安全、可靠运行服务

安全、可靠、质量良好地供电，是供电部门的主要经营活动，检修则必须为变电所的安全、可靠运行服务。因此，检修组必须在保证检修质量的前提下，尽量缩短设备停运时间。

3）实行"三定四化"，"记名检修"

现代化管理手段和方法，已为提高设备质量开创了美好的前景，并且被越来越多的检

修工作者所掌握。"三定四化"、"记名检修"在电气设备的检修工作中起到了重要作用。

电气设备的定期检修分为大修、中修、小修三种修程。

小修：属维持性修理。对设备进行参数测试、检查、清扫、调整、涂油、涂漆及更换或整修磨损较大的零部件，使设备满足安全供电的要求。

中修：属恢复性修理。除进行小修的全部项目外，还需进行部分解体检修，通过检修及更换主要零部件，恢复设备的电气和机械性能。

大修：属彻底性修理。对设备进行全部解体检修，更换不符合标准的零部件，修复设备的每个部位，恢复设备原有的性能。必要时，可对设备进行技术改造。

2. 检修计划及检修周期

1）检修计划

检修计划是设备检修的依据，其主要内容是确定计划期内设备检修的类别、时间、劳动量、检修费用预算及停运时间等。

在检修计划中，应明确规定应修设备的名称、数量、修理日期、修理工时及修理费用等。必要时，还可规定所需主要材料及备件等。

检修计划应按年、季、月编制。年度检修计划由供电部门编制，报请上级主管部门审批后，下达给有关单位。季、月检修计划，一般由有关单位根据年度检修计划进行详细编制后，下达给检修部门。

2）检修周期

检修周期是指相邻两次检修之间的时间间隔。不同的设备，它们的检修周期不同；相同的设备，它们的修程相同而检修周期也会不同。牵引变电所主要电气设备的检修周期可参考有关规定。

3. 检修记录和验收

为了保证检修工作的质量，必须做好各种设备的检修记录。此外，还应定期对这些记录进行分析研究，从中找出规律，以便不断改进工艺，提高设备检修的质量。

设备检修后，应进行质量验收工作。这项工作是以检修范围和质量标准为依据进行的。验收时应审查电气特性的试验报告，主要技术参数的测试结果及检修记录所记载的检修项目和有关内容等。

（二）变电设备的检修作业方式

变电设备的检修作业方式分为高压设备停电作业、高压设备带电作业、高压设备远离带电部分的作业、低压设备停电作业和低压设备带电作业五种。

1. 高压设备停电作业

主要包括停电范围、作业命令的办理、验电接地、标示牌、防护栅和消除作业命令。

2. 高压设备带电作业

主要包括命令程序、安全距离、绝缘工具和安全规定。

3. 高压设备远离带电部分的作业

当作业人员与高压设备带电部分之间的距离符合规定的数值时，允许带电在高压设备上进行下列作业。

（1）清扫外壳下部、更换整修下部附件、更换硅胶和整修基础等。

（2）补油、取油样。

（3）能保证人身安全和设备安全运行的简单作业。

进行远离带电部分的作业时，必须遵守下列规定。

（1）作业人员在任何情况下与带电部分之间必须保持规定的安全距离。

（2）作业人员和监护人员的安全等级不得低于二级。

（3）在高压设备外壳上作业时，作业前要先保证设备的接地必须完好。

4. 低压设备上的作业

在变压器至钢轨的回流线上作业时，一般应停电进行，并填写第一种工作票，但对不能断开回流线的作业且经确认回流线各部分连接良好时，可以带电进行。对断开的回流线，必须有可靠的旁路线。在回流线上带电作业时，要填写第三种工作票。严禁1人单独作业，作业人员的安全等级不低于三级。

在低压设备上作业时，一般应停电进行。若必须带电作业时，作业人员要穿紧袖口的工作服，戴工作帽、手套和防护眼镜，穿绝缘靴或站在绝缘垫上工作；所用的工具必须有良好的绝缘手柄；附近其他设备的带电部分必须用绝缘板隔开。在低压设备上作业时，严禁1人单独作业。带电作业时，作业人员的安全等级不得低于三级；停电作业时，至少有1人的安全等级不低于二级。

5. 二次回路上的作业

在确保人身安全和设备安全运行的条件下，允许有关的高压设备和二次回路不停电进行下列工作。

（1）在测量、信号、控制和保护回路上进行较简单的作业。

（2）改变继电保护装置的整定值，作业人员的安全等级不得低于三级。

（3）当电气设备有多重继电保护时，经供电调度批准短时撤出部分保护装置，在撤出运行的保护装置上的作业。

（三）变电设备的检修作业特点

1. 高空作业

高空作业种类比较多，包括在变压器、断路器等高压设备上作业、在高压母线上作业、在门型架上作业，在支柱上作业、高梯作业等。它的主要特点是设备高、种类多、作业难度大。如在变压器高压套管上作业，攀登困难，固定位置困难；在高压母线作业需要挂梯作业，危险性大；高压母线绝缘子清扫需要清扫人员平趴在绝缘子，清扫难度大。部分高压设备需要使用高梯作业，倾斜倒伏的可能性大。

2. 高压设备停电作业

变电所高压线路横竖交错，带电设备与停电设备之间的距离比较近。因此高压设备停电作业具有如下特点：一是来电的方向多，停电、验电、挂地线程序复杂；二是带电设备与停电设备之间的距离比较近，容易造成误登带电设备和误触及带电设备，造成人身伤害。三是感应电比较强，挂地线不到位将造成电击问题。四是高压试验与停电检修同时进行，防护不到位将造成触电的危险。五是高压断路器等受二次设备控制，误操作将造成触电危险和高压开关撞击造成人身伤害的危险。六是二次系统相互交叉，两个主变系统相互交联，若安全措施做得不完善，停电检修的二次设备有可能使运行的主变系统跳闸停电，造成全所停电事故。

3. 低压二次设备上作业

低压二次回路结构复杂，涉及范围广，检修作业主要存在如下特点：一是容易引起二次回路短路，烧坏二次设备，甚至引起断路器跳闸，造成停电事故。二是造成交流电压回路短路，造成电压互感器熔断器熔断，继电保护失压而误动作使断路器跳闸，造成停电事故。三是造成电流回路开路，造成电流互感器爆裂或烧毁，危及人身安全。四是二次设备微机设备多，容易受人体静电的影响，稍有不慎会损坏微机设备。五是微机设备结构复杂，维修和故障处理难度大。六是带电作业容易造成触电事故。七是办理工作票的二次安全措施烦琐、难度大，稍有不慎会发生不安全问题或漏掉部分安全措施，危机作业人员安全。

> **拓展知识**

高速铁路牵引供电系统

实际运行速度在250 km/h及以上的电气化铁路称为高速铁路。目前高速铁路在我国得到了迅速发展，京广线、京沪线等干线设计速度已经达到350 km/h。随着设计速度的提高，对牵引供电系统的要求也大幅度升高，下面简要介绍牵引供电系统的构成及有关技术问题。

（一）电源电压与变压器容量

1. 电源电压

在普通牵引变电所电源电压一般为110 kV，在高速牵引变电所电源电压一般为220 kV，电源电压等级明显提高。

2. 牵引变压器容量明显增大

为了满足正常运行和电压水平的需要，牵引变压器容量必须足够大。为了提高变压器的利用率，一般选用单相牵引变压器，以V/V接线的形式接入供电系统中。

（二）供电方式与最低网压

（1）供电方式：目前350 km/h的高速电气化铁路，一般使用AT供电方式。其优点是长

回路供电电压高（55 kV），电量损耗小，供电臂长，对通信干扰小。

（2）最低网压要求高，普速电气化铁路接触网最低网压为19 kV，高速电气化铁路接触网最低网压为20 kV，目的是为了满足动车组工作特性的需要。

（3）AT供电方式简介。

AT供电方式的供电系统如图3-33所示。长回路是指从变电所到电力机车取流的回路，短回路是指电力机车在两个AT之间取流的回路。

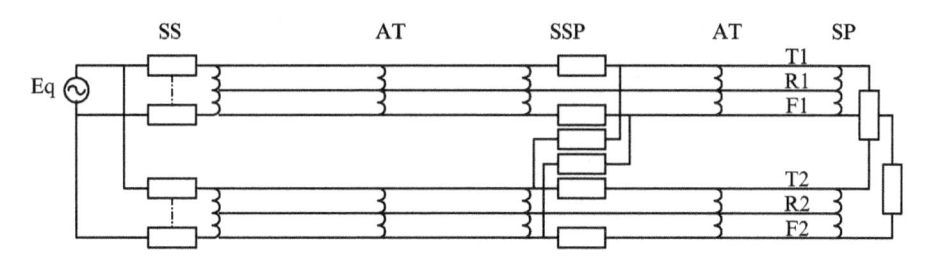

Ed—供电系统电源；SS—牵引变电所；AT—自耦变压器所；SSP—分区所；T—接触网；
R—自耦变压器中心引线（接地线）和钢轨；F—正馈线

图3-33　AT供电方式的供电系统

一般情况下，电力机车受电弓从T线取流，通过电力机车进入R线返回变电所。安装AT后，电力机车从T—R线间获得电流后，经2∶1的AT变换后，电流从长回路T线取流，从长回路F线返回变电所。使通过T、F线的电流为电力机车取流小1/4倍，从而减小了线路损耗。

（三）综合自动化系统

在分层分布式综合自动化系统中，一般将整个变电所设备分为三层：变电所层、间隔层（或称单元层）和过程层（或称设备层）。过程层主要指变电所内的变压器和断路器、隔离开关及其辅助触点，电流、电压互感器等一次设备。间隔层一般按断路器间隔划分，包括测量、控制部件和继电保护装置。变电所层包括监控主机、远动通信机等。变电所层设现场总线或局域网，供各二次设备之间交换信息。分层分布式综合自动化系统可分为集中组屏模式和分散安装模式，在集中组屏模式下，将综合自动化系统按其不同的功能组装成多个屏，集中安装在主控室内。

综合自动化系统的主要功能：牵引变电所综合自动化系统是多专业性的综合技术，它以微机为基础，实现了对牵引变电所传统的继电保护、控制方式、测量手段、通信和管理模式的全面技术改造，实现了牵引供电运行管理的一次变革，主要包括监控子系统、继电保护子系统、通信子系统。

（四）环境安全监控系统

整个系统由被控端和主控端组成。

（1）被控端：被控端TG01V采用基于H.264压缩标准的嵌入式网络DVR/DVS服务器，通过它提供视频传输和报警信号传输等服务，主要由信号采集设备、嵌入式DVR/DVS服

务器、网络传输设备组成。

（2）主控端：主控端硬件主要包括调度机、服务器、网络传输设备、网络打印机和其他Web浏览用户的主机。主要由管理服务器软件、监控中心软件、本地播放器软件组成。可以实现调度端远距离监控功能。

（五）在线监测系统

变电所在线监测技术，是在电气设备的运行状态下，连续或随机检测变电设备的电气参数状况，以及有问题的位置，以便于早期发现问题和鉴定绝缘老化状况，确保供电系统的安全运行，提高国民经济效益。

变电所在线监测系统主要由传感器、光纤通道、分析判断装置和微机监测系统组成。传感器安装在被监测的设备上，分析判断装置和微机系统安装在控制室内，完成实时监测。并可以通过远动通道，实现调度端远距离监测功能。

它的基本工作过程为：从传感器获得的温度、压力、油位、油质、气象、电气等信号，通过光纤通道输送到分析判断装置，经过分析、比较和判断，将结果送到微机监测系统，由微机监测系统显示出当前设备的工作状态。若有异常状态出现，微机监测系统将在显示菜单中提示，并发出报警信号（铃声）。

任务四　操作运用案例

【操作运用案例1】城市轨道交通直流牵引变电所电气设备认知

1.实训项目教师工作活页

实训项目教师工作活页　　　　　　　　　　NO:_____

实训项目	城市轨道交通直流牵引变电所电气设备		
学　　时	2	班　　级	略
实训场所	列车控制仿真实验室		
工具设备	城市轨道交通变电设备仿真模型、变电系统仿真软件1套、电气设备实物及零部件、多媒体设备课件、图片等。		
教学目标	专业能力	（1）能说明变压器与整流机组的作用及工作原理。 （2）能说明高压断路器的组成及作用。 （3）能说明电流互感器、电压互感器的作用及工作原理。 （4）能说明操动机构的结构及作用。 （5）能说明配电装置的种类、结构及工作特点。 （6）能说明真空灭弧室的工作原理。 （7）能说明永磁操动机构的工作原理。	

续表

	方法能力	（1）能综合运用专业知识，通过专业书籍、上网查询、多媒体课件和图片资料获得帮助信息。 （2）能根据实训项目完成学习任务并确定实训方案，从中学会表达及展示活动过程和成果。
	社会能力	（1）能在实训活动中保持积极向上的学习态度。 （2）能与小组成员和教师进行交流和沟通。 （3）能与他人共享学习资源，具有较好的合作能力和团队协作精神。
教学活动		略（详见教学活动设计）
教学评价		学生活动： （1）以5～7人小组为单位开展实训活动，根据本组同学在实训过程中的能力表现及结果进行组内互评。 （2）根据其他小组同学在成果展示活动中的表现及结果进行互评。 教师活动： （1）教师组织学生开展评价活动和总结。 （2）对学生本单元项目单元成绩做出综合评价。
教学资料		（1）城市轨道交通直流牵引变电所教材。 （2）城市轨道交通直流牵引变电所参考书。 （3）实训项目学生学习活页（附页）。
指导教师		教学时间　　　　　　年　　月　　日

2.实训项目学生学习活页

实训项目学生学习活页　　　　　　　　　　　　　　NO：_____

实训项目1　城市轨道交通直流牵引变电所电气设备

班级：_____ 姓名：_____ 学号：_____ 时间：_____

一、实训目标
　　1.专业能力目标
（1）能说明变压器与整流机组的作用及工作原理。
（2）能说明高压开关设备的种类、结构及作用。
（3）能说明电流互感器、电压互感器的作用及工作原理。
（4）能说明操动机构的结构及作用。
（5）能说明配电装置的种类、结构及工作特点。
（6）能说明真空灭弧的工作原理。
（7）能说明永磁操动机构工作原理。
　　2.方法能力目标
（1）能综合运用专业知识，通过专业书籍、上网查询、多媒体课件和图片资料获得帮助信息。
（2）能根据实训项目完成学习任务并确定实训方案，从中学会表达及展示活动过程和成果。
　　3.社会能力目标
（1）在实训中保持积极向上的学习态度。
（2）能与小组成员和教师进行交流和沟通。
（3）能与他人共享学习资源，具有较好的合作能力和团队协作精神。

续表

二、知识总结

（1）简述城市轨道交通直流牵引变电所主要电气设备的名称及功能。

（2）简述整流机组桥式整流电路的工作原理。

（3）简述高压开关设备的基本组成及功能。

（4）简要说明操动机构的结构及作用。

（5）简要说明配电装置的种类及工作特点。

三、操作运用

（1）填写下图所示的油浸三相变压器中①～⑯号所表示的名称。

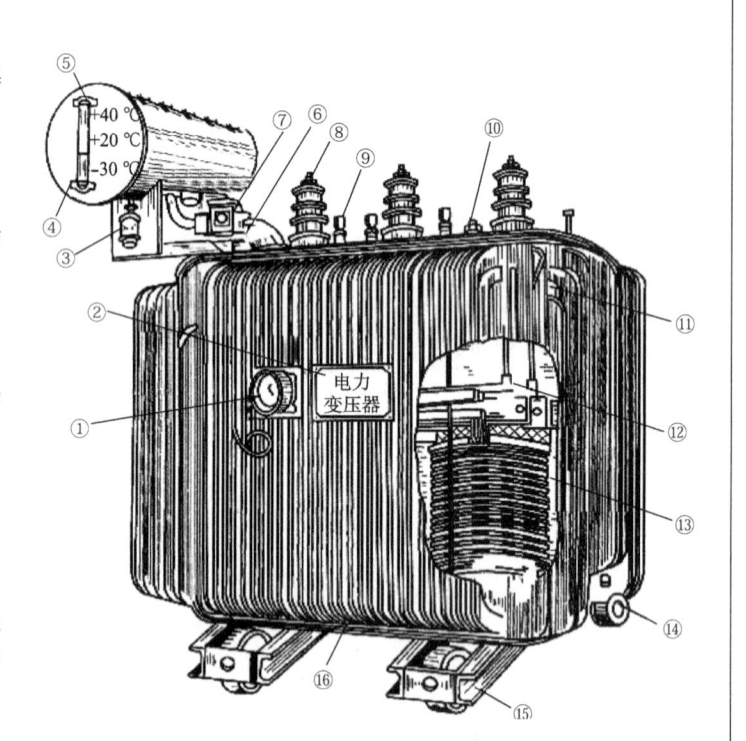

① _____；
② _____；
③ _____；
④ _____；
⑤ _____；
⑥ _____；
⑦ _____；
⑧ _____；
⑨ _____；
⑩ _____；
⑪ _____；
⑫ _____；
⑬ _____；
⑭ _____；
⑮ _____；
⑯ _____。

（2）指出真空断路器的基本结构示意图3-7中1-5号所表示的名称。

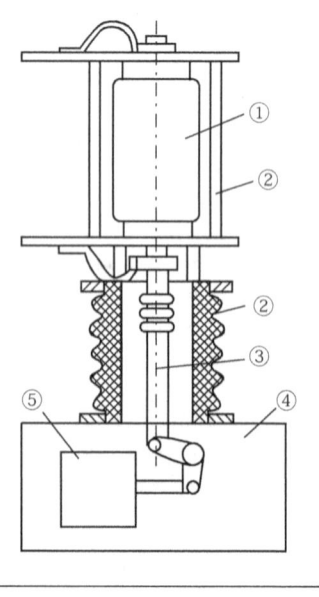

① _____；

续表

②_____；
③_____；
④_____；
⑤_____。

（3）指出下图所示电流互感器型号中①～⑥所代表的意义。
①_____；
②_____；
③_____；
④_____；
⑤_____；
⑥_____。

① ② ③ ④ ⑤—⑥

电流互感器型号说明图

（4）简述电流互感器工作原理，并画出电流互感器工作原理图。

（5）根据图组装一个桥式整流电路。并测试交、直流输出电压值，并记录在下表中。

图中 电阻1kΩ、1W；电容47μF、50V；D整流

二极管，耐压50V，电流0.5A；变压器变比2:1，功率2W。

交流电压：_____；
直流电压：_____。

变压器 2:1
交流 24V
D1 D2 D3 D4
C R

四、实训小结
_____
_____

五、成绩评定

1.学生评价

评价等级	A—优	B—良	C—中	D—及格	E—不及格
学生自评					
组内互评					
他组互评					

2.教师评价

评价等级	A—优	B—良	C—中	D—及格	E—不及格
专业能力					
方法能力					
社会能力					
评价结果					

3.综合评价

评价等级	A—优	B—良	C—中	D—及格	E—不及格
评价结果					

注：按照学生自评占10%、组内互评占10%、他组互评占20%、教师评价占60%的比例计分。其中，A—100分，B—85分，C—75分，D—60分，E—50分。

4.评价量规

等级	行为表现描述
A	能圆满高效地完成实训任务的全部内容
B	能顺利完成实训任务的全部内容
C	能完成实训任务的全部内容，但需要一些帮助和指导
D	自己只能完成实训任务的部分内容，但在老师的指导下，能够完成任务的全部内容
E	不能完成实训任务的全部内容

【操作运用案例2】城市轨道交通直流牵引变电所电气线路认知

1.实训项目教师工作活页

实训项目教师工作活页　　　　NO：_____

实训项目	城市轨道交通直流牵引变电所电气线路		
学　时	2	班　级	略
实训场所	列车控制仿真实验室		
工具设备	城市轨道交通直流牵引变电系统仿真软件、变电设备仿真模型和零部件实物、模拟直流牵引变电所、电气设备实物图片、多媒体设备等。		
教学目标	专业能力	（1）能说明直流牵引变电所的组成及作用。 （2）能解释直流牵引变电所主接线的功能及优缺点。 （3）能说明直流牵引变电所的二次回路的组成。 （4）能阅读和绘制二次回路图。 （5）能说明控制电路的基本组成和作用。 （6）能说明断路器的控制、信号回路主要部件的作用。 （7）能说明断路器的控制、信号回路工作过程。	
	方法能力	（1）能综合运用专业知识，通过专业书籍、上网查询、多媒体课件和图片资料获得帮助信息。 （2）能根据实训项目学习任务确定实训方案，从中学会表达及展示活动过程和成果。	
	社会能力	（1）能在实训活动中保持积极向上的学习态度。 （2）能与小组成员和教师进行交流和沟通。 （3）能与他人共享学习资源，具有较好的合作能力和团队协作精神。	
教学活动	略（详见教学活动设计）		

续表

教学评价	学生活动： （1）以5～7人小组为单位开展实训活动，根据本组同学在实训过程中的能力表现及结果进行组内互评。 （2）根据其他小组同学在成果展示活动中的表现及结果进行互评。 教师活动： （1）教师组织学生开展评价活动和总结。 （2）对学生本单元项目单元成绩做出综合评价。			
教学资料	（1）城市轨道交通直流牵引变电所教材。 （2）城市轨道交通直流牵引变电所参考书。 （3）实训项目学生学习活页（附页）。			
指导教师		教学时间		年　　月　　日

2.实训项目学生学习活页

实训项目学生学习活页　　　　　　　　　　　　　　NO：_____

实训项目2　城市轨道交通直流牵引变电所电气线路

班级：_____姓名：_____学号：_____时间：_____

一、实训目标

　1.专业能力目标

（1）能说明直流牵引变电所的组成及作用。

（2）能解释直流牵引变电所主接线的功能及优缺点。

（3）能说明直流牵引变电所的二次回路的组成。

（4）能阅读和绘制二次回路图。

（5）能说明控制电路的基本组成和作用。

（6）能说明断路器的控制、信号回路主要部件的作用。

（7）能说明断路器的控制、信号回路工作过程。

　2.方法能力目标

（1）能综合运用专业知识，通过专业书籍、上网查询、多媒体课件和图片资料获得帮助信息。

（2）能根据实训项目学习任务确定实训方案，从中学会表达及展示活动过程和成果。

　3.社会能力目标

（1）在实训中保持积极向上的学习态度。

（2）能与小组成员和教师进行交流和沟通。

（3）能与他人共享学习资源，具有较好的合作能力和团队协作精神。

二、知识总结

（1）简述城市轨道交通直流牵引变电所的组成及作用。

（2）简要说明直流牵引变电所主接线组成和优缺点。

（3）简述二次接线图的种类及内容。

（4）简要说明二次回路图的阅读方法。

（5）简要说明控制电路的基本组成和作用。

续表

三、操作运用

（1）填写图3-25所示带直流备用母线的接线图中下列符号所代表的设备名称。

TV_____；TA_____；
WB_____；DL4_____；
DL6_____；BT2_____；
BG2_____；GK3_____；
WZ_____；GK10_____；
DL10_____；BDL_____；
BLQ_____。

（2）指出电气测量、计量回路接线（图3-27）中的名称，并解释其中符号意义。

a)：_____；b)：_____；
PJ1：_____；PJ2：_____；
PA：_____；TA：_____；
WV（A）：_____；WV（B）：_____；
WV（C）：_____；TV：_____。

（3）指出图3-32断路器与隔离开关联动控制总图中个符号代表的意义，简述其工作原理。

+KM：_____；-KM：_____；
1ZK：_____；1WK：_____；
1HJ：_____；1FJ：_____；
DL4：_____；DL5：_____；
FK6：_____；FK5：_____；
F：_____；H：_____。

四、实训小结

_____
_____
_____

五、成绩评定

1. 学生评价

评价等级	A—优	B—良	C—中	D—及格	E—不及格
学生自评					
组内互评					
他组互评					

2. 教师评价

评价等级	A—优	B—良	C—中	D—及格	E—不及格
专业能力					
方法能力					
社会能力					
评价结果					

续表

3.综合评价

评价等级	A—优	B—良	C—中	D—及格	E—不及格
评价结果					

注：按照学生自评占10%、组内互评占10%、他组互评占20%、教师评价占60%的比例计分。其中，A—100分，B—85分，C—75分，D—60分，E—50分。

4.评价量规

等　　级	行为表现描述
A	能圆满高效地完成实训任务的全部内容
B	能顺利完成实训任务的全部内容
C	能完成实训任务的全部内容，但需要一些帮助和指导
D	自己只能完成实训任务的部分内容，但在老师的指导下，能够完成任务的全部内容
E	不能完成实训任务的全部内容

【操作运用案例3】城市轨道交通牵引变电所运行与维护认知

1.实训项目教师工作活页

实训项目教师工作活页　　　　NO:＿＿＿＿＿

实训项目	城市轨道交通直流牵引变电所运行与维护	
学　　时	2	班级　　略
实训场所	列车控制仿真实验室	
工具设备	城市轨道交通直流牵引变电系统仿真软件、变电设备仿真模型和检修工具实物、模拟直流牵引变电所、电气设备检修图片、多媒体设备等。	
教学目标	专业能力	（1）能简要说明城市轨道交通牵引变电所的操作规程。 （2）能简要说明牵引变电所倒闸操作程序及注意事项。 （3）能简要说明城市轨道交通牵引变电所的运行管理制度。 （4）能简要说明城市轨道交通牵引变电所的巡视内容。 （5）能简要说明城市轨道交通变电设备检修作业的管理。 （6）能简要说明城市轨道交通变电设备的检修作业方式。 （7）能简要说明城市轨道交通变电设备的检修作业特点。
	方法能力	（1）能综合运用专业知识，通过专业书籍、上网查询、多媒体课件和图片资料获得帮助信息。 （2）能根据实训项目学习任务确定实训方案，从中学会表达及展示活动过程和成果。
	社会能力	（1）能在实训活动中保持积极向上的学习态度。 （2）能与小组成员和教师进行交流和沟通。 （3）能与他人共享学习资源，具有较好的合作能力和团队协作精神。
教学活动	略（详见教学活动设计）	

续表

教学评价	学生活动： （1）以5～7人小组为单位开展实训活动，根据本组同学在实训过程中的能力表现及结果进行组内互评。 （2）根据其他小组同学在成果展示活动中的表现及结果进行互评。 教师活动： （1）教师组织学生开展评价活动和总结。 （2）对学生本单元项目单元成绩做出综合评价。		
教学资料	（1）城市轨道交通直流牵引变电所教材。 （2）城市轨道交通直流牵引变电所参考书。 （3）实训项目学生学习活页(附页)。		
指导教师		教学时间	年　月　日

2.实训项目学生学习活页

实训项目学生学习活页　　　　　　　　　　　NO：＿＿＿＿＿

实训项目3　城市轨道交通直流牵引变电所运行与维护

班级：＿＿＿＿＿姓名：＿＿＿＿＿＿学号：＿＿＿＿时间：＿＿＿＿＿＿

一、实训目标
　1.专业能力目标
（1）能简要说明城市轨道交通牵引变电所的操作规程。
（2）能简要说明牵引变电所倒闸操作程序及注意事项。
（3）能简要说明城市轨道交通牵引变电所的运行管理制度。
（4）能简要说明城市轨道交通牵引变电所的巡视内容。
（5）能简要说明城市轨道交通变电设备检修作业的管理。
（6）能简要说明城市轨道交通变电设备的检修作业方式。
（7）能简要说明城市轨道交通变电设备的检修作业特点。
　2.方法能力目标
（1）能综合运用专业知识，通过专业书籍、上网查询、多媒体课件和图片资料获得帮助信息。
（2）能根据实训项目学习任务确定实训方案，从中学会表达及展示活动过程和成果。
　3.社会能力目标
（1）在实训中保持积极向上的学习态度。
（2）能与小组成员和教师进行交流和沟通。
（3）能与他人共享学习资源，具有较好的合作能力和团队协作精神。
二、知识总结
（1）简述牵引变电所倒闸操作程序。

（2）简述编写操作卡片或倒闸表时应遵守的原则。

（3）指出牵引变电所的12项运行管理制度的名称和作用。

（4）简要说明牵引变电所巡视的一般项目。

（5）指出变电设备的检修作业方式的项目及名称。

续表

三、操作运用

（1）准备好绝缘靴、安全帽、绝缘手套和有关工具，按倒闸操作程序，一人模拟供电调度员，一人模拟变电所值班员。进行馈线断路器和隔离开关的倒闸操作，并按规定填写倒闸操作命令记录表（表3-3）。

（2）按交、接班制度的要求，一人模拟变电所交班值班员，一人模拟接班值班员。进行交接班模拟演练，并按规定填写有关记录和在值班日志中签名。并填写交、接班的主要项目。

（3）准备好接地线、验电器、绝缘靴、安全帽、绝缘手套和有关工具，按验电接地制度的规定，进行验电接地作业。并填写基本作业程序。

（4）参考有关资料，根据图3-25填写馈线断路器DL10（高压设备）停电作业的工作票（第一种工作票）。

四、实训小结

_____
_____
_____

五、成绩评定

1.学生评价

评价等级	A—优	B—良	C—中	D—及格	E—不及格
学生自评					
组内互评					
他组互评					

2.教师评价

评价等级	A—优	B—良	C—中	D—及格	E—不及格
专业能力					
方法能力					
社会能力					
评价结果					

3.综合评价

评价等级	A—优	B—良	C—中	D—及格	E—不及格
评价结果					

注：按照学生自评占10%、组内互评占10%、他组互评占20%、教师评价占60%的比例计分。其中，A—100分，B—85分，C—75分，D—60分，E—50分。

续表

4.评价量规	
等　　级	行为表现描述
A	能圆满高效地完成实训任务的全部内容
B	能顺利完成实训任务的全部内容
C	能完成实训任务的全部内容，但需要一些帮助和指导
D	自己只能完成实训任务的部分内容，但在老师的指导下，能够完成任务的全部内容
E	不能完成实训任务的全部内容

复习与思考

1. 简述变压器的工作原理。
2. 干式变压器的特点是什么？
3. 整流器的作用是什么？
4. 简述三相半波整流电路工作原理。
5. 高压断路器的主要功能是什么？
6. 高压断路器的技术参数有哪几项？
7. 六氟化硫气体断路器主要由几部分组成？
8. 简述六氟化硫气体断路器的灭弧室的结构及灭弧原理。
9. 真空断路器主要由几部分组成？
10. 简述真空断路器灭弧室的结构及灭弧原理。
11. 简述高压负荷隔离开关的分类及用途。
12. 电流互感器工作原理是什么？
13. 电流互感器为什么不能开路？
14. 电压互感器特点是什么？
15. 简述弹簧操动机构的工作过程。
16. 简述永磁操动机构工作原理。
17. 简述配电装置基本要求。
18. 简述GIS开关柜组成及特点。
19. 简述AIS开关柜结构与特点。
20. 直流牵引变电所的作用是什么？
21. 直流牵引变电所的工作原理是什么？
22. 直流牵引变电所的二次回路由几个回路组成？
23. 什么是二次接线图？

24.简述二次接线图中的标志方法。
25.如何阅读二次回路图?
26.断路器的控制、信号回路工作过程是什么?
27.隔离开关的控制、信号回路工作过程是什么?
28.断路器与隔离开关联动的控制、信号回路工作过程是什么?
29.现场运行规程的编制依据是什么?
30.说明现场运行规程的内容是什么?
31.说明倒闸操作的程序标准化是什么?
32.倒闸表的编制原则是什么?
33.牵引变电所共有哪12项运行管理制度?
34.简述倒闸作业制度。
35.简述工作票制度。
36.变电所检修作业前为什么要验电接地?
37.变电设备运行分析的主要内容是什么?
38.牵引变电所巡视的一般要求是什么?
39.整流机组巡视的项目和要求是什么?
40.变电设备检修的原则是什么?
41什么是牵引变电所电气设备小修?
42.高压设备停电作业有哪几项主要内容?
43.高压设备远离带电部分的作业内容和要求是什么?
44.二次回路上的作业内容是什么?
45.高压设备停电作业的特点是什么?
50.高压设备带电作业的特点是什么?

项目四　城市轨道交通动力照明供电系统

城市轨道交通的正常运行中,除了牵引用电之外,在环境控制和系统服务等方面还有众多用电设备,如通风机、给排水泵、自动扶梯等动力设备,以及照明、通信设备等。这些设备一般均使用三相380 V或单相220 V交流电。降压变电所将区域变电所或主变电所输入的中压电流降压变成低压交流电,并通过配电(所)室分配给各种用电设备。

任务一　降压变电所

学习目标

(1)了解降压变电所的作用和功能。
(2)熟悉降压变电所主接线的结构和工作原理。
(3)了解降压变电所中主要电气设备的作用和特点。
(4)熟悉牵引、降压混合变电所的工作原理。

学习任务

认知城市轨道交通降压变电所的作用、功能及特点,熟悉地铁降压变电所的主接线和运行方式、继电保护、测量与计量的作用和实际应用,以及包括哪些主要电气设备、组合开关柜的分类和特点等。

工具设备

城市轨道交通供电系统仿真软件、牵引变电所设备沙盘模型、组合柜实物或部分实物模型、变压器实物或模型、相关测量仪器和保护装置、图片、示教板及多媒体课件等。

教学环境

理实一体化教室或列车运行控制仿真实验室。

基础知识

降压变电所负责将中压交流电降压为0.4 kV交流电,并通过低压开关柜和电缆馈出,

向地铁中各种用电设备提供电源。降压变电所一般设在车站附近，即可对车站中较集中的电气设备供电，也方便向车站附近的用电设备供电。此外，车辆基地、系统调度控制中心需要由专门设置的降压变电所供电。

一、降压变电所的功能及主接线

降压变电所是将三相电源进线电压（10 kV）降压为三相380 V交流电，提供给机电设备如风机、水泵等供电和给照明、信号、通信、防灾、报警设备供电，能够给动力设备供电的变电所也称为动力变电所。

城市轨道交通的正常运行中，除了牵引用电之外，在环境控制和系统服务等方面还有众多用电设备，如通风机、给排水泵、自动扶梯等动力设备，以及照明、通信设备等。这些设备一般均使用三相380 V或单相220 V交流电。

降压变电所将区域变电所或主变电所输入的中压电流降压变成低压交流电，并通过配电（所）室，分配给各种用电设备。

降压变电所一般设在车站附近，既可对车站中较集中的电气设备供电，也可以向车站附近的用电设备供电。此外，车辆基地、系统调度控制中心需要由专门设置的降压变电所供电。

降压变电所是为车站与线路区间的动力、照明负荷和通信信号电源的供电而设置的。如南京地铁供电系统，采用集中110 kV、35 kV两级电压供电方式，分别由安德门和迈皋桥110 kV/35 kV主变电站向地铁AC 35 kV/DC 1500V牵引变电所及35 kV/0.4 kV降压变电所供电。全线共设AC 35 kV/DC 1500V、35 kV/0.4 kV牵引降压混合变电所8座（总长21.7 km）、35 kV/0.4 kV降压变电所9座、35 kV/0.4 kV跟随式降压变电所15座。

地铁、轻轨的降压变电所是为车站与线路区间的动力、照明负荷和通信信号电源供电而设置的，可与直流牵引变电所合并，形成后述的牵引、降压混合变电所。并且多数是单独设置的，降压变电所供电主接线如图4-1所示。其特点和基本要求如下。

（1）降压变电所对供电电源的要求，应按一级负荷执行，由环行电网或二路电源供电，进线电压侧采用单母线分段系统，一般设有两台动力、照明变压器。每台变压器应满足一、二级负荷所需的容量。正常情况下，经过两台变压器分别供电。其容量应该满足：正常运行时，两台变压器分列运行，同时供电，负荷率不超过70%。当一台变压器发生故障解列时，自动切除三类负荷，另一台变压器可承担该所供电范围内的全部一、二级负荷，以保证城市轨道交通的正常运行。

（2）动力、照明负荷的配电系统采用380 V/220 V电压及中性点直接接地的三相四线制。配电母线为单母线并能自动开关分段，动力变压器的低压侧通过自动开关与每段母线连接，动力与照明的一、二级负荷应有两路低压电源供电，且前者应为专用电缆。此外，设有联络电缆与相邻变电所的低压电源连接，作为事故备用电源，也可采用发电机组、蓄

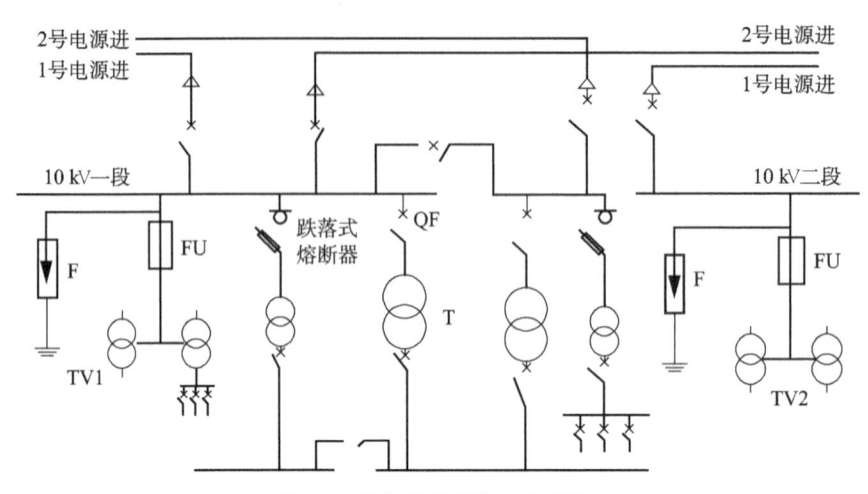

图4-1 降压变电所供电主接线

电池组电源作为备用电源。

其中备用电源母线的设计,应保证在降压变电所全部停电时,由相邻变电所的电源或自备发电机等自动投入使用,为负荷提供用电。

二、主要电气设备

(一)35 kV的交流开关柜(如KYN61-35型)

35 kV交流开关柜采用六氟化硫气体绝缘开关柜,断路器采用真空断路器。

开关柜是金属封闭开关设备的俗称,按照GB 3906(3～35 kV金属封闭开关设备)定义,金属封闭开关设备是指除进出线外,完全被金属外壳包住的开关设备。35 kV三相交流50 Hz电力系统中,作为发电厂、变电所及工矿企业的配电室接受与分配电能之用;对电路具有控制、保护和监测等功能。除广泛用于一般电力系统外,还可使用于频繁操作的场所。车站/区间35 kV配电系统如图4-2所示。

要求具有气体绝缘(GIS);电缆连接;35 kV配电;继电保护等功能。

35 kV配电,在出现故障情况下可自动或通过倒闸操作切断故障设备的电流。

图4-2 车站/区间35 kV配电系统

（二）动力变压器

目前，地铁车站中广泛使用的是干式变压器，35 kV/400 V动力变压器如图4-3所示。在使用风冷时，变压器输出容量可提高50%，同时，随着科学技术及生产水平的不断发展，动力配电用的干式变压器的空载损耗很小，而变压器的最佳效率的范围比较大，以某厂生产的环氟树脂绝缘1250 kVA变压器为例，空载损耗为2.16 kW，负载损耗为10.01 kW，若功率按0.9计算，负荷率均在99%以上。

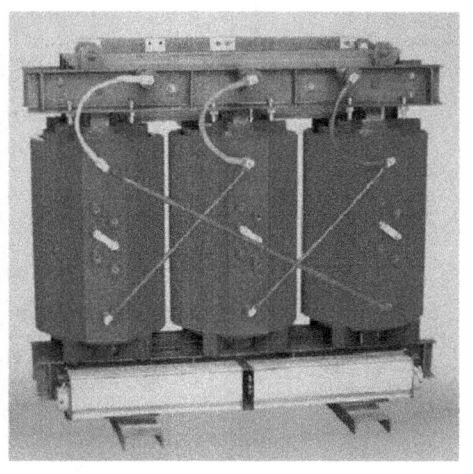

图4-3　35 kV/400 V动力变压器

要求：自冷型；树脂浇注绝缘；设有温度保护。

车站降压变电所设计作为地铁供电系统设计的重要组成部分，动力变压器容量的选择是其中一项重要工作，我国普遍采用10 kV的有载调压干式配电变压器，最大容量达2500 kVA。对35 kV干式电力变压器的有载调压容量达16000 kVA。

干式变压器的特点如下。

（1）无油、无污染、难燃、阻燃、自熄、防火。

（2）绝缘温升等级高：F级绝缘，变压器温升可达100K。

（3）损耗低、效率高：SC（B）9系列配电变压器的损耗比现行新国标（GB/T 10228）的要求降低10%。

（4）噪声小：SC（B）9系列配电变压器通常可控制在50 dB以下。

（5）局部放电量小（通常在10PC以下），可靠性高，可保证长期安全运行，寿命可达30年。

（6）抗裂、抗温度变化、机械强度高、抗突发短路能力强。

（7）防潮性能好，可在100%湿度下正常运行，停运后不需干燥处理即可投入运行。

（8）体积小、重量轻，据有关人士统计，油变的外形尺寸为干变的2倍多。

（9）不需单独的变压器室，不需吊芯检修及承重梁，节约土建占地和占空；因无油，不会产生有毒气体，不会对环境造成污染，不用集油坑等附属建筑，降低了土建造价。

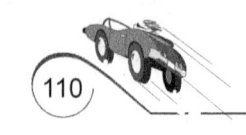

（10）安装便捷，无须调试，几乎不需维护；无须更换和检查油料，运行维护成本低。

（11）配备有完善的温度保护控制系统，为变压器安全运行提供可靠保障。

从低噪、节能、防火、节省土建造价、运行维护管理费及长达30年的寿命等综合技术和经济性能的比较，干式变压器显现出明显的优越性。

（三）交流400 V开关柜

车站用交流400 V开关柜如图4-4所示。

图4-4 车站用交流400 V开关柜

主要技术参数如下。

（1）额定电压：1500 V。

（2）最高工作电压：1800 V。

（3）额定电流：3150 A、4000 A。

开关柜是一个或多个低压开关设备和与之相关的控制、测量、信号、保护、调节等设备，由制造厂家负责完成所有内部的电气和机械的连接，用结构部件完整地组装在一起的一种组合体。

（四）变电所附属设备

1.保护装置

1）常用继电保护的配置

（1）变压器差动保护是防止变压器内部故障的主要保护形式。差动保护原理简单、保护范围明确、动作延时，一直用作变压器的主保护。另外，差动保护还有线路差动保护、母线差动保护等。

（2）过流保护一般是对线路或设备进行过负荷及短路保护，而电流速断一般用于短路保护。过流保护设定值往往较小（一般只要躲过正常工作引起的电流），动作带有一定延时；而电流速断保护一般设定值较大，多为瞬时动作。

（3）瓦斯保护是变压器内部故障的主要保护元件，对变压器匝间和层间短路、铁芯故

障、套管内部故障、绕组内部断线及绝缘劣化和油面下降等故障均能灵敏动作。当油浸式变压器的内部发生故障时，由于电弧将绝缘材料分解并产生大量的气体，从油箱向油枕流动，其强烈程度随故障的严重程度不同而不同，反应这种气流与油流而动作的保护称为瓦斯保护，也叫气体保护。瓦斯保护又分为轻瓦斯保护和重瓦斯保护，轻瓦斯保护作用于信号，而重瓦斯保护则作用于短路器。

（4）过压保护是当被保护线路的电源电压高于一定数值时，保护器切断该线路；当电源电压恢复到正常范围时，保护器自动接通。

（5）当线路电压降低到临界电压时，保护电器的动作，称为欠电压保护，其任务主要是防止设备因过载而烧毁。

2）防雷和接地装置

电气设备在运行中承受的过电压包括雷电过电压和内部操作过电压，因此应采取下述保护措施。

（1）在地面牵引变电所直流馈线出口处设置避雷器，限制雷电波的入侵，保护牵引变电所的设备。

（2）在接触网由地面进入隧道处设置避雷器，限制雷电波的入侵，保护地下牵引变电所的设备。

（3）牵引变电所的35 kV母线设置避雷器。

（4）地面牵引变电所应考虑防雷措施，要求防雷接地电阻≤10Ω。

变电所是电力系统的枢纽，是电力系统中对电能的电压和电流进行变换、集中和分配的场所。变电所有很多的一次电气设备，这些设备一旦被雷击损坏会造成大面积的停电，甚至威胁整个电力系统的稳定性。所以变电所的防雷非常重要。

在电力系统中，将设备和用电装置的中性点、外壳或支架与接地装置用导体作良好的电气连接叫做接地，接地是为防止工作人员触电及保护设备的安全。电力系统中的接地分为保护接地、工作接地和防雷接地。在变电所中，通常采用接地网以满足保护接地和工作接地的要求。采用避雷针增加接地以满足防雷的要求。

2. 计量仪表（电压、电流等）

计量仪表是指能够直接测出被测对象数值的仪器仪表，在变电所主接线中主要是电流、电压互感器等。互感器属于特种变压器，分电流互感器和电压互感器。

（1）电流互感器的原理图和实物模型如图4-5所示。其作用是将大电流变换成小电流（5A、1A），其一次绕组匝数少（有的利用一根导线穿过其铁芯，只有一匝），串接在一次回路中；二次绕组匝数很多，与仪表、继电器等的电流线圈串联，形成一个闭合回路。

二次电流：5A、1A；一次电流根据系统需求；变比：100/5、200/1、2000/5；精度等级（根据互感器在回路中用途选）0.5/10P10、0.2 0.5/10P20、0.5/5P10/5P10。

测量级：0.2S、0.2、0.5S、0.5（S扩大测量范围）；保护级：5P、10P，表示±5%和

1—铁芯；2——次绕组；3—二次绕组

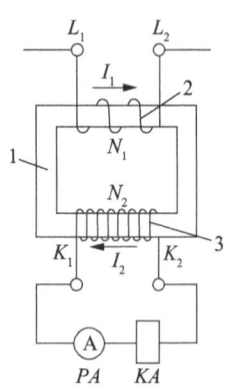

图4-5 电流互感器的原理图和实物模型

±10%，P表示保护。

由于电流互感器二次侧所接的仪表、继电器等的电流线圈阻抗很小，所以，电流互感器工作时，二次回路接近于短路状态。二次绕组的额定电流一般为5A。

电流互感器的一次电流I_1与二次电流I_2之间有下列关系：

$$I_1=I_2N_2/N_1=K_iI_2$$

式中，N_1、N_2分别为电流互感器一次和二次绕组的匝数；K_i为电流互感器的交流比。

（2）电压互感器的原理图和实物模型如图4-6所示。它的结构特点是：一次绕组匝数很多，而二次绕组匝数较少，相当于降压变压器。一次绕组并联在一次电路中；二次绕组则并联仪表、继电器的电压线圈。由于二次仪表、继电器的电压线圈阻抗很大，所以电压互感器工作时二次回路接近于空载状态。二次绕组的电压一般为100V。电压互感器也可作电容器放电用、电源PT用。

电压互感器的一次电压U_1与其二次电压U_2之间有下列关系：

$$U_1=U_2N_1/N_2=K_uU_2$$

式中，N_1、N_2分别为电压互感器一次和二次绕组的匝数；K_u为电压互感器的变压比。

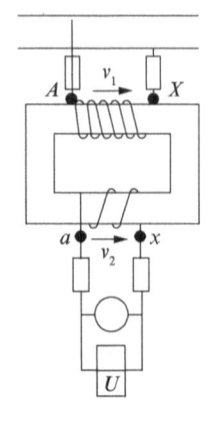

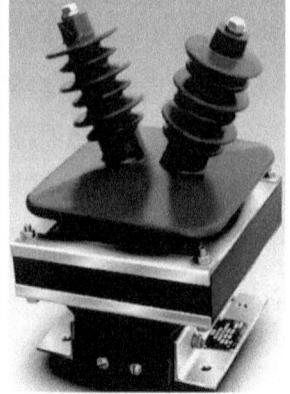

图4-6 电压互感器的原理图和实物模型

3.蓄电池：应急照明和开关设备操作的电源（在交流电失去时）

在城市轨道交通系统中，其车辆和车站的机电设备都有蓄电池的应用。蓄电池如图4-7所示，蓄电池在列车启动时，主蓄电池为列车启动时的电气设备提供直流电源，直至列车辅助逆变器正常工作，其功能如下。

（1）紧急照明。

（2）为列车控制和监视设备、通信设备、头灯和尾灯、紧急通风等负载提供45min的电能。

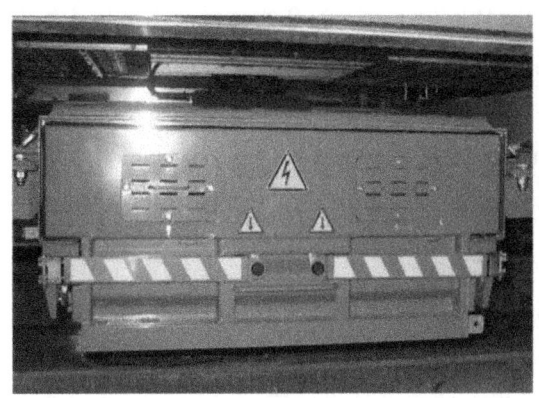

图4-7 蓄电池

蓄电池是一种化学电源，既能将电能转化为化学能储存，也能通过内部的化学反应向用电设备供电，是一个可逆的低压直流电源。蓄电池由若干个单格电池组成。单格电池由正负极板、隔板、电解液、电池盖板、加液孔螺塞和电池外壳组成。蓄电池的结构如图4-8所示。

蓄电池是地铁车站和变电所及AFC、屏蔽门、通信、信号等系统的应急供电电源，蓄电池的特点如下。

（1）蓄电池可以10～20倍率的大电流短时放电。

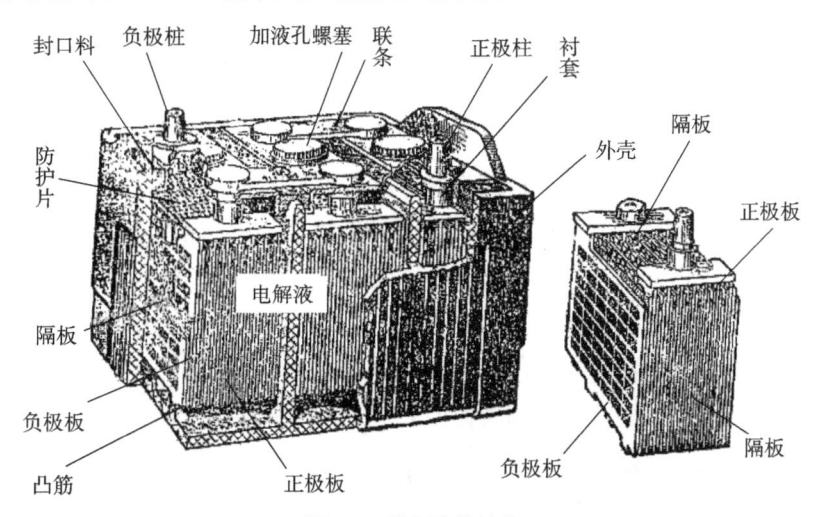

图4-8 蓄电池的结构

（2）蓄电池由于实现了高可靠，使用中不会出现热失控和突然失效的现象。

（3）蓄电池耐过充、过放，电流高达20倍率也不会烧坏蓄电池。

（4）蓄电池寿命长达10～20年。

（5）蓄电池使用保养周期为2～3年。

（6）适用温度范围广，可在-20～40℃环境温度下工作，极限温度-50～55℃。

（7）安装成本低。

4. 阻燃性导线

阻燃电线电缆通常是指成束敷设时具有阻燃特性的电缆，即凡能通过成束电线电缆燃烧试验的电缆称之为阻燃电缆。这种电缆的特点是在成束敷设的条件下，电缆被燃烧时能将火焰的蔓延控制在一定范围内，因此可以避免电线电缆着火延燃而造成的重大灾害，从而提高整条线路的防火水平。阻燃电缆通常适用于电缆敷设密集程度较高的发电站、核电站、地铁、隧道、重要的高层建筑等。但随着人们认识的提高，现在许多普通建筑乃至家庭也已使用阻燃电缆。

阻燃电缆分为A、B、C三种类别，它是根据试验时垂直成束布放的电缆根数（即燃烧物的体积）和燃烧时间的不同来分类的。不同等级的阻燃电缆，其使用场合有所不同，一般应根据电缆敷设时的密集程度、使用场合、安全性要求等来选用。目前，A、B类阻燃电缆只用在敷设密集程度高、火灾危险性大的电缆线路中，或者比较重要的场所才使用。如广州地铁一号线和岭澳核电站选用的是B类阻燃电缆，而目前正在建设中的广州地铁二号线则要求使用A类阻燃电缆。

阻燃电缆的特点是延缓火焰沿着电缆蔓延，使火灾不致扩大。由于其成本较低，因此是防火电缆中大量采用的品种。无论是单根线缆还是在成束敷设的条件下，电缆燃烧时均能将火焰的蔓延控制在一定范围内，因此可以避免因电缆着火延燃而造成的重大灾害，从而提高电缆线路的防火水平。

5. 灭火设备

变电站建筑物均应配备适当数量的移动式灭火器，用于电气装置及建筑物的灭火，其火灾种类多为物体带电燃烧或混合类物质的燃烧。

灭火器对于有效扑灭初期火灾，最大限度地减少火灾损失起着至关重要的作用。灭火器应在满足最小保护距离的要求下设置在位置明显和便于取用的地点，且不得影响人员及设备的安全疏散。

变电站的控制室、通信机房设有精密仪器、设备，除磷酸铵盐干粉灭火器外也可选用卤代烷灭火器以防止灭火药剂污染设备，从而避免更大损失。然而由于卤代烷类产品对大气臭氧层具有破坏作用，国际上限制卤代烷在灭火器中的使用。在环境问题日益凸显的当下，尽管国内目前尚没有明确的适用或禁用条文规定，还是尽量选用磷酸铵盐干粉灭火器来代替卤代烷药剂填充的灭火器。

灭火器轻便灵活，稍经指导即可掌握其操作和使用方法，可手提或推拉至着火点附近及时灭火。然而其配置计算的过程较为烦琐，业内常有设计人员凭经验设计，只求不低于规范要求，造成配置的灭火器往往超出标配很多。因此，如何结合变电站的使用性质和安全要求，正确合理地进行灭火器配置和设计更显重要。

三、牵引、降压混合变电所概述

集中式供电方式的牵引、降压混合变电所主接线如图4-9所示。

交流侧电源进线设有两个回路互为备用的独立电源电缆线，其中一路进线由专用供电系统主变电所A的低压母线1段馈出，另一电源进线则由该车站另一端设置的降压变电所高压母线引入，此高压母线的电源进线由主变电所A（或B）降压变压器的低压2段母线馈出（母线分段断路器处于断开运行），每路电源进线容量应满足车站两个变电所（牵引、降压混合所和降压所）全部二级负荷的供电要求。

此外，高压母线的馈出线是相邻变电所的电源进线所需要的。正常运行时，两路进线同时为两段母线连接的负荷供电，进线断路器均合闸，母线分段断路器（或电动刀闸）断开。当任一侧电源进线发生故障而断路时，则由自动装置操作使母线分段断路器合闸，变电所负荷由另一侧电源供电。高压汇流进线采用断路器或电动刀闸分段，有利于母线维修和保证任一电源进线出现故障时电路转换的灵活性。

其中，RCT为整流机组；GDL为快速开关；DYH为直流电压互感器；SB为动力变压器。

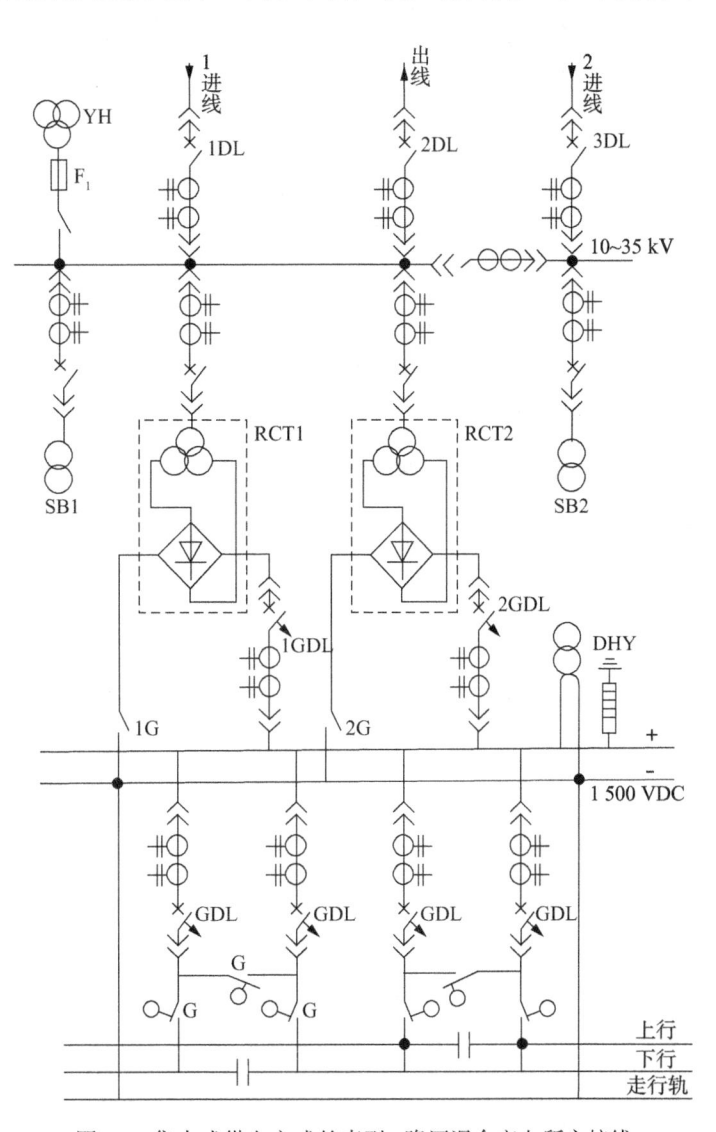

图4-9 集中式供电方式的牵引、降压混合变电所主接线

交流高压配电回路设有两台并联工作的整流机组RCT，两台动力变压器SB1、SB2分别连接于分段汇流母线的两段上，每台动力变压器容量应满足一、二级动力与照明负荷的需要。当整个供电系统环网只有一路电源时，允许将二、三级负荷部分或全部切除。高压断路器柜采用手车式真空断路器、金属全封闭开关柜。单纯的直流牵引变电所高压单母线可不必分段。

直流侧系统主接线包括从整流机组的直流输出至直流正母线的电路、回流线、负母线和整流器阳极连接电路，以及从直流母线馈出的馈线电路等，每台整流机组的直流输出通过快速开关1GDL、2GDL与正母线相连。其作用是当任一整流机组和母线之间发生短路故障时，由快速开关跳闸以保护机组，并使全部馈线快速开关连锁跳闸。切断相邻牵引变电所通过接触轨（网）向故障点馈出故障电流的电路。从正母线馈出的馈电线也设有快速开关GDL作为接触网短路的保护。直流快速开关为手车式结构，装于直流开关柜内。

直流快速开关的故障和检修时的后备方式，可在供电管理部门增加备用直流开关柜或快速开关手车若干台作后备，统一调配使用。

备用的快速开关借助备用母线（+）PM作为整流机组输出和馈出线在任一快速开关故障时的备用，备用开关PGD和备用母线代替故障快速开关的电路转换与旁路母线系统的电路转换过程相同，图4-9中直流母线上连接的直流电压互感器，是为仪表测量所设置的，它利用磁放大器原理而获得低电压输出。直流负母线通过负极开关柜的隔离开关与整流器阳极相连接，同时经回流电缆和走行轨及专用的回流轨（有的轻轨系统）相连。轻轨交通牵引变电所直流母线，为防止雷电浪涌产生的过电压和操作过电压对设备造成的损坏，一般在正、负母线上都应安装避雷器。

相关案例及知识拓展

国内主要低压开关柜简介

主要开关柜类型：国内主要的低压开关柜有GGD、GCK、GCS、MNS、XLL2低压配电箱和XGM低压照明箱。

（1）GGD型交流低压开关柜如图4-10所示，该开关柜具有结构合理、安装维护方便、防护性能好、分断容量大、分断能力强、动稳定性强、电气方案适用性广等优点，可作为换代产品使用。该开关柜的缺点是回路少、单元之间不能任意组合且占地面积大、不能与计算机联络。

GGD型交流低压配电柜适用于发电厂、变电站、厂矿企业等电力用户作为交流50 Hz，额定工作电压400 V，额定工作电流至3150 A的配电系统中使用，作为动力、照明及配电设备的电能转换、分配与控制之用。

（2）GCK开关柜如图4-11所示，具有分断能力高、动热稳定性好、结构先进合理、电气方案灵活、系列性、通用性强、各种方案单元任意组合、一台柜体容纳的回路数较多、

图4-10　GGD型交流低压开关柜

图4-11　GCK开关柜

节省占地面积、防护等级高、安全可靠、维修方便等优点。缺点：水平母线设在柜顶，垂直母线没有阻燃型塑料功能板，不能与计算机联络。

GCK系列电动机控制中心主要由一些组合式电动机控制单元及其他功能单元组合而成。本系列产品适合于交流400 V、690 V，频率为50 Hz，最大工作电流至3150 A的配电系统中使用，作为动力配电、电动机控制及照明灯等配电设备的电能转换、分配和控制之用。

各种低压开关柜的主要区别：GGD是固定柜，GCK、GCS、MNS是抽屉柜。GCK柜和GCS、MNS柜抽屉推进机构不同；GCS和MNS柜最主要的区别是GCS柜只能做单面操作柜，柜深800 mm，MNS柜可以做双面操作柜，柜深1000 mm。优缺点：抽出式柜占地小，维护方便，出线回路多，但造价高；而固定式柜的相对出线回路少，占地较大。如果客户提供的地方小，做不了固定式柜的要改为做抽出式柜。

任务二　城市轨道交通的动力照明

学习目标

（1）了解动力照明供电系统的基本组成。
（2）熟悉照明系统的组成与负荷分类。
（3）了解照明系统和低压配电的供电方式。

学习任务

认知城市轨道交通动力照明系统的组成、作用和功能，电气主接线的特点和工作原理，以及低压配电系统的负荷分类、照明配电系统的负荷分类、配电线路的作用等。

工具设备

城市轨道交通供电系统仿真软件、牵引变电所设备沙盘模型、动力照明组合柜实物或部分动力及照明配电实物模型、变压器实物或模型、相关图片、示教板及多媒体课件等。

教学环境

理实一体化教室或轨道交通综合实验室。

基础知识

动力照明供电系统的功能是将交流中压（35 kV或10 kV）降压变成交流220 V/380 V电压，为各种机电设备提供电源。动力照明配电系统负责将降压变电所馈出的0.4 kV交流电源分配给地铁沿线车站、区间、停车场等处的动力及照明设备。

动力照明供电系统主要由降压变电所、低压母线排、配电设备、线缆、用电设备等组成。提供给地铁机电设备的动力电源和照明电源。此外，还应设置地铁应急电源系统，如小型发电机、EPS电源、UPS电源等。

一、降压变电所负荷分类

车站动力、照明负荷根据用电设备的不同用途和重要性，分为一、二、三级负荷。

一级负荷由降压变电所一、二段母线各提供一路电源供电并在末端自投，以实现不间断供电，如BAS、FAS、AFC、通信、信号、地下站台照明、应急照明、消防系统及设备、交流盘和直流盘、气体灭火、环控设备、消防用电、防灾报警、设备监控、售票、检票、排风/排烟机、相关风阀、事故照明（含疏散指示照明）、废水泵、降压变电所自用电、屏蔽门系统、交直流屏。

对降压变电所直接供配电的一级负荷设备（如通信系统、信号系统、站控室、废水泵等），系统由降压变电所低压柜两段母线各馈出一路电源至设备附近的电源切换箱，经电

源切换箱实现双电源末端切换后再馈出给设备，两路电源正常时，一路工作，一路备用，并可互作备用。

二级负荷由降压变电所一段或二段母线提供一路电源，在变电所中切换，如地上站厅和站台照明、附属房间照明、普通风机、排污泵、电梯、自动扶梯等。一般照明、节电照明、设备及管理用房照明、出入口照明、标志灯箱、污水泵、直升电梯、自动扶梯等由降压变电所任意一段低压母线供电，必要时可切除。

对由降压变电所直接供配电的二级负荷设备（如自动扶梯、工作人员电梯、污水泵、集水泵等），系统由降压变电所的低压柜中的一段母线馈出一路电源至设备附近的电源配电箱后再馈出给设备，当该段母线失压后，母线分段断路器（母联断路器）自动合闸，可由另一段母线继续供电。

三级负荷由降压变电所三级负荷母线提供一路电源，当变电所只有一路电源时必须切断广告照明、冷水机组、清洁、电热等设备的供电。

对由降压变电所直接供配电的三级负荷设备（如环控三类负荷：活塞式冷水机组、离心式冷水机组、空调机等），系统由降压变电所低压柜中的一段母线馈出一路电源至设备附近的电源配电箱后再馈出给设备，当降压变电所低压柜中任何一段母线失压或故障时，均联跳并中断所有三级负荷设备的供电。

二、照明配电箱

照明电源引自降压变电所0.4 kV的两段母线，照明配电箱分别设于站台层、设备层及站厅层的配电室内，按不同照明种类分别设置照明配电箱。

安装于各车站的照明配电室、站控室和各部分设备房，用于集中控制相应场所的一般照明、节电照明、事故照明及广告照明，实现照明配电室和站控室集中控制和操作。

车站动力照明系统采用380 V三相五线制、220 V单相三线制方式供配电。系统范围为车站降压变电所的变压器后的照明设备、设施及线路。包括站台、站厅公共区的一般照明、节电照明（包括站名牌标示照明）、事故照明（包括疏散诱导指示照明）、广告照明、设备及管理用房、电缆廊道及区间隧道的一般照明、事故照明。

事故照明（包括诱导照明）由降压变电所交直流屏供电。站台下安全照明，折返线检查坑和车辆段检查坑内的安全照明或携带式照明用插座采用交流36 V安全电压，其余均采用交流220 V电压。地铁动力照明供电系统如图4-12所示。

事故照明及疏散诱导指示照明，正常时采用380 V/220 V交流电源供电，由两路380V/220 V交流电源自降压变电所的低压配电柜的两段母线上，各馈出一路电源至事故照明装置后配出。事故照明装置带有蓄电池，当进线电源交流失压后，装置电源切换柜自动切换为蓄电池220 V直流电源向外供电，当进线恢复供电后，又自动切换为交流电源向外供电。

图4-12 地铁动力照明供电系统

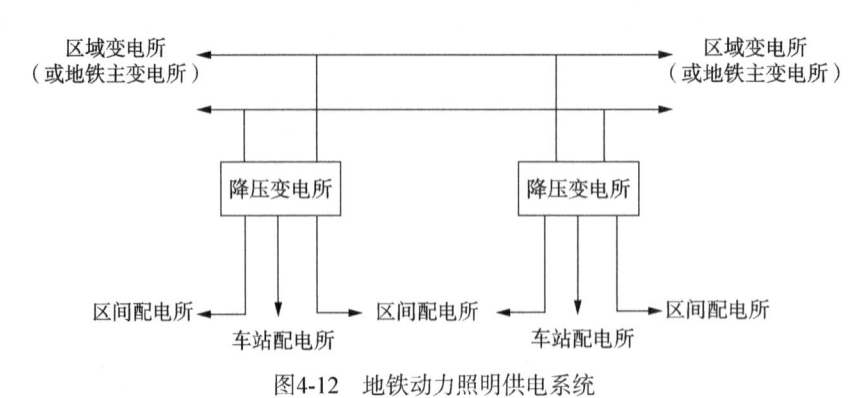

三、动力照明系统使用及维护

动力照明供电系统由降压变电所及动力照明设备组成。每个车站应设降压变电所，若地下车站负荷较大，一般设于站台两端，其中一端可以和牵引变电所合建成混合变电所；若地面车站负荷较小，可设一个降压变电所。

（一）照明系统

各种设备及管理用房设有开关箱或盒，可控制相应设备及管理用房的一般照明。区间隧道一般照明配电箱设于隧道两端入口处。

照明配电室内设有相应的配电箱，可在室内集中控制相应场所的一般照明、节电照明、事故照明及广告照明。正常情况下，配电箱所有开关均应全部合上，以便通过就地级控制和车站控制室集中控制相应场所的照明。

站控室内设有照明控制柜，通过柜面上的转换开关和按钮，可实现对站台、站厅等公共区的一般照明、节电照明、广告照明的手动/自动控制转换和人工控制（手动控制，指通过照明控制柜上按钮或照明配电室照明配电箱上按钮开/关控制；自动控制，指通过机电设备监控系统BAS实现控制）及区间隧道一般照明手动控制。在机电设备监控系统BAS上可监控站台、站厅公共区一般照明、节电照明、广告照明的工作状态（手动/停/自动）。此外，根据需要，事故照明也可在蓄电池室交直流切换柜上进行控制。

（二）低压配电系统

（1）对通信、信号、站控室、废水泵、电梯、自动扶梯等由降压变电所直接供配电的各系统设备，由低压配电系统提供电源至各设备附近的配电箱或电源切换箱，工作人员可在降压变电所、设备附近的配电箱或电源切换箱上对各设备作电源通断或切换操作及控制。

（2）对冷水机组、FAS系统相关设备（如风阀、防火阀、防火卷帘门、挡烟垂幕、气灭系统等）、BAS系统、AFC系统等由环控电控室直接供配电的设备，由低压配电系统提供电源至各设备附近的配电箱或电源切换箱，使工作人员可在环控电控室或设备附近的配电箱、电源切换箱上对该设备作电源通断或切换操作及控制。

（3）对环控电控室直接控制的环控设备（如空调机、风机等），采用三地控制方式，即就地控制（设备附近）、环控电控室控制及站控室控制（通过BAS系统控制）。

（4）自动扶梯正常时由现场控制，事故状态下，可在站控室内操作应急按钮停止所有自动扶梯的运行。

相关案例及知识拓展

10 kV动力照明配电系统中压开关柜的配置和功能

（KYN28A-12铠装移开式交流金属封闭开关设备）系统的主要设备配置及功能如图4-13所示。

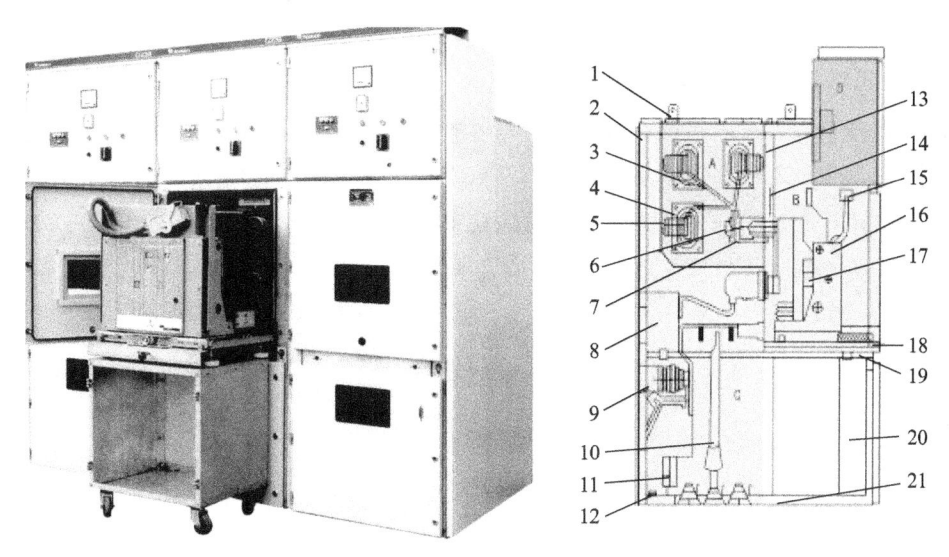

1—泄压装置；2—外壳；3—分支母线；4—穿墙套管；5—主母线；6—静触头装置；7—静触头盒；8—电流互感器；9—接地开关；10—电缆；11—避雷器；12—接地母线；13—装卸式隔板；14—活门隔板；16—手车式断路器；17—加热去湿器；18—可抽出式隔板；19—接地开关操作机构；20—控制线槽；21—地板

图4-13 （KYN28A-12铠装移开式交流金属封闭开关设备）系统的主要设备配置及功能

继电器的小室面板上，可安装各种类型的微机型综合继电保护装置，并可实现系统的智能化控制，具有遥控、遥测、遥信及遥调功能，通过带有通信接口的CAN总线控制现场网络。并具有防止误操作断路器，防止带负荷推拉手车，防止带电关合接地开关，防止接地开关在接地位置送电和防止误入带电间隔，即简称的"五防"。

该柜既能配用VS1（即ZN63）、ZN28真空断路器，也可配置进口的VD4真空断路器与VC系列真空接触器。

（1）防止带负荷分、合隔离开关（隔离手车）。

断路器手车（上下触头相当于隔离开关），采用断路器与地盘车连锁；隔离手车采用电磁铁与断路器进行电气连锁，防止断路器处于合闸位置时摇出隔离手车。

（2）防止误分、误合断路器（允许提示性）。

因其允许提示性，且在其他连锁配合下，即使发生误分、误合断路器，也不会发生事故，目前很少中置柜具备该功能。实行该功能须采用电气和机械两种连锁同时使用。

（3）防止接地开关处在合闸位置时关合断路器。

接地开关处在合闸位置时，断路器手车处在试验位置，通过导轨连锁装置，手车不能摇到工作位置。断路器虽然可以关合，但与主回路已经断开，不会造成事故。

（4）防止在带电时误合接地开关。

当设备处于通电状态时，断路器处在合闸状态，断路器手车不能摇动，保持在工作位置，接地连锁机构的舌板不能往下按，接地开关不能合闸操作。

（5）防止误入带电隔室。

因防护对象为人，为保证人身安全，因此将该功能设为"五防"之首。一般通过接地开关或电磁锁和门连锁来实现该功能。

停电顺序：断路器分闸，手车摇到试验位置，接地开关合闸，前下门和后下门打开。

送电顺序：关闭前下门和后下门，接地开关分闸，手车摇到工作位置，断路器合闸。

任务三　操作运用案例

【操作运用案例】GIS组合开关控制柜的认知（手车式真空断路器ZN6-10 kV）

1. 实训项目教师工作活页

实训项目教师工作活页　　　　　NO:_____

实训项目	GIS组合开关控制柜的认知和操作		
学　　时	2	班　级	略
实训场所	变电所模拟控制柜，牵引供电仿真模拟控制实验室		
工具设备	GIS组合开关控制柜1套；电气设备实物零部件、多媒体设备课件、图片、示教板等。		
教学目标	专业能力	（1）了解开关组合控制柜的构成及作用。 （2）能熟悉组合柜外部各操作按钮等各部件的名称。 （3）了解各组成部件的作用和型号。 （4）了解分、合闸的基本原理及能量存储的过程。 （5）通电和停电时，能按规定顺序操作开关控制柜。	

续表

教学目标	方法能力	（1）能综合运用专业知识，通过专业书籍、上网查询、多媒体课件和图片资料获得帮助信息。 （2）能根据实训项目的学习任务确定实训方案，从中学会表达及展示活动的过程和成果。
	社会能力	（1）能在实训活动中保持积极向上的学习态度。 （2）能与小组成员和教师进行交流和沟通。 （3）能与他人共享学习资源，具有较好的合作能力和团队协作精神。
教学活动		略（详见教学活动设计）
教学评价		学生活动： （1）以5～7人小组为单位开展实训活动，根据本组同学在实训过程中的能力、表现及结果进行组内互评。 （2）根据其他小组同学在成果展示活动中的表现及结果进行互评。 教师活动： （1）教师组织学生开展评价活动和总结。 （2）对学生本单元项目单元成绩做出综合评价。
教学资料		（1）城市轨道交通概论教材。 （2）城市轨道交通运输设备参考书。 （3）实训项目学生学习活页（附页）。
指导教师		教学时间　　　　　　　　　　年　　月　　日

2. 实训项目学生学习活页

实训项目学生学习活页　　　　　　　　　　　　　　NO:＿＿＿＿

实训项目　GIS组合开关控制柜的认知和操作

班级：＿＿＿＿　姓名：＿＿＿＿＿　学号：＿＿＿＿　时间：＿＿＿＿＿

一、实训目标
  1. 专业能力目标
  （1）了解开关组合控制柜的构成及作用。
  （2）能熟悉组合柜外部各操作按钮等各部件的名称。
  （3）了解各组成部件的作用和型号。
  （4）了解分、合闸的基本原理及能量存储的过程。
  （5）通电和停电时，能按规定顺序操作开关控制柜。
  2. 方法能力目标
  （1）能综合运用专业知识，通过专业书籍、上网查询、多媒体课件和图片资料获得帮助信息。
  （2）能根据实训项目学习任务确定实训方案，从中学会表达及展示活动的过程和成果。
  3. 社会能力目标
  （1）能在实训活动中保持积极向上的学习态度。
  （2）能与小组成员和教师进行交流和沟通。
  （3）能与他人共享学习资源，具有较好的合作能力和团队协作精神。
二、知识总结
  （1）了解组合开关控制柜的各部件特点和作用。

续表

（2）了解高压开关的分、合闸原理及能量存储过程。

（3）熟悉连锁关系（断路器和隔离开关）的操作原则。

（4）简要说出分、合闸状态与解、闭锁的关联操作顺序。

三、操作运用

（1）熟悉弹簧操动机构的能量存储过程，了解分、合闸的原理。

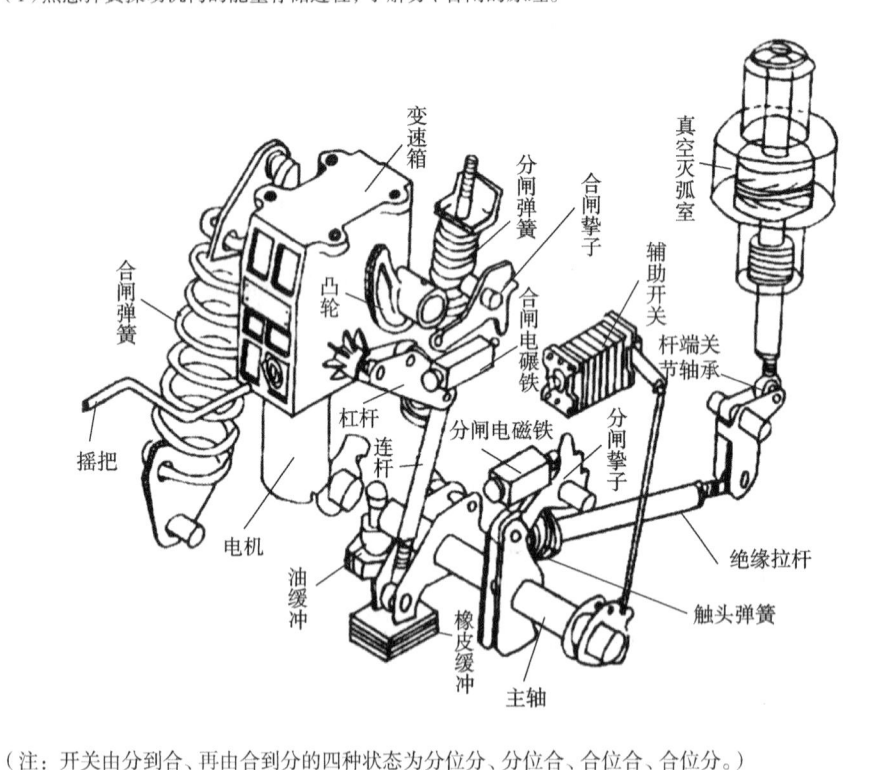

（图中标注：变速箱、分闸弹簧、合闸掣子、真空灭弧室、辅助开关、杆端关节轴承、合闸弹簧、凸轮、合闸电磁铁、摇把、杠杆、连杆、分闸电磁铁、分闸掣子、绝缘拉杆、电机、油缓冲、橡皮缓冲、主轴、触头弹簧）

（注：开关由分到合、再由合到分的四种状态为分位分、分位合、合位合、合位分。）
答：_____
_____

（2）说出手车式真空断路器的结构和主要部件的作用。
真空灭弧室_____；合闸弹簧_____；
分闸弹簧_____；LCZ-35型电流互感器_____；
连锁装置_____；弹簧操动机构_____；
绝缘拉杆_____；底部滑轮_____；

续表

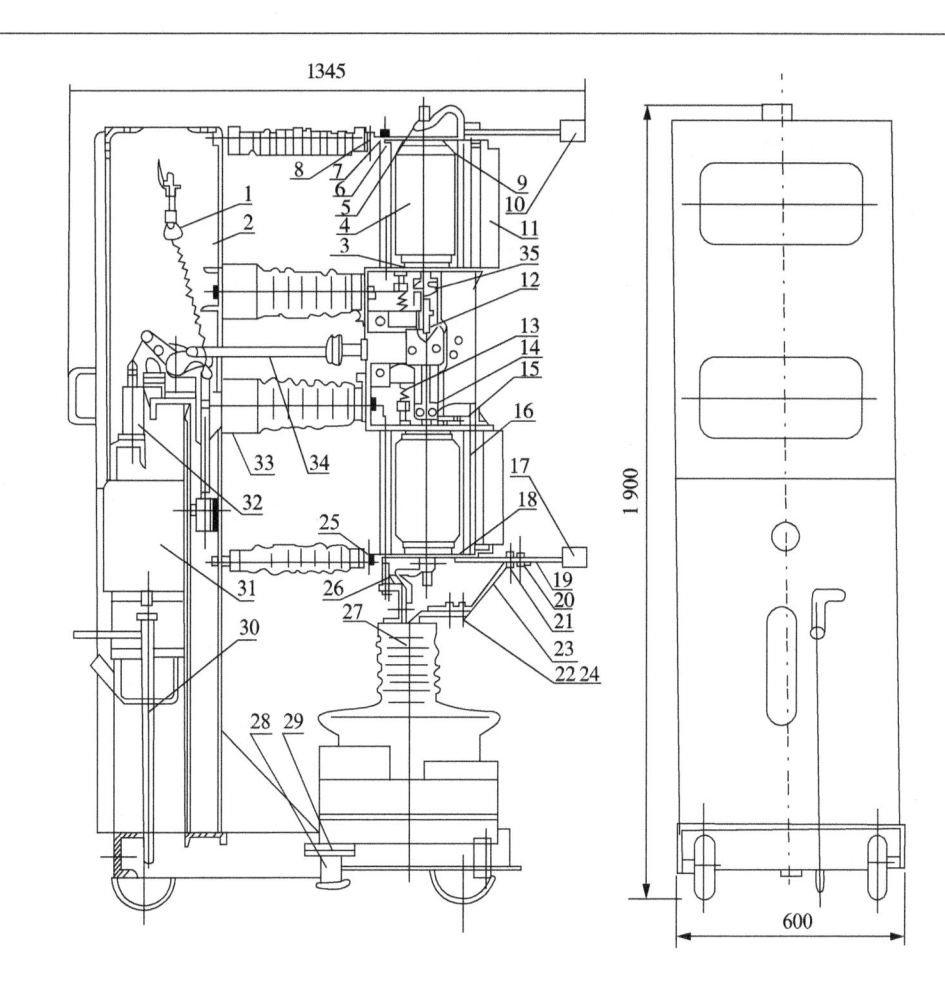

(3) 供电线路和主变压器进行倒闸操作案例分析。

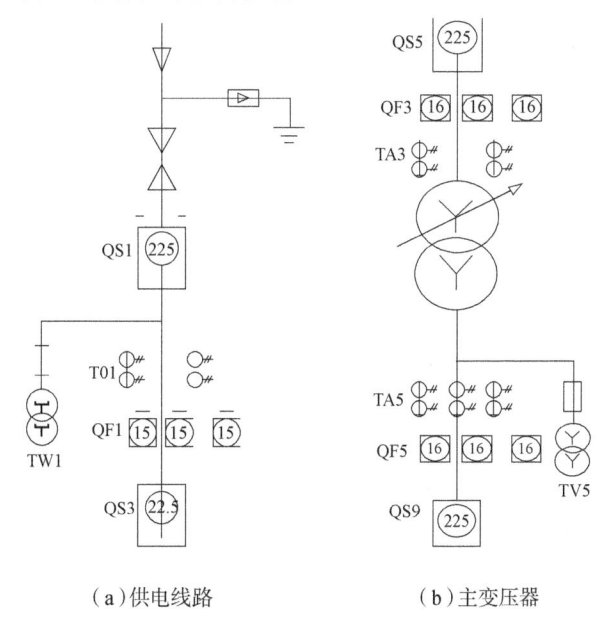

(a) 供电线路　　　(b) 主变压器

续表

要求：
（1）了解图（a）、（b）中电气设备的作用和类型。
（2）当图（a）中线路和图（b）中变压器发生故障需要检修时倒闸操作的顺序步骤是什么？如何确保负荷可以稳定正常运行？
答：_____
_____
_____

四、实训小结
_____
_____

五、成绩评定

1. 学生评价

评价等级	A—优	B—良	C—中	D—及格	E—不及格
学生自评					
组内互评					
他组互评					

2. 教师评价

评价等级	A—优	B—良	C—中	D—及格	E—不及格
专业能力					
方法能力					
社会能力					
评价结果					

3. 综合评价

评价等级	A—优	B—良	C—中	D—及格	E—不及格
评价结果					

注：按照学生自评占10%、组内互评占10%、他组互评占20%、教师评价占60%的比例计分。其中，A—100分，B—85分，C—75分，D—60分，E—50分。

4. 评价量规

等级	行为表现描述
A	能圆满高效地完成实训任务的全部内容
B	能顺利完成实训任务的全部内容
C	能完成实训任务的全部内容，但需要一些帮助和指导
D	自己只能完成实训任务的部分内容，但在老师的指导下，能够完成任务的全部内容
E	不能完成实训任务的全部内容

思考与练习

1. 降压变电所的作用是什么？
2. 降压变电所中主要有哪些电气设备？
3. 动力照明供电系统的基本组成有哪些？
4. 根据用电设备的不同用途和重要性，车站设备负荷主要分为哪三级？
5. 动力照明供电系统的功能是什么？
6. 简述照明的分类和配电的用途。

项目五　接触网

任务一　城市轨道交通接触网系统

📖 学习目标

（1）掌握接触网的组成及特点。
（2）了解接触网的分类。
（3）了解接触网的供电方式。
（4）了解架空式接触网的基本概念。
（5）掌握柔性接触网的组成。
（6）掌握接触悬挂的线索分类及特点。
（7）掌握定位器的结构及作用。
（8）掌握锚段与锚段关节的组成及作用。
（9）掌握接触网补偿装置的组成及作用。
（10）掌握中心锚结的作用。
（11）掌握线岔的作用。
（12）掌握分段绝缘器的作用。
（13）掌握隔离开关的作用。
（14）掌握刚性接触网的组成及特点。
（15）掌握接触轨式接触网的组成及分类。
（16）掌握接触轨式接触网的主要结构。
（17）掌握站场线路接触网的基本组成及平面布置原则。
（18）掌握站场线路接触网的支柱布置及要求。

📖 学习任务

学习和理解城市轨道交通接触网的类型及特点、架空式柔性接触网的基本组成及特点、刚性接触网的组成及特点、接触轨式接触网的组成及特点、站场线路接触网的基本知识。

🛠 工具设备

城市轨道交通接触网设备仿真模型和接触网零部件实物、接触轨实物模型、接触网设备图片、多媒体设备等。

🏛 教学环境

理实一体化教室或轨道交通电气化综合实验室。

📖 基础知识

城市轨道交通接触网系统是轨道交通的重要组成部分,它是直接向电力机车提供牵引动力的设备。目前轨道交通接触网主要包括架空式柔性接触网、刚性接触网和接触轨式接触网三种,三种接触网各有特点,适用于不同的工作场所。

一、城市轨道交通接触网的类型及特点

(一)接触网的组成及特点

1. 接触网的组成

牵引网由接触网、回流回路(包括钢轨、大地和回流线)、馈电线等组成,它是轨道交通供电系统中向电动车组供电的直接环节。

接触网是一种悬挂在轨道上方沿轨道架设的和铁路轨顶保持一定距离的输电网。通过电动车组的受流装置(受电弓或集电靴)和接触网的滑动接触,牵引电能从变电所到接触网,由接触网进入电动车组,从电动车组底部进入回流回路,再由回流回路返回变电所,驱动牵引电动机使列车运行。

馈电线是连接牵引变电所和接触网的导线,它把经牵引变电所变换成适合牵引制式的电能馈送给接触网。

2. 接触网的工作特点

1)没有备用

由于接触网与电动车组的对应关系,和轨道一样无法采取备用措施。所以,一旦接触网发生故障,整个供电区间将全部停电,在其间运行的电动车组全部失去电能供应,列车停止运行。

2)经常处在动态运行中

接触网与一般的供电线路不同,一般的供电线路只在两点间固定传输电能;而在接触网下沿线有许多电动车组高速运动取流。电动车组受流装置(受电弓或集电靴)以对接触网一定的压力和速度与接触网接触摩擦运行,通过接触网的电流很大。

3)结构复杂,技术要求高

接触网的运行环境和运行特点决定了接触网的结构较一般供电线路有很大的不同。必须保证电动车组安全、可靠、质量良好地从接触网取流,接触网的结构比较复杂,技术要求也较高。

（二）对接触网的基本要求

接触网的工作状态主要是指接触线和电动车组受电弓（或受流器）滑板的接触和导电情况。从电路要求上，为保证良好的导电状况，滑板与接触线的接触应保持一定的接触压力。为了尽量保证对电动车组良好的供电，对接触网有一些基本的要求。

（1）接触网悬挂应弹性均匀、高度基本一致，在高速行车和恶劣的气象条件下，能保证正常取流。

（2）接触线应平直光滑，没有弯曲和扭曲变形，接触网部件（定位器等）应尽量轻便耐用。

（3）接触网结构应力求简单，并保证在施工和运营检修方面具有充分的可靠性和灵活性。

（4）接触网的寿命应尽量长，具有足够的耐磨性和抗腐蚀能力。

（5）接触网的建设应注意节约有色金属及其他贵重材料，以降低成本。

（三）接触网的分类

接触网分为架空式接触网和接触轨式接触网。架空式接触网用于城市地面或地下的铁路干线、工矿的供电牵引线路。接触轨式接触网一般仅用于净空受限的地下供电牵引。我国在地铁轨道系统中，架空式和接触轨式的接触网均有采用。

架空式接触网的悬挂类型分为三种：简单悬挂、链形悬挂、刚性悬挂。不同的悬挂类型其导线粗细、条数、张力都是不一样的。架空接触网的悬挂方式，要根据供电分区中的列车速度、电流容量等输送条件及架设环境进行综合勘察来决定应采取什么方式。

接触轨式接触网是沿轨道线路敷设的附加接触轨，从电动客车转向架伸出的受流器通过滑靴与第三轨接触而取得电能。接触轨可以有三种方式，即上接触式、下接触式和侧接触式。

一般在牵引网电压等级较高时，为了安全和容易保证绝缘距离，宜采用架空式接触网。在净空受限的线路和电压等级较低时多采用接触轨式接触网。北京地铁采用的是接触轨式接触网，上海和广州地铁均采用了架空式接触网。

（四）接触网的供电方式

牵引变电所是沿铁路线设置的，每一个牵引变电所有一定的供电范围。供电距离过长，会使末端电压过低及电能损耗过大；供电距离过短，又使变电所数目太多而不经济。

牵引变电所向接触网供电有两种方式：单边供电和双边供电，接触网供电原理图如图5-1所示。

接触网通常在相邻的两个牵引变电所的中央断开，将两个牵引变电所之间的两个供电臂的接触网分为两个供电分区。每一供电分区的接触网只从一端的牵引变电所获得电流，称为单边供电。

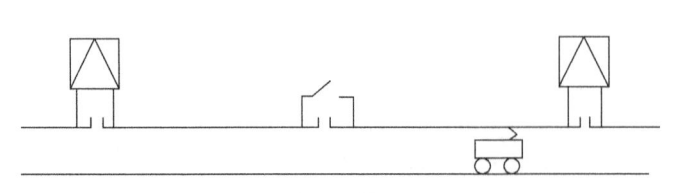

图5-1 接触网供电原理图

如果在两个供电分区末端处

设置开关等设备，可将两个供电分区连通，此处称为分区所。将分区所的开关闭合，则相邻的牵引变电所间的两个接触网供电分区均可同时从两个变电所获得电流，这称为双边供电。

二、架空式接触网

（一）架空式接触网概述

架空式接触网是将接触导线和附属线索架设于车体上方的形式，电力机车通过受电弓从架空接触网取得电流。架空接触网可用于铁路干线、城市轨道交通及工矿电力机车的牵引线路。

1. 架空接触网的供电制式

根据《城市轨道交通直流牵引供电系统》（GB 10411）的规定，我国城市轨道交通的架空接触网有两种制式：直流1500 V和直流750 V。

2. 架空接触网的类型

1）柔性架空接触网

柔性架空接触网由带张力的柔性金属导线组成，在运行过程中，受电弓与接触线保持可靠的弓网压力，并进行取流。柔性架空接触网如图5-2所示。

2）刚性架空接触网

刚性架空接触网也称刚体接触悬挂或刚性悬挂，是相对传统的柔性接触网而言，为了更有效地利用地下隧道的净空而开发的一种全新形式的接触网。刚性架空接触网如图5-3所示。

图5-2 柔性架空接触网

图5-3 刚性架空接触网

（二）柔性接触网

1. 柔性接触网的组成概述

柔性接触网由接触悬挂、支持定位装置、支柱与基础等几部分组成。

1）支柱和基础

支柱与基础用以承受接触悬挂、支持和定位装置的全部负荷，并将接触悬挂固定在规定的位置和高度上。

基础承受支柱所传递的力矩并传给大地的土体，是起支持作用的。对于混凝土支柱一般采用直埋式基础，它的地下部分代替了基础的作用，钢支柱的基础由混凝土浇注预制而成，预留钢支柱安装了地脚螺栓。隧道内的支撑部件由埋入杆件和倒立柱等组成。

2）支持定位装置

支持定位装置是用来支持接触悬挂的设备，它固定在支柱上，对接触线进行水平定位，保证接触悬挂高度并将悬挂的负荷传递给支柱的装置。支持定位装置可分为腕臂形式和软横跨、硬横跨（梁）形式。硬横跨接触悬挂图如图5-4所示。

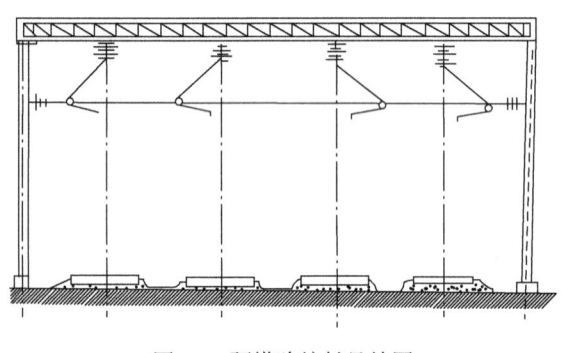

图5-4 硬横跨接触悬挂图

3）接触悬挂的分类及特点

接触悬挂包括接触线、吊弦、承力索、补偿器及连接零件。接触悬挂固定在支持装置上，其作用是将从整流所获得的电能输送给电动车组。电动车组运行时，受电弓顶部的滑板紧贴着接触线摩擦滑行得到电能（简称"取流"）。

接触悬挂根据结构的不同，分为以下三种类型。

（1）简单悬挂。

简单接触悬挂由一根或几根互相平行的直接固定到支持装置上的接触线所组成的悬挂。简单悬挂和弹性简单悬挂如图5-5所示。

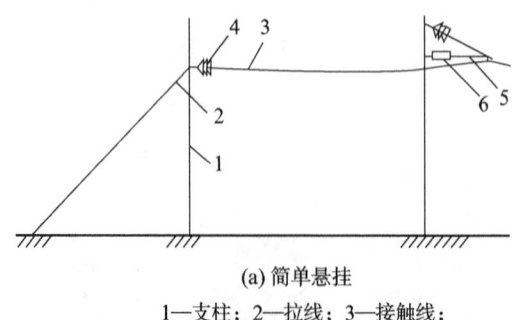

(a) 简单悬挂
1—支柱；2—拉线；3—接触线；
4、6—绝缘子；5—腕臂

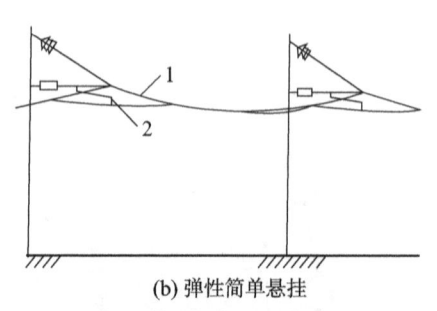

(b) 弹性简单悬挂
1—弹性吊索；2—定位器

图5-5 简单悬挂和弹性简单悬挂

为了改善简单悬挂的弹性不均匀，在悬挂点处加装带弹性的吊索，这种带弹性吊索的简单悬挂称为弹性简单接触悬挂。这种悬挂的优点是在悬挂点处加了一个8～16 m长的弹性吊索，从而改善了悬挂点处的弹性及附近导线的弛度。

（2）链形悬挂

链形悬挂是一种运行性能较好的悬挂形式。它的结构特点是接触线通过吊弦悬挂在承力索上，承力索通过钩头鞍子、承力索座和悬吊滑轮悬挂在支持装置的腕臂上。使接触线在不增加支柱的情况下增加了悬挂点，通过调节吊弦长度使接触线在整个跨距中对轨道面的高度基本保持一致。减小了接触线在跨距中的弛度和硬点，改善了接触线的弹性，增加了接触悬挂的重量；提高了稳定性。可满足高速运行时取流的要求。在地铁和城市轨道交通中，最常见的链形悬挂形式是简单链形悬挂，如图5-6所示。

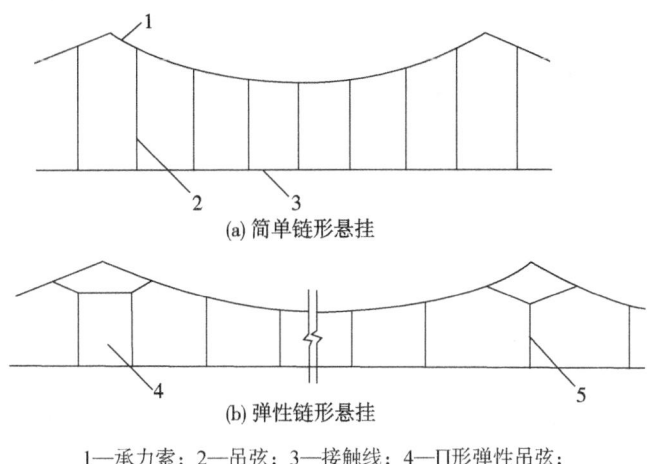

1—承力索；2—吊弦；3—接触线；4—∏形弹性吊弦；
5—Y形弹形吊弦

图5-6　链形悬挂示意图

（3）下锚方式。

接触悬挂的线索在终端支柱上的固定方式称为下锚方式，主要有硬下锚和补偿下锚两种。

承力索和接触线两端无补偿装置，直接通过绝缘子固定在支柱上的下锚，称为硬下锚。全补偿链形悬挂，即承力索和接触线两端下锚处均装设补偿装置，如图5-7所示。

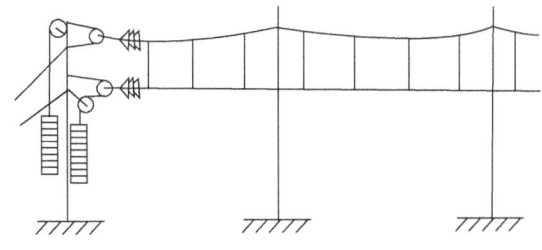

图5-7　全补偿链形悬挂示意图

2. 接触悬挂的线索

地铁接触网是一个电压较低、电流较大的牵引供电系统，接触悬挂要求有较大的载流量。正线通常采用双接触线全补偿简单链形悬挂方式。

1）接触线

接触线是接触网中直接和受电弓滑板摩擦接触取流的部分，电力机车从接触线上取得电能。接触线的材质、工艺及性能对接触网起着重要作用，要求它具有较小的电阻率、较大的导电能力；要有良好的抗磨损性能，具有较长的使用寿命；要有高的机械强度和较强的抗张能力。

接触线制成上部带沟槽的圆柱状，沟槽是为了便于安装紧固接触线的线夹，同时又不影响受电弓取流。接触线底面与受电弓接触的部分呈圆弧状，接触线的截面结构如图5-8所示。接触线的主要材质是金属铜，常见的有纯铜、青铜、银铜合金、锡铜合金、镁铜合金等。

地铁中接触线常采用120 mm²银铜合金电车线（Ris120），银铜合金线具有较好的机械强度和耐磨性。

2）承力索

承力索的作用是通过吊弦将接触线悬挂起来。要求承力索能够承受较大的张力，抗腐蚀能力强，并且在温度变化时弛变化较小。同时，在地铁和城市轨道交通中，承力索往往还是牵引电流的一个重要通道，称为载流承力索。

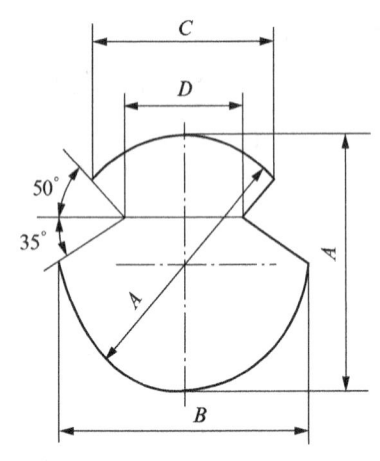

图5-8 接触线的截面结构

3）其他线索

在供电系统中，即使采用了双接触线、双承力索的供电方式，也不能够满足地铁大牵引电流的需要，所以又增加了与接触线、承力索平行架设多根辅助馈线。辅助馈线一般采用150 mm²硬铜绞线（TJ—150），根据需要设置多根（3～4根）。

3. 定位器

定位装置是接触网结构中的主要组成部分，它是在定位点处实现接触线相对于线路中心进行横向定位的装置。在直线区段，相对于线路中心把接触线拉成"之"字形状，称为之字值；在曲线区段，相对于受电弓中心轨迹则固定成切线或割线，称为拉出值。

定位装置由定位管、定位器、定位线夹及连接零件组成。根据支柱所在位置不同及受力情况，定位装置采用不同形式，一般有正定位装置、反定位装置、软定位装置、双定位装置等。

1）定位方式

正定位用于将接触线拉向线路的支柱侧，在直线区段或大曲线半径区段，采用正定位方式。该定位装置由直管定位器和定位管组成。定位器的一端利用定位线夹固定接触线；另一端通过定位环与定位管活动衔接，定位管又通过定位环固定在绝缘腕臂上。定位方式如图5-9所示。

反定位一般用于小曲线半径区段的曲线内侧支柱或直线区段"之"字方向与支柱位置相反的地方。定位器附挂在较长的定位管上，如图5-9（b）所示。

软定位方式只能承受拉力，而不能承受压力，因而只用于小曲线半径的区段，在曲线力抵消反方向的风力之后，拉力需保持一定值时方能使用这种方式，如图5-9（c）所示。

双定位装置是用在锚段关节的转换支柱、中心支柱及站场线岔处的定位，这些地方均有两组悬挂在同一支柱处，分别固定在所要求的位置上，并且两线要求保持一定的距离，

项目五　接触网

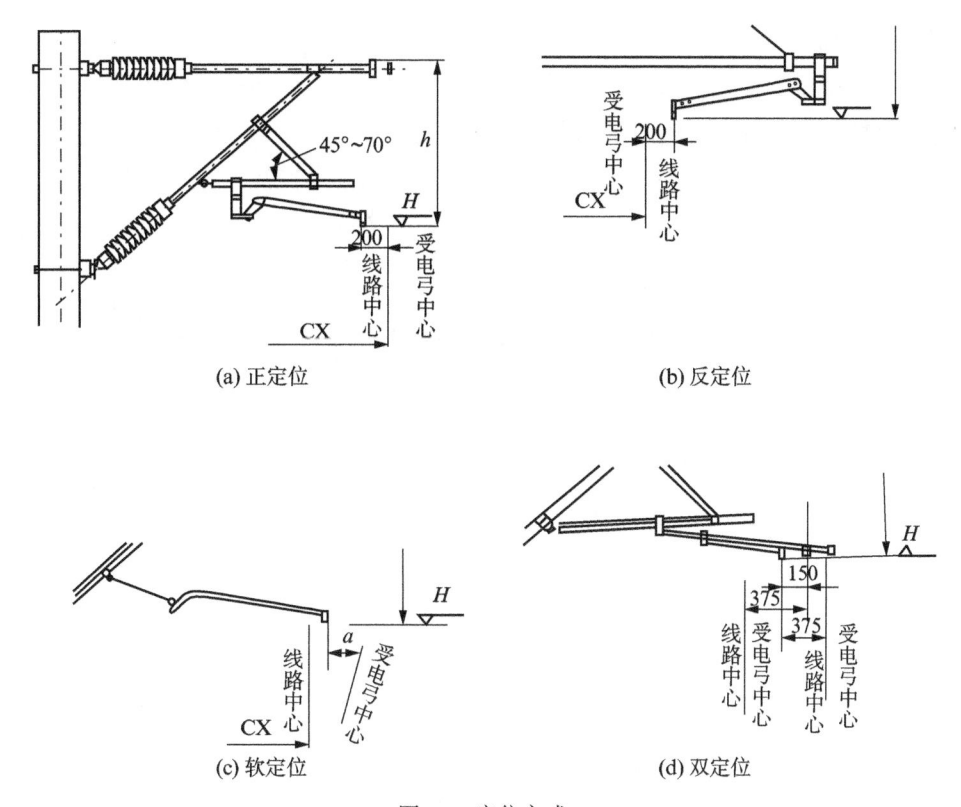

(a) 正定位　　　　　(b) 反定位

(c) 软定位　　　　　(d) 双定位

图5-9　定位方式

如图5-9（d）所示。

2）定位坡度

在机车运行过程中，受电弓始终给接触线施加以抬高力，以保证接触线与受电弓之间的可靠接触，使机车能够良好地取流，但受电弓的抬高力对接触悬挂产生的机械作用，不仅使接触线抬高，而且通过定位点时，定位器一端也随之被抬高。为了避免定位器撞弓，一般要求定位器的安装要有一定的倾斜度，我国规定为1∶10～1∶5之间，定位器向上抬升应该不小于150 mm。

3）拉出值

接触线直接与电力机车受电弓接触且发生摩擦，为了保证受电弓和接触线可靠接触、不脱线和受电弓磨损均匀，要求接触线在线路上按技术要求固定位置，即在定位点处保证接触线与电力机车受电弓滑板中心有一定距离，这个距离在直线区段称为接触线的之字值，在曲线区段称拉出值，一般用符号"a"表示。

4. 锚段与锚段关节

1）锚段

为满足供电、接触网机械技术参数和机械受力方面的需要，将接触网分成若干一定长度且相互独立的分段，这种独立的分段称为锚段。

2）锚段关节

两个相邻锚段的衔接区段（重叠部分）称为锚段关节。锚段关节结构复杂，其工作状态的好坏直接影响接触网供电质量和电力机车取流。

锚段关节按用途可分为非绝缘锚段关节和绝缘锚段关节两种。按锚段关节的含跨距数来确定是多少跨式锚段关节，地铁中常见三跨式锚段关节，如图5-10所示。

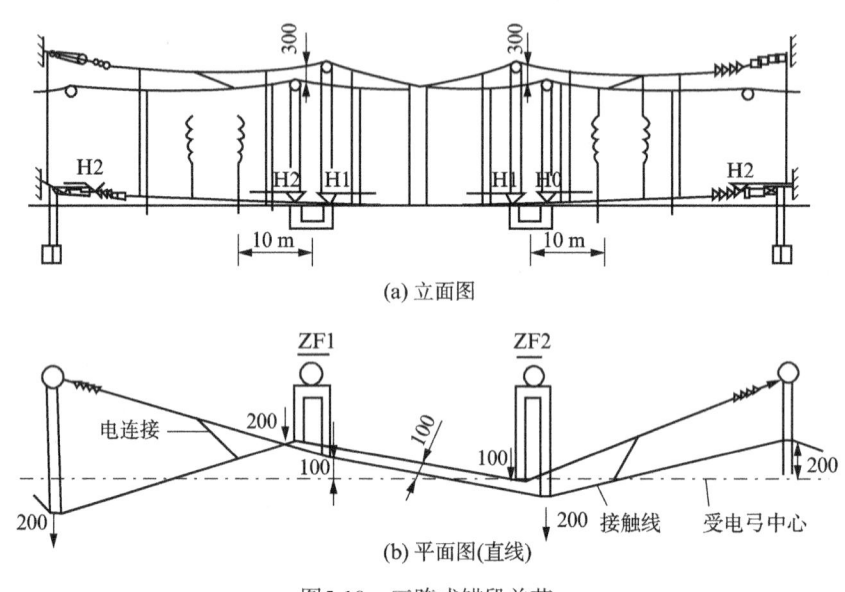

图5-10 三跨式锚段关节

5. 接触网补偿装置

接触网补偿装置又称张力自动补偿器，它安装在锚段的两端，并且串接在接触线、承力索上，它的作用是补偿线索内的张力变化，使张力保持恒定。

接触网补偿装置有许多种类，有滑轮式、棘轮式、鼓轮式、液压式及弹簧式等。常用的是带断线制动功能的棘轮补偿下锚装置。

6. 中心锚结

在接触网悬挂的中部，将接触线和承力索在支柱上进行可靠固定，称为中心锚结。在两端装设补偿器的接触网锚段中，必须加设中心锚结。每个锚段的中心锚结安装位置应根据线路情况和线索的张力增量计算确定。一般布置在靠近锚段的中部。

链形悬挂的两跨式中心锚结结构如图5-11所示。承力索中心锚结由两个跨距组成，接触线中心锚结绳分别在两个跨距中，呈"人"字形布置。在采用弹性链形

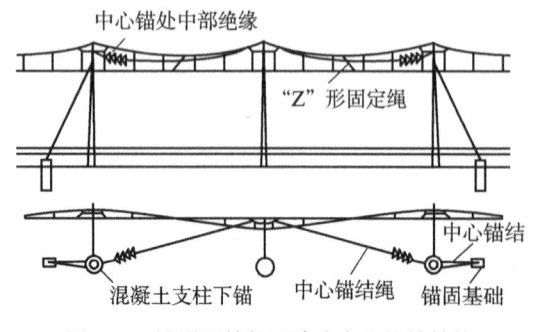

图5-11 链形悬挂的两跨式中心锚结结构

悬挂时，接触线中心锚结绳在跨中布置，称为"Z"形固定绳（简称"Z"索）。

7. 线岔

在站场上，站线、侧线、渡线、到发线最终必须并入正线。如果线路设一个道岔，接触网就必须设一个线岔（也称架空转辙器）。线岔的作用是保证电力机车受电弓安全平滑地由一条接触线过渡至另一条接触线，达到转换线路的目的线岔如图5-12所示。

8. 电连接线

电连接的作用是将接触悬挂各分段供电间的电路连接起来，保证

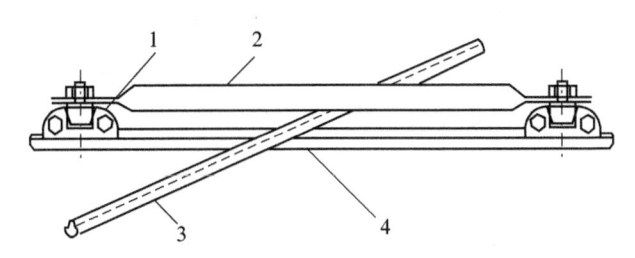

1—定位线夹；2—限制管；3—侧线接触线；4—正线接触线

图5-12 线岔

电路的畅通，通过电连接可实现并联供电，减少电能损耗，提高供电质量。在电气设备与接触网之间，用电连接线进行可靠的连接，使设备充分发挥作用，避免出现烧损故障，完成各种供电方式的需要。电连接线用导电性能好的材料制成，在铜接触线区段采用铜绞线TJ-95。

9. 分段绝缘器

分段绝缘器又称分区绝缘器，是接触网电气分段的常用设备。它安装在各车站装卸线、机车整备线、电力机车库线、专用线等处。在正常情况下，机车受电弓带电滑行通过。当某一侧接触网发生故障或因检修需要停电时，可打开分段绝缘器处的联络隔离开关，将该部分接触网断电，而其他部分接触网仍能正常供电，从而提高了接触网运行的可靠性和灵活性。

10. 避雷器

在地铁架空接触网上，一般采用额定电压为1500 V的直流金属氧化锌避雷器。其作用是避免雷击和操作过电压。避雷器一般设置在牵引变压所馈线上网处、隧道入口和车站端头。

接触网支柱上的架空地线一般每隔500 m通过一个火花间隙接地来实现对架空地线的防雷保护。避雷器和火花间隙如图5-13所示。

（三）刚性接触网

刚性悬挂是和弹性悬挂相对应的一种接触悬挂方式，所谓刚性悬挂就是整个悬挂导体应符合一定标准的刚度。架空刚性悬挂是刚性悬挂的一种，一般采用具有相应刚度的导电轨或具有相应刚度的汇流排与接触线组成。

架空刚性接触网有两种典型代表（以汇流排

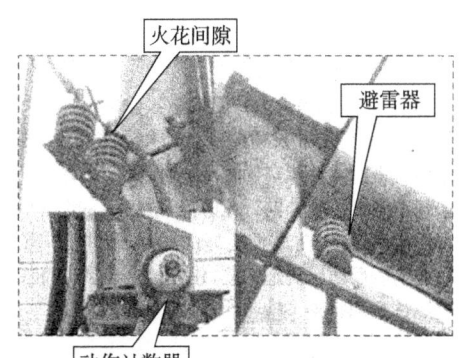

图5-13 避雷器和火花间隙

的形状分），即以日本为代表的"T"形结构和以法国、瑞士等国为代表的"Π"形结构。

1. 刚性接触网组成

1）接触悬挂

架空刚性悬挂的"Π"形结构和"T"形结构，均可分为单接触线式和双接触线式，本书以单接触线式"Π"形结构为主要对象进行简要描述。

架空刚性悬挂主要由汇流排、接触导线、伸缩部件、中心锚结等组成。接触悬挂通过支持与定位装置安装于隧道顶部或隧道壁上。

2）支持和定位装置

架空刚性接触网的支持和定位装置主要有以下两种结构。

（1）腕臂结构。

刚性悬挂腕臂式结构如图5-14所示，主要由可调节式绝缘腕臂、汇流排线夹、腕臂底座、倒立柱或支柱等组成。

（2）门形结构。

刚性悬挂门形架式结构如图5-15所示，由悬吊螺栓、横担槽钢、绝缘子及汇流排线夹等组成。

图5-14 刚性悬挂腕臂式结构 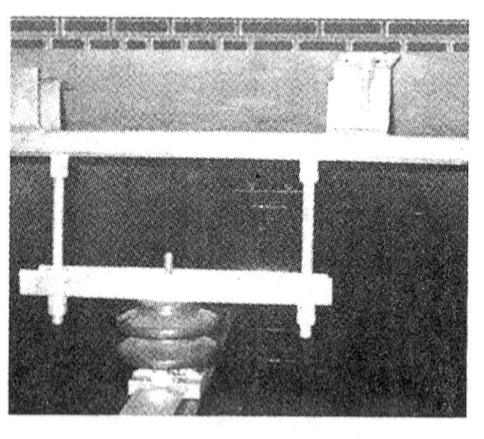　　　　图5-15 刚性悬挂门形架式结构

3）锚段关节

刚性接触网中锚段和锚段关节与柔性接触网中锚段和锚段关节的功能类似，作为锚段关节也一样需要实现锚段间的平稳过渡，从功能上也同样可以分为非绝缘锚段关节和绝缘锚段关节两种。

4）线岔

刚性接触网中线岔与柔性接触网中线岔的功能类似。线岔结构如图5-16所示。

图5-16 线岔结构

5）电连接

在刚性接触网中，把接触网不同的带电区段之间相互连通的提供电流通路的设备称为电连接。电连接按安装位置的不同分为锚段关节、线岔电连接等。电连接结构如图5-17所示。

6）分段绝缘器

刚性接触网中分段绝缘器的功能与柔性接触网的分段绝缘器相同，主要用于将相邻的接触网供电分区分开，以实现电分段，一般设置在渡线处。分段绝缘器如图5-18所示。

分段绝缘器上两极靴之间的距离应为100 mm，允许误差为+5 mm；分段绝缘器中点偏离线路中心线不应大于50 mm。分段绝缘器导流板与接触线连接处应平滑，与受电弓接触部分应与轨面线平行，车辆双向行驶均不应打弓。

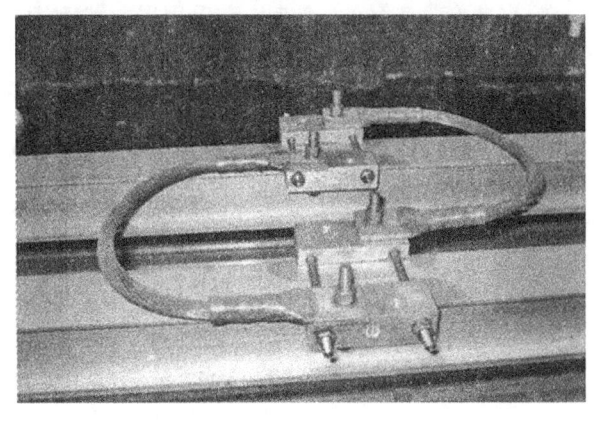

图5-17 电连接结构

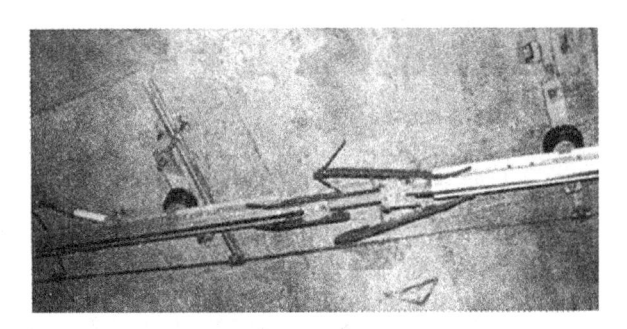

图5-18 分段绝缘器

7）刚柔过渡

刚性架空接触网适用于地下隧道，柔性悬挂适用于地面及高架。当刚性悬挂出隧道时，要与隧道外的柔性悬挂进行刚柔过渡衔接。刚柔过渡的方式主要有以下两种。

（1）关节式刚柔过渡。

这种刚柔过渡措施适用于速度（80 km/h）较低的轨道交通系统中，锚段关节采用刚性悬挂。关节式刚柔过渡示意图如图5-19所示。

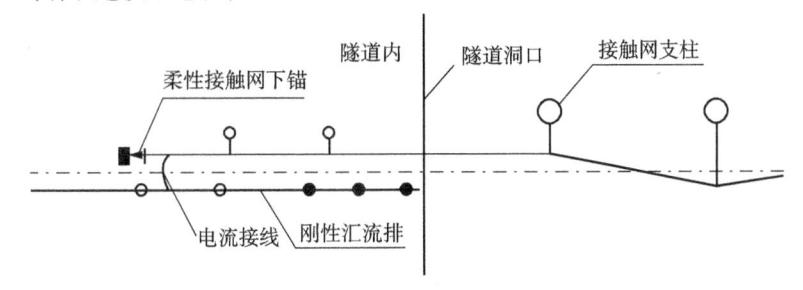

图5-19 关节式刚柔过渡示意图

（2）贯通式刚柔过渡

贯通式刚柔过渡，柔性架空接触网的承力索在隧道洞门拱圈上下锚，接触线嵌入12 m

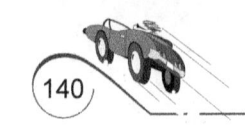

切槽式刚性渐变汇流排和12 m加强夹紧力汇流排，在加强夹紧力汇流排上安装了下锚装置，使刚性架空接触网不受接触线张力的影响。

当速度高于100 km/h时，宜采用贯通式刚柔过渡措施，如图5-20所示。

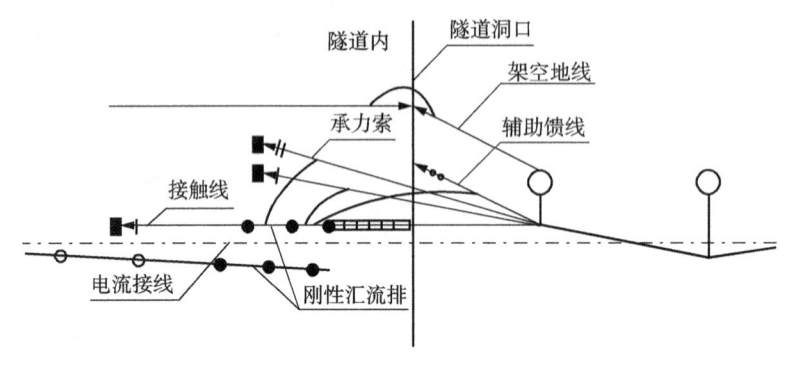

图5-20　贯通式刚柔过渡示意图

8）刚性接触网技术参数要求

刚性接触网的技术参数主要包括接触线高度、跨距长度、锚段长度、接触导线坡度、拉出值、锚段关节、绝缘距离等。

2. 刚性接触网的特点

刚性接触网与柔性接触网是相对应的一种接触网形式，与柔性接触网有明显的差别。

1）架空刚性接触网与柔性接触网的比较

（1）刚性悬挂、柔性悬挂都能满足最大离线时间、传输功率、电压电流、受电弓单弓受流电流及最大行车速度的要求。

（2）在受电弓运行的安全性及对弓网故障的适应性方面，刚性悬挂受电弓的安全性和适应性要明显好于柔性悬挂受电弓。

2）弓网摩擦副的更换周期

弓网摩擦副的更换周期根据受电弓的运营里程来确定，对接触网则根据运营弓架次总量或运营年限来确定。正常的更换周期主要取决于摩擦副的磨耗量。磨耗量由机械磨耗量和电气磨耗量两部分组成。机械磨耗量的大小主要取决于摩擦副材质和平均接触力。电气磨耗量的大小取决于离线率和受流电流。更换周期还取决于受电弓滑板和接触线允许磨耗量的大小。

三、接触轨式接触网

第三轨式接触网是沿线路敷设的与轨道平行的附加接触轨，简称第三轨，其功用与架空接触网相同，通过它将电能输送给电动车组。不同点在于，接触轨是敷设在铁路旁的钢轨。电动车组由伸出的取流靴与之接触而接受电能。

(一)接触轨的组成

在接触轨系统零部件中,除作为导电轨的接触轨以外,还包括绝缘支架(或绝缘子)、防护罩、隔离开关、电缆等。接触轨、绝缘支架(或绝缘子)、防护罩是接触轨系统中送电、支撑、防护的三大部件。

(二)接触轨的分类

接触轨按与受流靴的摩擦方式可分为上接触式、下接触式及侧接触式三种。

1. 上接触式

上接触式是接触轨面朝上固定安装在专用绝缘子上,并且由固定在枕木上的弓形肩架予以支持,如图5-21(a)所示。

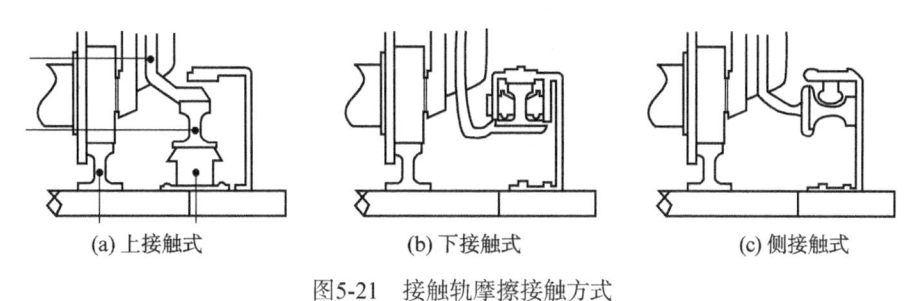

(a)上接触式　　(b)下接触式　　(c)侧接触式

图5-21　接触轨摩擦接触方式

2. 下接触式

下接触式是接触轨面朝下安装,如图5-21(b)所示。下接触式轨头接触面朝下,通过绝缘肩架、橡胶垫、扣板、收紧螺栓、支架等安装在底座上。

3. 侧接触式

侧接触式是近年来新开发的一种接触轨悬挂方式。侧接触式就是接触轨轨头接触面朝向走行轨,集电靴从侧面受流,如图5-21(c)所示。

(三)接触轨的材质

接触轨按照轨道材质可分为高电导率低碳钢导电轨和钢铝复合轨。

低碳钢导电轨主要的特点是磨耗小,制作工艺成熟,价格较低,主要规格有DU48和DU52型,如在北京城市轨道交通系统使用。

钢铝复合轨由钢和铝组合而成,其工作面是钢,而其他部分是铝。它的主要特点是电导率高,重量轻,磨耗小,电能损耗低,但制造工艺较复杂。

(四)接触轨式接触网的主要结构

接触轨式接触网主要由接触轨、端部弯头、接触轨接头、防爬器和安装底座等构成。

1. 接触轨

在我国城市轨道第三轨供电中,接触轨多采用50 kg/m(或60 kg/m)高电导率低碳钢轨,轨头宽度为90 mm。复合导电轨是钢导电轨升级换代的产品,具有广泛的应用前景。主要特点如下:

接触轨单位制造长度一般为15 m。当线路的曲线半径大于190 m时，钢铝复合轨可以在施工现场直接打弯；当线路的曲线半径小于或等于190 m时，钢铝复合轨则要在工厂加工预弯。

2. 端部弯头

接触轨端部弯头主要是为了保证集电靴顺利平滑通过接触轨断轨处而设置的。在行车速度较高区段，端部弯头一般采用长约5.2 m，坡度1∶50的标准。接触轨端部弯头如图5-22所示。

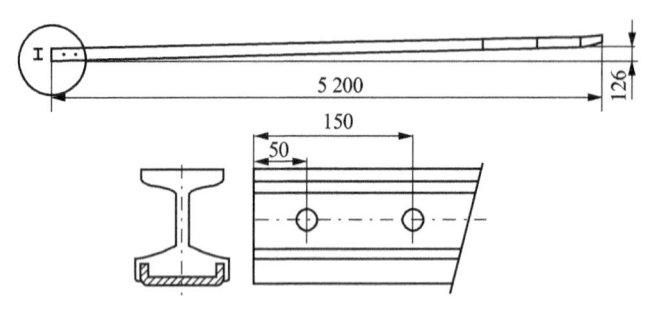

图5-22　接触轨端部弯头

3. 接触轨接头

接触轨接头一般分为正常接头和温度伸缩接头两种，如图5-23所示。

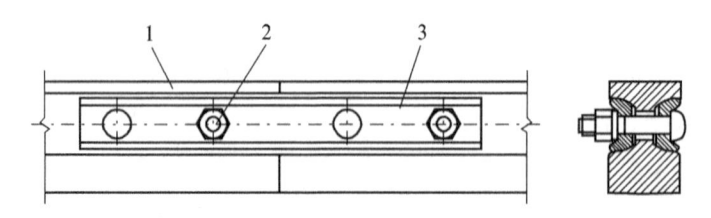

1—接触轨；2—连接螺栓；3—钢轨接头夹板（鱼尾板）

图5-23　接触轨接头

温度伸缩接头主要是为了克服接触轨随环境温度变化而引起的长度伸缩，在隧道内，接触轨自由伸缩段长度按100 m设计；地面及高架桥上接触轨自由伸缩段长度按80 m设计。接触轨温度补偿接头如图5-24所示。

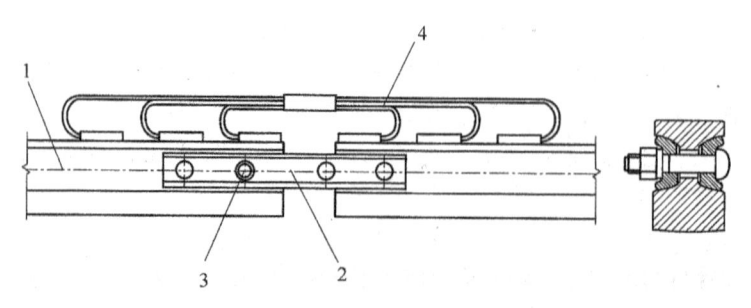

1—接触轨；2—钢轨接头夹板（鱼尾板）；3—连接螺栓；4—电连接

图5-24　接触轨温度补偿接头

4. 防爬器

防爬器即中心锚结。设置防爬器主要是为了限制接触轨自由伸缩段的膨胀伸缩量。在一般区段，在两膨胀接头的中部设置一处防爬器，并在整体绝缘支架两侧安装；在高架桥的上坡起始端、坡顶、下坡终端等处安装防爬器。

5. 安装底座

下磨式接触轨一般采用绝缘式整体安装底座，且一般安装在轨道整体道床或者轨枕上。

6. 防护罩

防护罩用来使带电体与外界隔离，主要作用是避免人员无意中触碰到带电的设备，一般采用玻璃纤维增强树脂（GRP）材质的防护罩，在使用中可承受100 kg垂直荷载，并应在高温下具有自熄、无毒、无烟和耐火的性能。

四、站场线路接触网

站场接触网主要有软横跨（或硬横跨）、横向承力索（硬横梁）、上（下）部固定绳、接触悬挂、定位装置、中心锚结、锚段关节、线岔及定位柱、分段绝缘器、电连接、隔离开关、供电线及回流线、支柱、绝缘子、避雷器等组成。站场接触网平面布置的主要依据是站场平面图，此外还应包括站场范围内的桥梁、涵洞和隧道等图表，这些资料可向线路设计和工务部门索取。

（一）放图工作

首先将车站的有关部分描绘制图，包括站场内全部电化股道（近、远期电化股道）；与架设接触网有关的非电化股道；股道编号及线间距；道岔编号、型号及站内最外方道岔中心里程；曲线起讫点、半径、缓和曲线长度及总长等技术资料。

（二）站内支柱布置

根据平面图资料，首先进行站内支柱布置。应先从站场两端道岔集中的地段开始，向车站中心布置，最后完成两端咽喉道岔外侧的支柱布置。其设计原则及注意事项如下：

（1）道岔处支柱布置时，对于正线上的道岔均应设计标准定位柱，其余道岔应尽量满足标准定位。

（2）尽量采用已确定的设计允许最大跨距值，以减少支柱数量。除特殊情况外，相邻跨距之比不应大于1.5∶1，桥梁、隧道口、站场咽喉等困难地段，不宜大于2.0∶1。

（3）跨距一部分在缓和曲线而另一部分在直线时，选择跨距应校验接触线的水平偏移值。跨距一半在缓和曲线而另一半在曲线时，按曲线选用或取稍大值。

（4）单线电气化区段，宜在车站的一端（以电源侧为好）设绝缘锚段关节，并装设隔离开关。

（5）在支柱布置时，应尽量避开风雨棚、站房、仓库、跨线桥、涵洞、信号机等建筑物。

（6）基本站台或中间站台上的支柱，其线路侧内缘至站台边不得小于1500 mm，基本站台上的软横跨柱限界为5 m，路肩上的支柱限界为3 m，牵出线上的支柱限界为3.1 m。

（三）划分锚段

（1）接触网锚段长度应根据中心锚结与补偿器处线索的张力差、补偿器形式及补偿导线的高度等综合因素来确定，接触线、承力索的张力差均不得大于其额定张力的±10%。

（2）站内锚段的划分一般为一股道一个锚段，对于大站，若正线较长需设两个锚段时，则两锚段在站内衔接处设三跨非绝缘锚段关节。

（3）在确定锚段经路及下锚位置时，应尽量避免在线岔处出现二次交叉，最好采用一次交叉的方式。锚段走向示意图如图5-25所示。

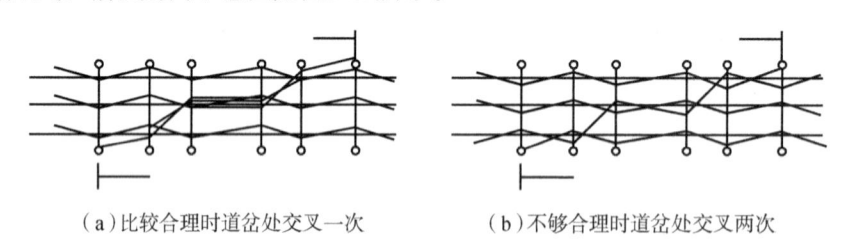

（a）比较合理时道岔处交叉一次　　　（b）不够合理时道岔处交叉两次

图5-25　锚段走向示意图

（4）接触线工作部分改变方向时，该线与原方向的水平夹角正线不宜大于6°，站线及接触线在非工作部分改变方向时，夹角不宜大于10°。

（四）确定拉出值

确定接触线的拉出值（或"之"字值）。接触线拉出值确定与支柱布置的方法相同，也从道岔集中区段开始，对于大站应在咽喉道岔处画出局部的接触网经路放大图，以明确相邻道岔接触线拉出值和线岔的分布情况。

（五）确定支柱侧面限界

根据技术标准确定支柱侧面限界。直线区段，通过超限货物列车的正线或站线必须大于2440 mm；不通行超限货物列车的站线必须大于2150 mm。

曲线区段，上述距离按现行国家标准《标准轨距铁路建筑限界》的规定加宽。

（六）确定支柱类型

（1）设计规范规定：软横跨跨越股道数不宜超过8股，在支柱容量允许时宜优先选用钢筋混凝土支柱。

（2）在装卸圆木、矿石等作业繁忙容易发生碰毁支柱的场所，采用钢柱，并应对支柱采取必要的防护措施。

（七）选择支持装置

选择支持装置、安装图号及软横跨节点，要根据支柱所在的位置、侧面限界及用途来确定。

（八）设备安装

设备安装，即确定站内各种电气设备的安装位置，如根据供电分段的要求，确定分段、分相绝缘器、隔离开关、绝缘锚段关节、股道电连接、线岔、避雷器、接地线、限界门的安设位置。

（九）编写支柱号码

编排支柱号码，一般是顺着公里标方向，从上行到下行先左侧后右侧的顺序编排。对复线区段一般下行线侧采用单数，上行线侧采用双数。

任务二　城市轨道交通接触网的施工

学习目标

（1）了解施工准备的基本内容。
（2）掌握施工测量与定位的基本方法。
（3）掌握基坑开挖的质量要求和方法。
（4）掌握混凝土的基本知识。
（5）了解隧道混凝土的工程要求。
（6）掌握放线、紧线和终锚的过程。
（7）掌握承力索弛测量及计算方法。
（8）掌握接触网作业车的作用。
（9）了解接触网施工放线车的功能和注意事项。
（10）了解接触网动态检测车的检测原理。
（11）掌握接触悬挂的调整内容。
（12）掌握中心锚结的安装方法。
（13）掌握冷滑和热滑试验的基本概念。
（14）掌握竣工文件的交接内容。
（15）掌握交接验收过程。
（16）掌握电气化铁道的送电开通过程。
（17）掌握接触网送电开通的安全措施。

学习任务

学习和理解城市轨道交通接触网施工的基坑开挖工程、混凝土工程、接触网架设、接触网施工作业车辆、接触网的调试与验收的基本知识。

工具设备

城市轨道交通接触网设备仿真模型和接触网零部件实物、接触网作业车、接触网恒张

力放线车、接触网动态监测车实物模型、接触网施工及检测图片、多媒体设备等。

教学环境

理实一体化教室或轨道交通电气化综合实验室。

基础知识

城市轨道交通接触网施工涉及的知识面比较广泛，既涉及基础土建知识，又涉及接触网架设的基本知识、接触网施工作业车辆的基本知识和接触网的调试与验收的基本知识。它是运行检修人员正常工作的重要组成部分。

一、接触网基础工程

（一）施工准备

在接触网施工之前，必须进行充分的准备工作，施工准备需要进行技术准备、物资准备和施工组织设计的编制等几项主要工作。

1. 技术准备

技术准备工作包括：熟悉、审查设计文件，进行施工调查。施工调查应在熟悉设计文件的基础上进行，通过现场调查，及时发现施工现场存在的影响施工障碍物，如跨越铁路的电力线、通信线及其他跨越铁路的建筑物。对已有拆迁协议的线路，及时了解拆迁工程的进展情况，注意搜集本区段全年列车运行时刻表及封闭点时刻表。了解各工务段、车间管辖范围内线路的起拨道、近期改线、换轨等情况，对重点工程还应做专门的调查。

2. 物资准备

物资准备工作需要施工单位的技术和材料部门互相配合，根据施工图纸和施工进度安排，向上一级单位提出物资申请计划、施工材料计划、低值工器具购置等计划。

3. 施工组织设计

施工组织设计是施工单位为按期完成施工任务而制订的一项具体施工方案，编制计划时一定要结合施工队伍的现状，根据批准的施工设计文件、工程承发包合同、有关的规范及规程。

4. 工程概算的费用

工程概算的费用由以下几部分组成。

（1）建筑工程安装费。

（2）设备工器具购置费。

（3）间接费及其他费。

（4）预备费。

（5）工程造价增涨预留费等。

（二）基坑开挖工程

1. 接触网施工测量与定位

接触网施工测量与定位的主要任务是把施工图纸上的内容和线路的具体情况结合起来，将施工图纸上的支柱、基础等接触网建筑物的位置落实到施工地点。为挖坑作业、隧道打孔作业等提供依据，并校对接触网设计平面图与现场实际情况是否相符，初步检验设计是否合理，有无遗漏、缺陷和错误等。接触网施工测量主要是指线路的纵向测量和横向测量。

1）纵向测量

纵向测量的主要任务是将接触网平面图中的有关支柱跨距和侧面限界的设计尺寸通过测量确定到线路上去，它决定着各个支柱之间的相互位置。

区间和站场的纵向测量均从接触网平面图中标注的测量起点出发，直线区段沿靠近支柱侧的钢轨测量。曲线区段无论支柱在哪一侧，都应用丁字尺将测量尺过渡到曲线外轨的外侧进行测量，测量的转换点宜选择在直缓点（ZH）附近。

2）横向测量

当支柱或基础纵向测量定位后，还必须进行横向定位测量。横向测量的主要目的是依据纵向测量的中心线的标记来确定支柱或基础的基坑位置。根据支柱外形尺寸，并结合基坑开挖经验确定开挖尺寸。

站内横向测量的主要工作，是将正线上的纵向测量点过渡到站场两侧靠近软横跨柱的钢轨上，要求两侧软横跨柱中心线的连线，在直线区段垂直于正线，曲线区段垂直于纵向测量点的切线，偏离不应超过3°。

2. 基坑开挖

支柱位置确定后，可以开展基坑开挖工作。接触网基坑分为钢筋混凝土支柱坑、钢柱基础坑、铁塔基础坑和拉线坑。由于我国电气化铁路的施工大部分是在运输繁忙的营运线路上，挖坑作业又具有点多、量少、分散的特点，因此接触网基坑作业仍将以人工开挖为主。

（三）混凝土工程

1. 混凝土的基本知识

混凝土一般由水泥作为胶结材料，按一定配合比掺入砂、石子和水，搅拌均匀后经过硬化而形成的材料，又称人造石材。混凝土除上述四种原料外，有时还需要使用添加剂。

1）混凝土的组成

（1）水泥：水泥的种类很多，但在接触网工程的施工中，主要使用普通硅酸盐水泥（简称普通水泥）、矿渣硅酸盐水泥（矿渣水泥）、火山灰硅酸盐水泥（火山灰水泥）。

（2）骨料：砂子和石子在混凝土中起着骨料的作用。

细骨料：85%以上的骨料能通过5 mm筛子的为细骨料。

粗骨料：过筛时5 mm筛子上存留重量在85%以上时称为粗骨料，在浇制基础上选用的粗骨料有碎石的片、石两种。

（3）水：水中不得含有影响水泥正常凝结硬化的有害杂质，如酸类、油脂等。一般能饮用的自来水和洁净的天然水都可使用。对有怀疑的水应进行水质化验，确认无有害杂质方可使用。

（4）外加剂：混凝土的外加剂是指混凝土的四种主要材料之外的附加原料。

2）水灰比

水灰比就是混凝土中水和水泥的重量比。水泥在混凝土中骨料之间起着润滑作用。水灰比决定着水泥浆的稀稠及胶结骨料的质量，对混凝土的施工操作和混凝土的强度及耐久性有极大影响。

3）配合比

配合比是指混凝土各组成材料之间用量的比例。

一般以水:水泥:砂:石表示，而以水泥为基数1。

选择配合比应满足混凝土工程的四项基本要求：强度；耐久性；混凝土的工作性能；造价低。

确定配合比是一件比较复杂的工作，一般应以试验结果作为施工依据。

混凝土的主要性质包括：工作性、强度和耐久性。强度和耐久性是指混凝土在硬化后，能安全地承受设计载荷并在它所处的自然环境中经久耐用。

2. 基础类型

按基础外形分类，分为工字形基础（J形基础通常采用此种外形）、锥形基础（AK形基础采用此种外形）、单阶梯形（K形基础及R形基础采用此种外形）、多阶梯形基础（Ⅱ型基础及AⅡ形基础采用此种外形）四大类。

1）基础混凝土浇注

钢柱基础混凝土的浇注，目前均采用挖大坑模型板和挖小坑就地浇注两种方法，但无论哪种方法，都要保证整个基础的结构尺寸和方向满足设计要求。因此在浇注混凝土前，应按技术标准安装模型板，并应掌握如下几项技术要求。

（1）基础模型板应按设计的基础外形尺寸制作。模板厚度应根据受力的不同来确定，一般木模板为25～50 mm、钢模板为2～3 mm。

模板不应有损坏、开裂，表面不应有泥污和干固的水泥浆。灌注混凝土前，木模板应充分湿润，模板接触面应涂抹隔离剂，要保证整个基础的结构尺寸和方向满足设计要求。因此在浇注混凝土前，应按技术标准安装模型板。

（2）浇注混凝土前应首先在基础坑底铺100 mm厚的石砟或75号混凝土作为垫层，然后将搅拌好的混凝土分层灌注，其自由下落高度超过3 m时，应用串筒或溜槽。灌注混凝土应连续进行不得间歇。应随灌随捣"快插慢拔"，捣固密实。

2）杯形基础

杯形基础用于固定硬横跨圆形支柱，其结构形式如图5-26所示。

安装用钢筋焊成的底盘,底盘主要用于固定内模,将底盘3个支腿打入坑底约150 mm,其中心孔应位于基础中心铅垂线上,且高出坑底300～350 mm。键中心定位钎通过孔中心打入坑底150～200 mm。

3)隧道内接触网混凝土工程

隧道内接触网混凝土工程是根据设计要求,在隧道悬挂点处打眼灌注混凝土,分人工打眼和机械打眼两种方法。目前除增补和维修等少量工作采用人工打眼外,一般都采用机械打眼。

由1台轨道车牵引打眼灌注作业车,同时完成打眼和灌注作业。作业车上安装有固定作业台架,设置空气压缩机1台,作业台架上安装有可以自由定位的风钻3台,其中1台用于定位埋入件钻孔,两台用于悬挂埋入件钻孔。操作人员在轨道车上密封的操作室内利用风动或电动装置进行控制。

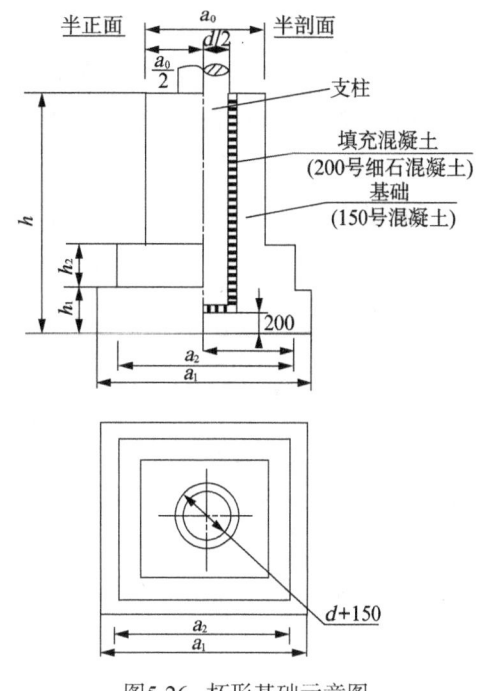

图5-26 杯形基础示意图

4)基础质量要求

(1)基础顶面标高应符合:田野侧基础高于地面100～200 mm,一般应低于轨面200～500 mm。站台上的基础高出站台面100～200 mm。

(2)每灌注50 mm³混凝土(或每个小站)应做1组试块(每组3块);同批试块极限强度的平均值不得低于设计标号。

(3)基础的抗压极限强度,应以标准条件下养护28天的试块做抗压试验,其试验结果作为评定基础是否能达到设计标号的依据。

(4)基础外表不应有露筋和有较多的蜂窝、麻面、龟裂等。

(5)每组软横跨基础中心连线应垂直于车站正线,偏差不应超过3°。

二、接触网架设

(一)承力索架设

采用链形悬挂的接触网,其放线程序是先架设承力索,再架设接触线。承力索架设可分为区间承力索的架设和站场承力索的架设。下面介绍区间承力索的架设过程。

1.起锚

起锚人员应提前到达工作地点,做好下列准备工作。

(1)拆除补偿装置的临时绑扎物,使补偿装置适合放线要求。

（2）先用铁线将坠砣杆临时吊起，然后装好坠砣。
（3）检查并调整拉线，使锚柱符合倾斜标准。
（4）安装杵环杆和悬式绝缘子串。

2. 放线

起锚之后，架线车以5 km/h的速度均匀地向前行进，启动、停车要平稳，加速要缓慢，不得急停、急开。线盘架前不得站人，以防意外伤人。每到承力索悬挂点时，架线车停车，车上作业人员先将腕臂摆正，把准备好的开口滑轮挂在钩头鞍子吊线孔中或相应的零件上，两人将承力索抬起，置放于开口滑轮中。

在放线过程中，线盘制动人员与作业台上人员共同检查线索外表质量，如发现有损伤、断股、散股、腐蚀等现象，应按有关规定进行处理。应使线盘转速与车速相适应，以保持适当的放线张力，一般为2000～4000 kN。在线盘轴上随时加润滑油，以保证线盘转动灵活。当线放到最后几圈时，为防止线头弹出伤人，应及时停车，立即做好回头，与另一盘事先做好回头的承力索连接。

3. 紧线和终锚

在架线车到达下锚支柱前，下锚紧线人员应在下锚支柱上挂好滑轮及绳索，固定好手扳葫芦；在坠砣杆装上全部坠砣数量的3/4，安装好杵环杆及下锚绝缘子串。

用架线车先将松弛的承力索拉紧，然后由终端下锚人员利用紧线器具紧线，并随时与弛测量和巡线防护人员联系，直到达到弛要求为止。

从技术角度考虑，当承力索无补偿下锚时，应预先准备好承力索无载弛、温度安装曲线。有补偿下锚时，应准备好承力索补偿坠砣安装曲线，由1人负责测量。

承力索补偿下锚时，坠砣高度在符合补偿坠砣安装曲线要求并加上初伸长后（即$b=bx+QL$），再停止紧线。紧线时应先将起锚坠砣拉到规定高度，再调整下锚坠砣高度。

承力索架设应由专人统一指挥。采用新型架线车作业时，一般有4人在架线台上，其中1人利用架线引导装置控制承力索走向，2人负责调整和摆正腕臂，并同时将承力索挂在腕臂端部的开口滑轮中（开口滑轮可事先挂好），最后由1人在台架控制器旁负责控制作业台架的升、降与旋转。线盘上有2人负责放线和制动线盘，其余每隔几个支柱设防护员1人，禁止无关人员在承力索下方行走，并观察承力索是否从滑轮中脱落。

紧线完毕并做好下锚端线索的连接后即终锚结束，最后通知起锚、巡线防护及其他放线有关人员，转入下一步工作。

4. 倒鞍子

承力索终锚后，应及时将其从放线开口滑轮中倒入腕臂端部（软横跨为上部固定索）的钩头鞍子、杵座鞍子或悬吊滑轮中，此项作业目前一般利用接触网作业车由2人进行。作业时，作业车上人员首先卸掉鞍子钩钉，然后将承力索从开口放线滑轮中移出，倒入鞍子中。在曲线半径小于450 m的曲线地段作业时，由于承力索曲线张力较大，倒鞍子时，

应由地面人员通过绳子与挂在腕臂上的单滑轮配合，将承力索倒入鞍子中。

承力索就位后便可安装吊弦，首先根据设计要求计算吊弦间距，在钢轨上测好吊弦位置，然后在承力索上用线坠或目测对准下面所测位置，将吊弦安装于承力索上。

在股道较多的站场上架设承力索和接触线时，为了减少架线时的穿线次数，应根据设计图纸上接触网布置情况，事先做好架设线索程序表。

线索架设程序主要考虑两组线索在线岔处，应首先架设交叉点上方的线索。如果先架设了交叉点下方的线索，则再架设交叉点上方的线索时会出现穿线问题，增加了施工难度和放线时间。应该尽量避免穿线，对车站接触网线索排定"架线程序表"是非常必要的。

（二）接触线架设

1. 接触线架设

架设接触线前应具备的条件是承力索空载弛已符合设计要求，承力索上已按要求安装好了吊弦，承力索中心锚结按要求架设固定完毕，站场软横跨下部固定绳已装好，接触线补偿装置安装好，并符合架线要求。

接触线在架线前要使用轨道车将起终锚用的坠砣运到锚柱处。为保证接触网的施工质量，应充分、合理地利用线材，接触线架设前，必须做好配盘工作。配盘时，尽量使导线接头设在站场次要线路上。

接触线放线时，架线车以5 km/h的速度向前行进，每经过一吊弦位置时，将接触线适当抬起，快速用吊弦将接触线临时固定。接触线架设高度尽量接近于设计值，以便于接触网的结构高度调整。起、终锚跨距处的接触线一般用S钩将其悬吊起来。

接触线的紧线方式与承力索一样，利用架线车的作业台也可按接触线紧线及下锚安装的方式紧线，即将紧线器的一端连在补偿器的动滑轮上，另一端通过紧线线夹固定在下锚的接触线上，用紧线滑轮组进行紧线，如图5-27所示。

2. 架线安全及质量注意事项

在架线前，认真检查架线车各机械部件是否工作可靠，工具是否灵活、适用、安全，

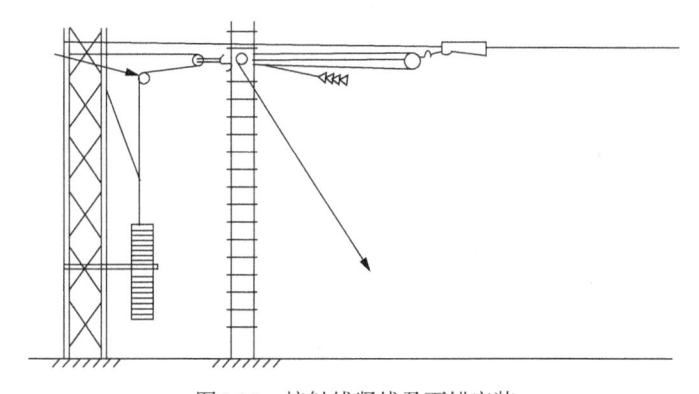

图5-27 接触线紧线及下锚安装

材料是否齐备、合格。放线时，严禁在放出的导线下面站人，道口设专人防护。在架线车的作业台上工作时，作业台的栏杆一定要竖起并固定牢靠；作业台升降时，严禁有人上下；在架线车转道或返回运行时，架线车的作业架要降回原处，栏杆放回原位，作业人员应全部撤离作业台。在隧道群区段架线时，应设专人做安全监护工作，特别要注意瞭望前

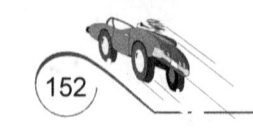

方，加强联络；进隧道前一般应停车，降下作业台；隧道内作业，必须有充足的照明设备，防止悬挂零件剐车、伤人。在不符合安全距离要求的电力线路或其他架空线路下架线时，要制定专门的安全措施，必要时应适当降低架设高度，或办理停电施工手续。为防止线条弹出，放线开口滑轮要封口。

三、接触网施工新技术

（一）接触网作业车

1. 用途

接触网作业车是用于电气化铁路接触网施工、维修、保养的多用途作业车。检修作业时接触网必须停电。它的主要用途如下。

（1）接触网吊弦、支持定位装置、定位器、接触线、承力索安装和调整。

（2）中心锚结和锚段与锚段关节的安装和调整。

（3）线岔、分段绝缘器、分相绝缘器的安装和调整。

（4）电连接线、辅助线的安装和调整。

（5）支持绝缘子、悬式绝缘子等的安装和调整。

（6）柱上隔离开关、避雷器的安装和调整。

（7）进行综合测量，如拉出值、定位器坡度、线岔处尺寸、导线高度等的测量。

（8）进行综合检修和接触网故障处理。

2. 基本构造

接触网作业车如图5-28所示，主要由车体、车架、走行部、驾驶室、升降回转平台、随车起重装置和控制部分组成。在作业平台上部和下部均可控制平台的升降、回转。采用两轴车底盘，发动机功率216 kW。机械传动具有良好的运行稳定性和平稳性，操纵方便灵活、维护方便。

另外作业车均配有平板车，平板车装有设备安装平台、工具箱、设备、材料存储等。可以和作业车配合工作，满足移动作业的需要。

（二）接触网恒张力放线车

FX-5B型金鹰放线车。该车由恒张力控制系统、张力盘机构、拨线机构、导向滚筒、线盘架、液压动力单元、控制室、主车架、转向架、制动系统、车钩缓冲装置等组成，设有1套张力盘及2套线盘架，可进行单线放线作业。恒张力控制系统由张力传感器、张力控制器等组成，一般放线张力为10～12 kN，张力误差控制在0.5 kN内。接触网恒张力放线车如图5-29所示。

另外在放线车上安装有接触线波浪弯校直器，它由7轮组成，负责接触线放线时的调直工作。

接触线放线用的工具吊弦悬吊：接触线采用S钩加滑轮组成的工具吊弦悬吊。S钩长度

图5-28 接触网作业车　　　　　图5-29 接触网恒张力放线车

一般分1.2 m和1.4 m两种，每跨悬挂4根工具吊弦。

转换柱处非支横向固定采用双股4.0铁线及滑轮组合形式。

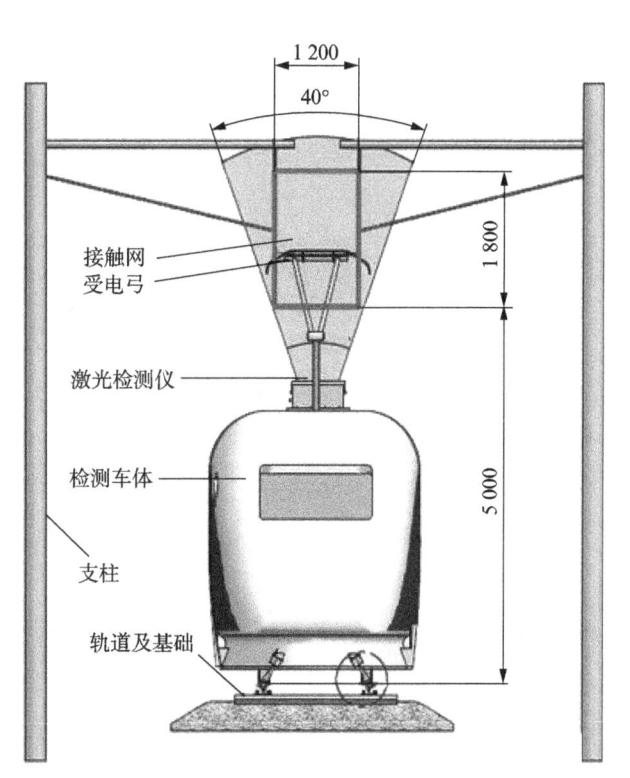

(三)接触网动态检测车

1)接触网动态检测车的基本组成

接触网动态检测车主要由受电弓、多功能激光接触网检测系统、检测车体等组成，如图5-30所示。

激光接触网检测系统包括：信号检测系统、信号隔离与传递系统、数据采集系统、数据分析系统、数据监控系统、统计分析报表系统、数据导出与存储功能。

根据整个系统的信号，可以分为检测信号、补偿信号和定位信号。检测信号是从被检测对象那里获取的信号信息，这种信息的获取方法由被检测对象的性质决定的。检测系统的结构如图5-31所示。

2)接触网动态检测车的基本功能

接触网动态检测车是为保证电气化铁路接触网的安全运营及检测接触网技术参数的专用车辆。该车具有特殊功能的检测装置及设备。能够检测接触线的拉出值、导线高度、导线磨耗、导线温度、定位器坡度、线岔状态、接触网供电电压、弓网接触压力、接触悬挂硬点（冲击）、离线、

图5-30 激光式接触网动态检测车

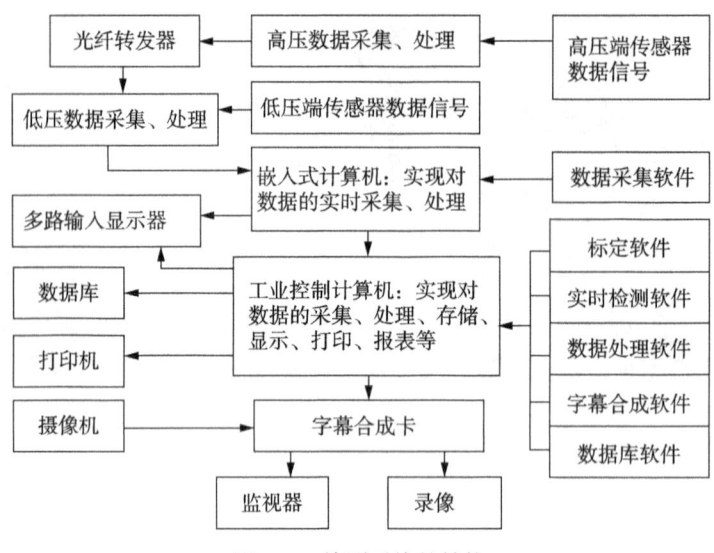

图5-31 检测系统的结构

杆位（杆号）和速度（里程）等诸多项机械及电气技术参数。具有较高的检测精度和实时反应速度，工作温度范围较大（-20～50℃），储存信息温度范围更大（-30～70℃）。

高速铁路接触网需要检测如下主要项目。

（1）拉出值的检测。
（2）接触压力的检测。
（3）硬点的检测。
（4）离线的检测。
（5）速度、里程的检测。
（6）定位管坡度定量测试。

四、接触网的调试与验收

（一）接触网的调试

接触线架设后即可进行接触悬挂的调整工作。调整工作包括：安装中心锚结；调整导线面；安设定位装置；调整吊弦及导线高度、弛度；安装和调整线岔、锚段关节、坠砣高度、分段与分相绝缘器及各种电连接线等。

由于接触悬挂调整工作直接影响着工程质量和机车受电弓的取流，工作性质比较复杂，技术条件要求较高，因此施工现场一般分两步进行，即粗调和细调。粗调工作主要是根据设计要求安装上述各种设备，使接触线和承力索基本就位，绝缘腕臂、水平拉杆、定位装置、软横跨等处于正常工作状态，导线面整正，检查接触悬挂结构是否符合设计要求，对施工与设计不符的地方应及时与设计部门联系，采取变更措施。细调工作主要包括：全面检查测量、调整接触线的高度、弛度、拉出值及其他有关设备，使接触悬挂的工

作状态达到冷滑试验的程度。

调整施工中要注意如下安全工作事项。

（1）施工前应做好人员的分工，施工时防护人员必须提前到位。各组作业人员听从本组负责人的统一指挥，密切配合，各组间应加强联防联控，相互提醒监督。

（2）调整作业期间，各施工负责人应时刻了解作业人员的身体状况，身体不适者不宜再安排作业，尤其是高空作业，料具、物品用绳捆好后上下传递，严禁抛掷任何物品。

（3）雨天一般不宜进行施工作业，若必须施工时，应采取防护措施，防止感应电或穿越电流伤人。邻线为电化股道时，要做好临时接地，在车梯和作业车上可以做短接地线。

（二）接触网的验收

1. 滑行试验

接触网在开通前要进行滑行试验，滑行试验的目的是检验接触网机械、电气适应性能是否满足运行需要。

滑行试验分为冷滑和热滑。两种滑行试验依次进行，缺一不可。

冷滑试验是指在接触网不送电的情况下，由内燃机车牵引电力机车在受电弓升弓状态下的滑行试验。接触网不受电的条件下，进行动态检查试验，即通过电力机车受电弓的正常运行状态，检验接触网机械性能和状态是否满足运行需要。冷滑前应在受电弓滑板上标注明显的刻度以便观察，将受电弓临时接地，以随时放掉接触线上存留的静电电流，保证试验人员的安全。

1）冷滑前的检查

检查的主要项目：各种零配件装配符合设计图纸的要求（包括变更设计），且安装牢固、安全可靠；接触线高度及拉出值、接触悬挂弛度、结构高度符合设计要求；各种空气绝缘间隙符合设计要求；补偿装置灵活、补偿器坠砣数量及位置正确，吊弦、定位器偏斜值符合设计要求；接触线平直、接头及导线面平整，线夹过渡平滑，无歪斜扭曲；电连接位置和弛度符合要求，电连接线夹安装正直、牢靠、无扭斜、楔子打紧、接触紧密；分相、分段绝缘器安装位置正确，接触面与导线等高，且平滑过渡；确认与邻线带电区段接触网的安全措施正确可靠，调查清楚不具备冷滑条件的线路及存在的其他问题。

2）冷滑试验检查项目和内容

冷滑试验主要检查下列内容。

（1）接触线拉出值、"之"字值是否正确，接触线有无弯曲、扭转和不平滑的现象。

（2）接触线上安装的各种线夹，如吊弦线夹、定位线夹、接头线夹、中心锚结线夹、电连接线夹等有无偏斜和碰弓现象。

（3）分段、分相绝缘器的接触面能否使受电弓平滑过渡、无突出、无扭斜、无打弓现象。

（4）线岔处是否有脱弓或剐弓的危险，定位器及隧道内定位管和定位棒式绝缘子有无碰弓。定位器的坡度是否满足设计要求，有无硬点和偏移过大。

（5）曲线区段的绝缘锚段关节的转换柱间是否有脱弓危险。

（6）观测导线高度变化是否平稳，有无突变或跳动，尤其是导线接头处是否平滑，有无不符合"技术规范"规定的问题。

2. 竣工文件整理

接触网工程竣工前，施工单位应提前做好自检及竣工文件、资料的整理汇编工作。竣工文件应有如下内容。

（1）设计文件1份，由设计单位提供。

（2）接触网平面布置图4份，其中蓝图3份交给接管单位，底图1份交给接管单位报送铁道部档案馆。

（3）接触网供电的分段示意图2份，接触网装配图2份。

（4）接触网主要工程数量表3份。

（5）工程施工记录

①钢柱基础隐蔽工程记录。

②支柱埋设隐蔽工程记录。

③接地装置埋设隐蔽工程记录。

④绝缘子和分段、分相绝缘器、隔离开关、避雷器、吸流变压器试验记录。

（6）主要器材的技术证书，如钢筋混凝土支柱、钢柱、接触线、承力索、供电线、绝缘子、分段、分相绝缘器、隔离开关、电动操作机构、避雷器及吸流变压器等。竣工文件的整理要由施工技术人员和具有一定绘图能力的专业人员负责。

（7）工程总结

工程竣工验收交接后，应对工程做全面系统的总结，以便吸取施工中的经验教训，提高施工安全技术和企业管理水平。

3. 竣工验收与开通

1）交接验收

接触网的交接验收工作，应在验收交接委员会的直接领导下开展工作，由设计、施工及主管该区段运行检修的供电段共同组成验交小组，对竣工后的接触网设备进行全面检查和必要的试验，各接触网工区则应配合施工单位进行本管辖区段的验收工作。供电段派出人员应熟悉《铁路电力牵引供电工程质量评定验收标准》中有关接触网部分的技术标准，对即将接管的接触网设备严格把关，逐项认真检查，如果出现质量问题要及时与施工单位交流，并做好记录，并向验交小组反映，由施工单位负责处理。

2）送电开通

接触网工程的最后一道工序是送电开通。送电前应对已完工的接触网进行全面质量检查。确认工程质量符合设计要求，影响安全送电的因素均已完全消除，方可申请正式送电。送电前检查项目应根据《铁路电力牵引供电工程质量评定验收标准》或有关施工技术

标准执行，并将绝缘子清扫干净，同时组织职工进行送电安全教育，经考试合格后才能参加送电工作。

3）送电开通程序

送电开通的指挥部门应提前编制"送电开通实施方案"，要求简明扼要，有具体的实施步骤和科学合理。实施方案的主要内容有送电日期、各供电臂供电范围及受电时间、供电示意图、送电前的冷滑试验结果、通信联络及抢修组织的方法等。

接触网送电开通工作应在牵引变电所空载试运行24 h后进行。送电当日，组织指挥者、事故抢修人员等应按计划提前进入指定地点，开通程序由总指挥组按方案、计划并通过供供电调度的命令下达执行。

任务三　城市轨道交通接触网的运营与检修

学习目标

（1）了解接触网运营管理的方针。
（2）掌握运营管理的任务和内容。
（3）了解接触网的管理规程规章。
（4）掌握接触网的11项管理制度。
（5）了解接触网安全工作规程和接触网运行检修规程。
（6）掌握接触网小修和大修的主要项目和周期。
（7）掌握接触网停电作业的基本程序和带电作业的基本要求。
（8）掌握接触网检修作业的特点。
（9）掌握接触网常见设备的故障分析。
（10）掌握接触网故障应急处理的基本内容和基本原则。

学习任务

学习和理解城市轨道交通接触网运营与检修的基本知识、接触网安全运用及检修规程、接触网检修方式、接触网常见故障分析及应急处理的基本知识。

工具设备

城市轨道交通接触网检修常用工具和零部件实物，接触网检修作业车实物模型、接触网检修及检测图片、多媒体设备等。

教学环境

理实一体化教室或轨道交通电气化综合实验室。

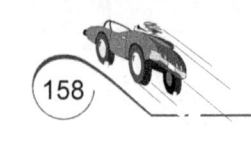

基础知识

城市轨道交通接触网运营与检修是接触网运营检修人员的日常工作,是保障接触网设备正常运行和可靠供电的基本措施。因此接触网运营检修人员在熟悉接触网设备的基础上,严格按照接触网安全运用及检修规程、有关工艺标准和"三定、四化、记名检修"的内容进行运行管理和检修作业,是非常重要的。

一、接触网的运营管理

(一)运营管理的方针

在城市轨道交通供电系统的运行管理工作中应实行"三定、四化、记名检修",并贯彻落实"质量第一、修养并重、预防为主"的方针,并逐步向"定期检测、状态维修、限值管理、寿命管理"的方针过渡。

(二)运行管理的任务和内容

城市轨道交通供电系统的运行管理工作就是为了保证供电设备的安全运行,持续不断地为用户提供合格的电能而采取的技术措施和组织措施。包括正常运行工作、异常情况、事故处理和设备检修等内容。

(三)接触网的管理规程规章

对于从事接触网运行及维修人员,掌握有关规程规章是十分必要的。有关接触网运行及维修的规章、规程主要如下。

(1)《接触网安全工作规程》、《接触网运行检修工作规程》。

(2)《供电设备检修内容(接触网部分)》。

(3)《供电设备检修周期与工作内容(接触网部分)》。

(4)《通用电气安全规则》。

(5)《供电系统事故管理规则》、《接触网事故抢修规则》。

(6)《行车组织规则》。

(7)《车厂动作手册》。

(8)《行车设备施工管理规定》。

(9)《调度手册电调分册》。

(10)《作业安全守则》。

(11)《突发事件应急处理办法》。

(12)《应急信息报告程序》。

(13)《事故抢险组织程序》。

(14)《设备技术鉴定办法》。

（四）接触网的管理制度

1. 接触网作业制度

（1）接触网检修作业，实行工作票制度，工作票按作业方式分为停电作业、远离作业两种形式。

（2）停电作业的工作票适用于下列作业。

①需要接触网停电的作业。

②距离接触网带电部分1m范围内的作业。

（3）远离作业的工作票适用于距带电体1 m及以外的高空作业和复杂的地面作业。

2. 交接班制度

接触网检修工作要有安全等级不低于三级的人员昼夜值班。值班人员要认真填写"接触网工段值班日志"，及时传达和执行供电调度的命令。

接触网工段值班人员要按时做好交接班工作。交班人员要向接班人员叙述设备运行情况及有关事项，接班人员认真阅读值班日志，掌握上一班的工作情况并在值班日志上签字后，方可交接。

3. 要令与销令制度

在接触网设备上进行停电作业或倒闸操作时，均需有供电调度的命令。各种调度命令应有编号和批准时间，无编号和批准时间的命令无效，要令和销令时间应以供电调度员通知的时间为准。

4. 开工与收工会制度

接触网每次检修作业必须执行开工、收工制度，由工作领导人主持。开工、收工会时，作业组成员要列队和穿戴整齐。

5. 作业防护制度

接触网检修作业应采取的有效防护措施。

（1）在正线区间作业时，应在区间两端的车站设置闪烁的防护红灯。

（2）在正线车站和车辆段作业时，在距作业区域两端适当处设置闪烁的防护红灯。

（3）必要时，可设专人进行防护，其安全等级不低于3级。

6. 验电接地制度

接触网停电作业必须先进行验电接地。验电接地应由2人操作，1人操作，1人监护，操作人和监护人的安全等级分别不得低于2级和3级。

7. 倒闸作业制度

（1）倒闸作业应有2人操作，1人监护，1人操作，操作人和监护人的接触网安全等级均不得低于3级。

（2）所有隔离开关的倒闸作业必须根据供电调度的命令进行，并填写隔离开关倒闸命令票，按命令内容迅速完成倒闸操作。由其他部门负责倒闸的开关，倒闸前应由操作人员

向该部门值班员办理准许倒闸手续并按有关规定操作。

8. 自检互检制度

接触网检修必须执行自检互检制度，自检由操作人进行，互检由监护人和工作负责人进行。

9. 巡视作业制度

为贯彻"修养并重，预防为主"的方针，要定期巡视接触网设备的技术状态和客车受电弓状态，巡视包括梯车巡视、步行巡视及乘车巡视。

10. 设备分管制度

接触网工段应将管内设备作业实行分管，作业组应将主要设备分给作业组成员分管，做到人各有责、物各有主、管理到位。

二、接触网安全运行及检修规程

接触网经过多年的运行实践，在不断总结经验教训的基础上，已经逐步形成了一套规范化的管理制度。对于从事接触网工作的人员，应严格遵守"接触网安全工作规程"、"接触网运行检修规程"、"接触网事故抢修规则"、"牵引供电事故管理规则"和"行车组织规则"中的有关规定和要求。

（一）接触网运行管理规程

1. 接触网安全工作规程

"接触网安全工作规程"（简称"安规"）包括总则、一般规定、作业制度、高空作业、停电作业、带电作业、倒闸作业、作业区的防护和附录8章内容，共计81个条目。"安规"说明了作业制度中的有关规定，高空作业要求和不同作业方式下应办理的手续及注意事项。

在作业制度中要求：作业前要填写工作票，工作票分为三种：接触网第一种工作票，用于停电作业，即在接触网停电设备上进行的作业；第二种工作票，用于带电作业，即在接触网带电设备上进行的作业；第三种工作票用于远离作业，即在距离接触网带电设备附近的设备上进行的作业。在高空作业中明确规定，离地3 m及以上为接触网高空作业，要设专人对作业人员进行监护。"安规"中还具体规定了各种作业方式的安全距离、命令程序和安全措施。总之安规是接触网规程中最重要的规章。

2. 接触网运行检修规程

"接触网运行检修规程"又称"检规"，由总则、运行和管理、监测和清扫绝缘部件、检修、维修技术标准、大修技术标准和附则附录组成，共计208个条目。其中最重要的是维修技术标准、大修技术标准。接触网维修人员在检修接触网设备时，应严格遵守检规的技术要求，特别是对重要设备中的有关参数要牢记。

（二）接触网检修修程

接触网的检修一般分为小修和大修两种修程。目前有的实行状态修。

1. 接触网小修

小修系维持性的修理，主要包括：对接触网进行检测、清扫、涂油；对磨损、锈蚀到期的接触线、承力索、馈电线电连接及架空地线进行整修、补强或局部更换，以保持接触网的正常工作状态。

2. 接触网大修

接触网大修系恢复性的彻底修理。主要包括：成批更换磨耗、损伤到期的接触线、承力索及供电线、架空地线；更新零部件、支撑装置和支柱、隧道内预埋件、定位立柱等；对接触网、馈电线和架空地线进行必要的改造，以及改善接触网的技术状态，提高供电能力。凡是大修更新的设备及零部件等，均应符合新建工程的技术标准。

接触网大修由供电车间提出申请，运营分公司审核批准后，组织有关部门实施。

三、接触网检修方式

由于接触网检修工作与行车直接相关，因此进行标准化作业、加强运行检修管理、提高检修质量更为重要。接触网检修方式根据在作业过程中，接触网是否带电的情况分为停电作业和带电作业2种方式。

（一）停电作业

所谓停电作业是在接触网不带电的情况下进行的检修作业。停电作业一般用于带电作业难以进行的项目。这是目前常用的接触网检修方式。停电检修的接触网区段，在停电检修时间内一般不允许有车辆通行，检修任务必须在允许的时间内全部完成。

接触网工区进行检修作业时分成作业组，每个作业组以12人左右为宜。作业组在接到作业任务时，需按以下程序进行。

1. 填写工作票

工作票是接触网作业的书面依据，根据不同的作业方式要填写相应的工作票。

2. 申请停电

需要接触网停电进行的一切作业，均必须经供电调度员的许可。停电作业申请要指明作业地点、作业内容、是否需要封锁线路、必须停电的线路等。若需在车站上停电作业时，还必须指明需要封闭的股道及道岔。

3. 宣读工作票

作业组成员出发之前应穿戴整齐、列队集合，由负责人向作业组全体人员宣读工作票的所有内容，详细布置安全措施。

4. 要令

开工前作业组应指派专人要令在发、受停电命令时，发令人要将命令内容记入"作业命令记录"中，受令人要填写"接触网停电作业命令票"。

5. 开工

负责人接到要令人的通知后，先向验电人员发出验电的信号，验电操作者确认信号无误后，立即进行验电工作，验明确已无电，接地线人员方可进行挂接地线工作，地线接好后立即通知负责人。负责人得知安全措施全部实施后，宣布作业开始。

6. 收工与消令

作业结束后，负责人应向作业组全体人员宣布作业结束，指挥作业组成员迅速清理现场。撤除地线后，通知要令人向供电调度员消令。

7. 开收工会

当天作业结束后，全体人员开收工会，汇报作业组的工作安全和任务完成情况，报告工作中遇到的技术问题，所出现的不安全现象及事故苗头等。

（二）带电作业

带电作业按作业方式可分为直接带电作业（或等电位作业）和间接带电作业（或远离作业）2种。

1. 直接带电作业

直接带电作业是通过绝缘工具与接地体隔离开，作业人员直接接触带电体，使人体与带电设备等电位，从而能够直接在带电设备上进行作业。作业时作业人员通过绝缘工具被送至作业地点，作业人员及所持工具此时与非带电体要保持一定的安全距离。带电作业严禁接触接地体和异相带电体。

作业人员处于等电位状态时，作业人员在与接触网接触的一瞬间会有异样的麻电感觉，重者会使人难受，甚至灼伤皮肤；轻者无任何感觉，因此要求绝缘工具的绝缘性能一定要可靠。为了保证工作人员的安全，消除可能产生的麻电感觉，必须用等电位线短接带电体与绝缘车梯的工作台来消除这种现象。

2. 间接带电作业

间接带电作业是作业人员通过绝缘工具接触带电体，或者在接触网不停电情况下，远离带电体所进行的接触网检修作业。如对接触网的测量、调整补偿装置的a、b值等。间接带电作业人员所持的非绝缘工具与带电设备之间的距离不得小于600 mm。对于带电状态下支柱上的其他作业也应遵循这个要求。在对接触网进行测量作业时，多在线路上进行，除了要细心测量记录外，还要注意行车防护。复线测量要逆向进行，即面向列车来向进行测量。一旦发现来车要及时避让。在测量绝缘子的分布电压时，必须由接地侧向带电侧逐个测量。在悬式绝缘子串中，若3片绝缘子中有1片不合格，或4片绝缘子串中有2片不合格时，均须立即停止测量。此串绝缘子必须在停电点进行更换。

（三）接触网检修作业的特点

接触网检修作业具有以下三个特点。

1. 高空作业——防摔

接触网作业几乎都是在高空进行的,在作业时需要攀登十几米高的支柱,登上5 m以上的车梯或在检修车上作业,踩在高出地面6 m左右的接触悬挂上。在这样的高空上进行作业,下面是道碴和钢轨,若不小心就会发生危险。因此高空作业一定要系好安全带,防止高空坠落摔伤。

2. 高压作业——防触电

城市轨道交通接触网的电压高达1500 V,比民用电压高很多倍。尽管在许多情况下进行的都是停电作业,但如果发生误操作,高压电会直接进入作业接触网,危机人身安全;与作业平行的带电高压线路上,也会在作业接触网上产生的电磁感应和静电感应,从而产生高电压,若没有采取有效的防护措施,以及与作业点附近的带电体不能保证足够的绝缘距离等情况下,都会给作业人员造成电伤,重者危及生命。因此,停电作业时的地线挂设和加短封线是安全的重要保证。

3. 高速影响——防车辆伤害

在运输繁忙的线路上,接触网检修工作要正常进行,也要注意可能开来的高速运行的列车。另外,接触网工作人员出工、收工都要乘坐轨道车、汽车等交通工具,这些都体现了接触网工作的"高速"特点。因此,行车防护人员一定要认真负责,随时通报列车运行情况和临线列车运行情况。

四、接触网常见故障分析及应急处理

(一)接触网常见设备故障分析

为了防止和预防接触网设备故障的发生,应了解和掌握接触网设备中容易发生故障的薄弱环节,分析出常见的接触网设备故障产生的原因,从而制定出相应的预防措施。

1. 绝缘部件闪络击穿

绝缘部件主要包括悬式绝缘子、棒式绝缘子、支持绝缘子、分段绝缘器、分相绝缘器等。

绝缘部件表面闪络击穿的主要原因:一是受外界环境污染。吸附在绝缘部件表面上的浮尘和有害烟尘,遇有雨、雪、雾天气时受潮,使绝缘部件表面绝缘水平降低。二是机车受电弓与导线摩擦产生的导电微粒吸附在绝缘部件表面上,使绝缘部件表面绝缘水平降低。三是机车通过时受电弓产生拉弧,将绝缘部件烧伤,使绝缘部件表面绝缘水平降低。四是绝缘部件受外界环境腐蚀和老化,使其表面绝缘水平降低。四种原因综合作用,使绝缘部件的表面闪络击穿。

2. 接触网线索断线

接触网线索主要包括承力索、接触线、供电线、正馈线、回流线、保护线、电连接线等。

接触网线索断线的主要原因为:一是补偿装置或线岔等处卡滞,热胀冷缩使线索受力过大而断线。二是在雾霾天气,机车受电弓突然升起时,引起接触网对机车放电,使接触

网绝缘子闪络放电而烧断线。三是弓网故障时电力机车受电弓刮断线。四是电连接线处接续点接触不良，长时间通过大电流而烧断线。五是接触网线索安装不合理、固定不牢，长期进行大幅度摆动或相互摩擦，使线索疲劳和线径变细而断线。六是接触网线索受外界长期腐蚀，承受张力降低而断线。

3. 弓网故障

弓网故障就是接触网线索与电力机车受电弓之间发生的故障，此为牵引供电系统常见的、性质比较严重的故障。

发生弓网故障的主要原因：一是接触网定位器坡度过小。二是接触网线岔处参数变化不符合要求。三是接触网局部发生故障或大风、接触线附冰等，导致线路参数发生变化。四是电力机车受电弓发生故障。五是轨道及基础发生故障或参数变化，使接触网参数与轨道参数不对应。

4. 吊弦和定位器脱落

1）吊弦脱落

吊弦脱落的主要原因：一是吊弦由于受外界腐蚀、磨损或受力产生疲劳而折断。二是吊弦线夹损坏或松动而脱落。三由于电连接线布局不合理，有大电流经常通过吊弦时而烧断。四是吊弦因温度偏移，造成受力过大而拉断。

2）定位器脱落

定位器脱落的主要原因：一是定位器连接部位磨损严重而脱落。二是因温度偏移造成受力过大而扭断。三是紧固螺钉松动或定位线夹裂纹而断开。四是在发生短路故障时，短路电流将定位环烧坏而脱落。五是受外界环境长期腐蚀，定位器部件变质而脱落。

（二）接触网故障应急处理

接触网发生故障后，应立即进行抢修，应急处理的基本程序为：一是发现故障人首先应立即报告供电调度和有关部门。二是供电调度得知接触网故障信息并详细了解情况后，立即通知故障接触网所在管辖工区的有关部门。三是接触网所在工区的相关部门接到故障抢修通知后，立即成立应急处理抢修组，并根据设备的故障情况准备好各种机具和材料等，在最短时间内迅速赶赴现场。四是检修人员到达故障现场后，迅速查看接触网的故障情况，并立即制定初步抢修方案，同时派专人拍照（或录像）和记录，然后派人员立即赶到邻近车站向供电调度和有关部门报告故障情况和抢修方案。五是供电调度批准抢修方案后，并与运行调度联系下令封闭故障及相邻线路，发布开始抢修作业命令。六是接触网故障抢修负责人接到开始抢修作业命令后，组织有关人员验电接地，并按规定在故障线路两端派出行车防护人员。七是安全措施做好后，组织作业人员按抢修方案进行抢修和调整。八是抢修完成并撤出人员和采取安全措施后，作台人员向供电调度消除抢修作业命令，并简要汇报故障应急处理情况和允许开通行车有关注意事项。九是供电调度审查同意后，消除抢修作业命令，开放封闭线路。十是接触网送电后要观察1～2趟车，确认运行正常后，

抢修作业人员方准撤离作业现场。

接触网故障应急处理的信息反馈、人员组织、应急处理的原则、应急指挥、有关注意事项、故障调查分析等具体内容如下。

1. 故障信息反馈

轨道交通系统内部的所有职工，无论任何时候发现接触网故障和异常情况均应该立即报告给供电调度和有关部门。报告时要尽量详细地说明故障地点、故障范围、损坏情况、影响行车情况。

供电调度得到接触网故障信息后，要通过各种方式、渠道迅速判明故障地点和情况，尽可能详细地掌握设备损坏程度，并立即通知在故障点附近的接触网工区人员出动，进行故障点的定位检查和应急处理。

2. 应急处理人员的组织

接触网工区接到故障抢修通知后，立即紧急集合当班的所有人员，组成应急处理抢修组，并根据设备故障情况做好各项工作，根据内部分工，分头带好、带足各种机具和材料等，在规定时间内迅速行动。

如果故障范围较大，设备损坏较严重，需要两个以上接触网工区人员同时出动时，供电调度要及时调动临近接触网工区人员赶赴现场。故障现场要有段级领导组织指挥故障抢修，及时解决存在的问题。对于需要连续作业时间较长的故障进行抢修时，需调动足够的人员进行替换作业。

3. 应急处理的原则

由于接触网没有备用，当发生故障后，势必造成接触网停电，中断行车，对正常运输造成严重的影响。为了尽量缩短接触网故障后的抢修时间，应遵循"先通后复"和"先通一线"的抢修原则。

1）先通后复的原则

"先通后复"就是以最快的速度清除影响行车的障碍，临时处理影响供电的因素，设法先行供电，必要时采取临时措施供电、迂回供电、越区供电和降弓通过等措施，尽量缩短停电时间、中断行车时间。事后与供电调度等有关部门协调，尽快安排时间全面修复故障并处理遗留工作，使接触网及早恢复到正常运行状态。

2）先通一线的原则

"先通一线"就是在双线电气化区段，除按上述"先通后复"的原则确定应急处理方案外，要集中力量以最快的速度设法使一条线路先开通，尽快疏通积压的列车。

3）尽快修复的原则

对事故范围较小、抢修时间不长、作业难度不大和无须分层作业时，现场指挥人员应立即制定切实可行的修复方案，指定具有较高技术素质的工作人员抓紧时间一次修复完毕，恢复正常供电和行车。

4. 应急处理前的准备工作

应急处理人员到达设备故障现场后，负责人要组织人员全面了解故障范围和设备损坏情况，按照"先通后复"和"先通一线"的抢修原则，确定应急处理方案并尽快报告供电调度。同时，根据掌握的故障范围和设备损坏情况，做好如下准备工作。

（1）明确抢修人员的分工、作业项目与作业程序、相互配合的环节等。

（2）准备好预制、预配部分零配件。

（3）检查有关抢修作业机具和材料的技术状态，并清点数目。

（4）如果故障范围较大，则根据设备损坏情况和人员、机具情况，将故障范围划分成几个作业区并分派人员。

人员到达设备故障现场后，要充分利用供电调度下达作业命令前的这段时间，进行应急处理前的有关准备工作。待供电调度下达准许作业命令后，迅速进行验电接地并做好行车防护后，即可全面展开应急抢修作业。

5. 故障应急处理的指挥

接触网故障应急处理的快慢，很大程度上决定于故障应急处理的指挥是否得力，既取决于指挥人员的判断、决策、对人员的分工安排及调配、作业程序的安排、各作业环节配合时机的掌握等。设备故障抢修的指挥者应具备如下条件。

（1）精通本职业务，熟悉现场情况，具有丰富的设备故障抢修经验。

（2）沉着冷静、胆大心细、遇事不慌、机智果断、思维敏捷和指挥有方。善于抓住主要矛盾、主要环节和具有随机应变的能力。

（3）具有较高的威望和指挥协调的能力，具有较高的安全意识和责任心。

当两个以上接触网工区人员同时参加设备故障抢修作业时，应由供电段的故障处理领导小组指定一名段级领导担任总指挥。

在铁路局的分界处附近发生接触网设备故障时，相邻铁路局供电段人员应积极协助抢修。在相邻供电段人员参加设备故障抢修中，应服从设备故障铁路局供电调度和现场负责人（或总指挥）的指挥。

在事故抢修过程中，所有人员必须由抢修负责人统一指挥，任何人不得干扰。各级领导的指示必须通过供电调度下达，由抢修负责人受令后组织实施。

有些设备故障的处理需要与工务、电务、车务和机务等部门配合进行，指挥人员应加强联系，密切配合。

6. 故障应急处理中的注意事项

接触网设备故障应急处理作业必须办理停电作业命令、封锁线路、设置住站人员和验电接地，上述措施完成后方准开始作业。

（1）抢修负责人在抢修作业前，要向作业组成员宣布停电范围，划清设备带电界限，对可能来电的关键部位和抢修作业区域，要按规定设置足够的接地线，明确封闭区域和防

护人员。

（2）针对接触网设备故障的具体情况，采取有针对性的、有效的安全防护措施和高空作业、交叉作业的具体措施。

（3）要严格遵守《接触网安全工作规程》和有关规定，做好行车防护。防护人员要思想集中、坚守岗位、认真履行职责，及时、准确地进行联系和发出各种信号。

（4）在进行攀杆、攀梯和车顶高空作业时，除执行有关规定外，要特别强调在整个作业过程中系好安全带和带好安全帽。攀登圆杆时要特别注意脚扣的规格与支柱相适应，在攀登和作业中脚踏稳准。

（5）在拆除接触网的作业时，要防止接触网倾斜、线索断线、脱落等情况的发生。在抢修恢复作业中，对安装的零部件特别是受力件要紧固牢靠，防止松脱、断线引起事故扩大。

（6）接触网在修复过程中，对关键部位要严格把关，确认符合行车条件后方准申请送电。送电后要观察1～2趟车，确认运行正常后抢修作业人员方准撤离作业现场。

（7）申请送电时要向供电调度说明列车运行情况和应注意的事项，供电调度要及时通知列车调度，必要时向机车司机和有关人员发布命令。

7. 资料收集和故障调查分析

1）原始资料收集及保存

在接触网设备故障抢修过程中，工作领导人除了组织抢修，尽快恢复线路正常运行外，要指定专人写实设备故障情况和修复情况，故障写实包括必要的记录、照片、录像和损坏设备实物，以便进行故障分析。特别是对于因故障拉断或烧断的线索、损坏的零部件等，应尽量保持原样不得任意移动，如由于故障抢修必须移动故障实物时，必须先进行详细的拍照或录像后方准进行。对典型设备故障的照片、录像、报告、损坏的线索、零部件，应作为档案长期保存。

现场写实记录要详细地写明故障发生的时间、地点、故障范围、设备损坏程度、影响行车时间和范围、现场抢修人员、组织结构、人员分工、抢修时间、抢修过程、采取的安全措施、工艺标准和故障处理结果等内容。

2）故障调查分析

设备故障发生后要根据现场写实及时进行分析，除弄清故障原因、故障性质、查明责任、制定防范措施外，还要按时填写设备故障分析报告向有关部门上报和存档。为了吸取设备故障抢修中的经验教训，应该召开设备故障抢修分析总结会，对抢修过程中存在的问题进行反思，认真研究制定改进措施，修订抢修方案和应急措施；对抢修过程中采取的先进方法应及时推广。

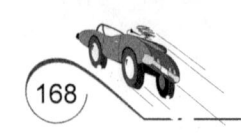

拓展知识

高速铁路接触网

由于高速铁路实际运行速度在250～350 km/h之间，运行速度特别快，因此与普速电气化铁路相比，高速接触网的张力和电流比普速接触网大得多。要求接触网零件必须具备良好的导电性、耐冲击和振动性、质量轻、强度高、韧性强、耐腐蚀等特点，要求接触悬挂弹性好、分相处和线岔处硬点少、平滑通过等。下面简要进行介绍。

（一）高速接触网零件

1. 对补偿装置零件的要求

（1）补偿灵活、变化范围大、传动效率在97%以上。

（2）滑轮的材质必须质量轻，耐腐蚀，能承受20～25 kN的长期负荷。

（3）下锚补偿采用耐腐蚀的不锈钢。

2. 对其他零件的要求

（1）接触线接头线夹、接触线终锚线夹、承力索接头线夹、承力索终锚线夹、定位线夹、吊弦线夹均采用铜合金材料制成。

（2）定位管、定位销钉套筒、腕臂、定位管及管型拉杆、轮体等采用铝合金材料制成。

（3）补偿绳采用不锈钢材料制成。

3. 对接触网接触线的要求

接触网接触线应具有良好的导电性、耐腐蚀性、耐磨性、抗拉性及质量轻等特点。一般选用铜质和铜合金接触线和承力索。对接触网接触线有如下技术要求。

（1）接触线的张力为20～25 kN。

（2）接触线的单位质量为1.1～2.2 kg。

（3）接触线的机械强度为60～70 N/mm^2。

（4）接触线的拉断力为60～85 kN。

（5）导电率为80%～85%。

（6）超温下的机械强度降低率为10%。

（二）无交叉线岔

无交叉线岔与一般线岔相比有明显的优点，一是降低了线岔处的硬点；二是提高了接触网的弹性；三是消除了正线行车钻弓打弓的不安全因素。

无交叉线岔平面布置图如图5-62所示，无交叉线岔的工作过程如下。

当电力机车由正线通过时，因渡线接触线位于正线路中心以外999 mm，而电力机车受电弓半径为673 mm，考虑受电弓摆动200 mm及受电弓运动抬升100 mm，加宽100 mm，即电力机车受电弓的最外端尺寸为973 mm。如果向反向渡线方向摆动200 mm，则电力机车受电弓的最外端尺寸为473 mm，因而正线电力机车高速通过岔区时与区间接触网同样受

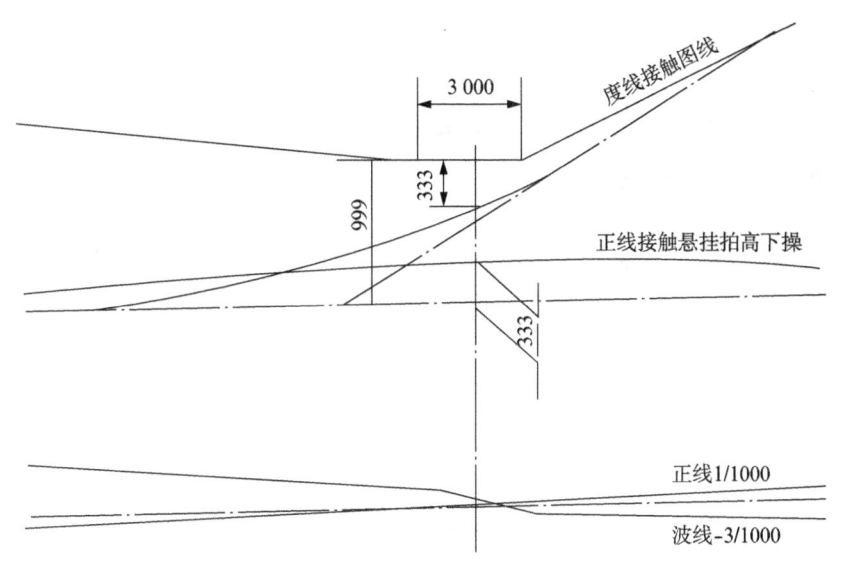

图5-62 无交叉线岔平面布置图

流，而与渡线接触线没有关系。

当电力机车由正线进入渡线时，在线间距126～526mm之间为受电弓与渡线接触悬挂始触区。此时，因渡线接触悬挂被抬高下锚，渡线接触线高于正线接触线，过线岔后，渡线接触线低于正线接触线高度4/1000，因此，受电弓可以顺利地过渡到渡线接触悬挂。

当电力机车由渡线进入正线时，在线间距806～1306mm之间为受电弓与正线接触悬挂始触区。此时，因正线接触线比渡线接触线高4/1000坡度，过线岔后，渡线被抬高下锚，正线接触线高度低于渡线接触线，因此，受电弓可以顺利地过渡到正线接触悬挂。

（三）高速接触网的悬挂方式

目前高速接触网一般采用弹性链形悬挂，如图5-63所示，虚线表示受电弓通过时变化的接触线幅度。

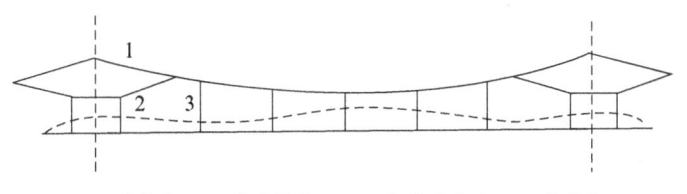

1—承力索；2—弹性吊弦；3—一般整体吊弦；4—接触线

图5-63 弹性链形悬挂

弹性链形悬挂的接触线是通过吊弦悬挂在承力索上，在定位处采用弹性吊弦。承力索悬挂于支柱的支持装置上，使接触线在不增加支柱的情况下增加了悬挂点，利用调整吊弦长度，使接触线在整个跨距内对轨道面的距离保持一致。

弹性链形悬挂减小了接触线在跨距中间的弛和定位处的硬点，改善了弹性，增加了悬挂重量，提高了稳定性，可以满足电力机车高速运行取流的要求。采用铜合金导流承力

索，吊弦采用铜合金整体导流结构，提高了接触网的载流量。接触网接触线选用铜合金材料，具有良好的导电性、耐腐蚀性、耐磨性、抗拉性及质量轻等特点。接触线的张力在 20～25 kN之间，减少了接触网的硬点和离线率。

（四）高速接触网的分相系统

高速接触网的分相系统如图5-64所示。

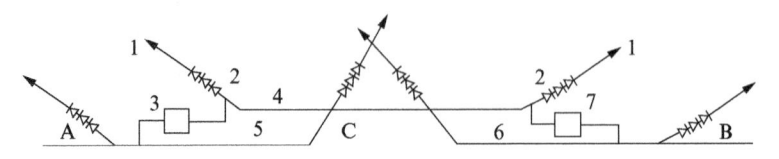

1—下锚；2—绝缘子；3、7—断路器或隔离开关；4—分相处无电区；
5—分相处A相带电区；6—分相处B相带电区

图5-64 高速接触网的分相系统

基本工作过程：电力机车从A相线路驶来，到达停电标志时，司机断开电力机车断路器，受电弓平滑进入A相带电区。在与无电区接触之前，A相带电区与线路水平，接触线位置相对低，无电区接近下锚处，接触线位置相对高，受电弓仅与A相带电区接触线接触。当受电弓滑到A相带电区与无电区500 mm平行处时，两区接触线处于水平状态，受电弓同时接触A相带电区和无电区的接触线，然后无电区接触线位置降低，A相带电区接触线抬高，受电弓向前移动仅与无电区接触线接触，平滑转换第一过程结束。当电力机车继续向前移动，进入无电区和B相带电区的重合区域时，由于无电区接触线位置较低，而B相带电区接触线位置较高，所以受电弓仅与无电区接触线接触。当受电弓滑到无电区与B相带电区500 mm平行处时，两区接触线处于水平状态，受电弓同时接触B相带电区和无电区的接触线，然后无电区接触线位置升高，B相带电区接触线降低呈水平状态，受电弓向前移动仅与B相带电区接触线接触，平滑转换第二过程结束。当司机看到送电标志时，司机闭合电力机车断路器送电，电力机车进入正常行驶状态。

（五）自动切换分相装置

自动切换分相装置目前有两种，一是地面自动切换分相装置；另一种是车上自动切换分相装置。两者工作过程不同，作用也不相同。

1.地面自动切换分相装置

地面自动切换分相装置主要由感应测试装置、控制判断装置、执行装置（断路器）组成。

工作过程：当电力机车到达位置A时，安装在路旁边的感应测试装置感应到电力机车通过，在很短时间内（1s）将断路器3闭合，使A相带电区和无电区相连而处于等电位。当电力机车到达位置C时，安装在路旁边的感应测试装置感应到电力机车通过，在1s时间内将断路器3断开，然后在2s时间内将断路器7闭合，使B相带电区和无电区相连而处于等电位。电力机车不停电、顺利地通过分相区，大大提高了电力机车通过分相的运行速度。

当电力机车到达位置B时，感应测试装置感应到电力机车通过，在1s时间内将断路器7断开，使分相恢复正常状态。

地面自动切换分相装置适用于高速电气化铁路和线路坡度大的普速电气化铁路。

为了避免断路器3与断路器7同时闭合形成分相处短路故障，需采取两项措施：一是断路器3与断路器7互相闭锁，平时都处于断开状态，工作时只允许1台断路器处于闭合状态。二是断路器3或断路器7各由3台断路器代替，它们互相串、并联，互为备用并且互相闭锁。杜绝了分相处短路故障的发生。

2. 车上自动切换分相装置

车上自动切换分相装置主要由地面磁场发生器、车上感应测试装置、控制判断装置、执行装置（断路器）组成。

车上自动切换分相装置的工作过程：当电力机车到达图5-64所得示位置A时，安装在电力机车上的感应测试装置感应到地面的磁场信号，在很短时间内（1s）将电力机车主断路器断开，使电力机车断电后平滑的通过分相区域。当电力机车到达位置B时，感应测试装置感应到电力机车通过，在1s内将电力机车主断路器闭合，使电力机车恢复正常供电状态。

车上自动切换分相装置目前在高速电气化铁路上得到了广泛应用。

任务四　操作运用案例

【操作运用案例1】城市轨道交通接触网系统

1. 实训项目教师工作活页

实训项目教师工作活页　　　　　　　　NO:_____

实训项目	城市轨道交通接触网系统		
学　时	2	班　级	略
实训场所	列车控制仿真实验室		
工具设备	城市轨道交通接触网设备仿真模型和接触网零部件实物，接触轨实物模型、接触网设备图片、多媒体设备等。		
教学目标	专业能力	（1）能简介城市轨道交通接触网的类型及特点。 （2）能说明接触悬挂的分类及特点。 （3）能说明定位装置分类及技术要求。 （4）能说明锚段与锚段关节的组成及作用。 （5）能说明架空式柔性接触网的组成和特点。 （6）能说明架空式刚性接触网的组成和特点。 （7）能说明接触轨式接触网的组成和特点。 （8）能简介站场线路接触网布置原则及要求。	
^	方法能力	（1）能综合运用专业知识，通过专业书籍、上网查询、多媒体课件和图片资料获得帮助信息。 （2）能根据实训项目学习任务确定实训方案，从中学会表达及展示活动过程和成果。	

续表

社会能力	（1）能在实训活动中保持积极向上的学习态度。 （2）能与小组成员和教师进行交流和沟通。 （3）能与他人共享学习资源，具有较好的合作能力和团队协作精神。	
教学活动	略（详见教学活动设计）	
教学评价	学生活动： （1）以5～7人小组为单位开展实训活动，根据本组同学在实训过程中的能力表现及结果进行组内互评。 （2）根据其他小组同学在成果展示活动中的表现及结果进行互评。 教师活动： （1）教师组织学生开展评价活动和总结。 （2）对学生本单元项目单元成绩做出综合评价。	
教学资料	（1）城市轨道交通接触网教材。 （2）城市轨道交通接触网参考书。 （3）实训项目学生学习活页（附页）。	
指导教师		教学时间	年 月 日

2.实训项目学生学习活页

实训项目学生学习活页　　　　　　　　　　　NO:_____

实训项目1　城市轨道交通接触网系统

班级：_____ 姓名：_____ 学号：_____ 时间：_____

一、实训目标
　　1.专业能力目标
（1）能简介城市轨道交通接触网的类型及特点。
（2）能说明接触悬挂的分类及特点。
（3）能说明定位装置分类及技术要求。
（4）能说明锚段与锚段关节的组成及作用。
（5）能说明架空式柔性接触网的组成和特点。
（6）能说明架空式刚性接触网的组成和特点。
（7）能说明接触轨式接触网的组成和特点。
（8）能简介站场线路接触网布置原则及要求。
　　2.方法能力目标
（1）能综合运用专业知识，通过专业书籍、上网查询、多媒体课件和图片资料获得帮助信息。
（2）能根据实训项目学习任务确定实训方案，从中学会表达及展示活动过程和成果。
　　3.社会能力目标
（1）在实训中保持积极向上的学习态度。
（2）能与小组成员和教师进行交流和沟通。
（3）能与他人共享学习资源，具有较好的合作能力和团队协作精神。
二、知识总结
（1）简述城市轨道交通接触网的组成及特点。

续表

（2）简述接触悬挂的分类及特点。

（3）简述架空式柔性接触网的组成和特点。

三、操作运用

（1）分别说明图5-6（a）、（b）的接触悬挂的名称；填写图5-6中①～⑤号所表示的名称。
（a）＿＿＿＿＿＿＿＿；（b）＿＿＿＿＿＿＿＿；
① ＿＿＿＿＿＿＿＿；② ＿＿＿＿＿＿＿＿；
③ ＿＿＿＿＿＿＿＿；④ ＿＿＿＿＿＿＿＿；
⑤ ＿＿＿＿＿＿＿＿。

（2）写出图5-12中设备名称，写出图中①～④号所表示的名称。
① ＿＿＿＿＿＿＿＿；② ＿＿＿＿＿＿＿＿；
③ ＿＿＿＿＿＿＿＿；④ ＿＿＿＿＿＿＿＿。

（3）简述关节式刚柔过渡技术要求，并画出关节式刚柔过渡示意图。

四、实训小结

＿＿
＿＿
＿＿＿＿＿＿＿＿＿＿＿＿＿＿＿＿＿＿＿＿＿＿＿＿＿＿＿＿＿＿＿＿＿＿＿＿＿＿

五、成绩评定

1.学生评价

评价等级	A—优	B—良	C—中	D—及格	E—不及格
学生自评					
组内互评					
他组互评					

2.教师评价

评价等级	A—优	B—良	C—中	D—及格	E—不及格
专业能力					
方法能力					
社会能力					
评价结果					

续表

3.综合评价

评价等级	A—优	B—良	C—中	D—及格	E—不及格
评价结果					

注：按照学生自评占10%、组内互评占10%、他组互评占20%、教师评价占60%的比例计分。其中，A—100分，B—85分，C—75分，D—60分，E—50分。

4.评价量规

等级	行为表现描述
A	能圆满高效地完成实训任务的全部内容
B	能顺利完成实训任务的全部内容
C	能完成实训任务的全部内容，但需要一些帮助和指导
D	自己只能完成实训任务的部分内容，但在老师的指导下，能够完成任务的全部内容
E	不能完成实训任务的全部内容

【操作运用案例2】城市轨道交通接触网的施工

1.实训项目教师工作活页

实训项目教师工作活页　　　　NO：_____

实训项目	城市轨道交通接触网的施工		
学　时	2	班　级	略
实训场所	列车控制仿真实验室		
工具设备	城市轨道交通接触网设备仿真模型和接触网零部件实物，接触网作业车、接触网恒张力放线车、接触网动态监测车实物模型、接触网施工及检测图片、多媒体设备等。		
教学目标	专业能力	（1）能简要说明接触网基础工程及注意事项。 （2）能说明接触网架设的程序和方法。 （3）能说明承力索架设的程序和方法。 （4）能说明接触网施工放线车的功能和注意事项。 （5）能简要说明接触网动态监测车的检测方法。 （6）能说明接触网的基本调试方法。 （7）能简要说明接触网冷滑试验和送电开通程序。	
	方法能力	（1）能综合运用专业知识，通过专业书籍、上网查询、多媒体课件和图片资料获得帮助信息。 （2）能根据实训项目学习任务确定实训方案，从中学会表达及展示活动过程和成果。	
	社会能力	（1）能在实训活动中保持积极向上的学习态度。 （2）能与小组成员和教师进行交流和沟通。 （3）能与他人共享学习资源，具有较好的合作能力和团队协作精神。	
教学活动	略（详见教学活动设计）		

续表

教学评价	学生活动： （1）以5～7人小组为单位开展实训活动，根据本组同学在实训过程中的能力表现及结果进行组内互评。 （2）根据其他小组同学在成果展示活动中的表现及结果进行互评。 教师活动： （1）教师组织学生开展评价活动和总结。 （2）对学生本单元项目单元成绩做出综合评价。		
教学资料	（1）城市轨道交通接触网教材。 （2）城市轨道交通接触网参考书。 （3）实训项目学生学习活页（附页）。		
指导教师		教学时间	年　月　日

2.实训项目学生学习活页

实训项目学生学习活页　　　　　　　　　　　　　NO：_____

实训项目2　城市轨道交通接触网的施工

班级：_____姓名：_____学号：_____时间：_____

一、实训目标
　　1.专业能力目标
　　（1）能简要说明接触网基础工程施工程序及注意事项。
　　（2）能说明接触网架设的程序和方法。
　　（3）能说明承力索架设的程序和方法。
　　（4）能说明接触网施工放线车的功能和注意事项。
　　（5）能简要说明接触网动态监测车的功能和检测方法。
　　（6）能说明接触网的基本调试方法。
　　（7）能简要说明接触网冷滑试验和送电开通程序。
　　2.方法能力目标
　　（1）能综合运用专业知识，通过专业书籍、上网查询、多媒体课件和图片资料获得帮助信息。
　　（2）能根据实训项目学习任务确定实训方案，从中学会表达及展示活动过程和成果。
　　3.社会能力目标
　　（1）在实训中保持积极向上的学习态度。
　　（2）能与小组成员和教师进行交流和沟通。
　　（3）能与他人共享学习资源，具有较好的合作能力和团队协作精神。
二、知识总结
　　（1）简述接触网基础工程施工程序及注意事项。

　　（2）简述混凝土施工的基本知识。

　　（3）简述接触网放线、紧线和终锚的过程。

续表

三、操作运用

（1）简要说明支柱基坑定位的基本方法。

（2）绘制杯形基础示意图，并简要说明制作过程。

（3）绘制承力索弛度测量图，并说明测量计算方法（实际测量）。

4. 简述激光式接触网动态检测车的功能。

四、实训小结

_____

_____

_____

五、成绩评定

1. 学生评价

评价等级	A—优	B—良	C—中	D—及格	E—不及格
学生自评					
组内互评					
他组互评					

2. 教师评价

评价等级	A—优	B—良	C—中	D—及格	E—不及格
专业能力					
方法能力					
社会能力					
评价结果					

3. 综合评价

评价等级	A—优	B—良	C—中	D—及格	E—不及格
评价结果					

注：按照学生自评占10%、组内互评占10%、他组互评占20%、教师评价占60%的比例计分。其中，A—100分，B—85分，C—75分，D—60分，E—50分。

续表

4.评价量规	
等级	行为表现描述
A	能圆满高效地完成实训任务的全部内容
B	能顺利完成实训任务的全部内容
C	能完成实训任务的全部内容,但需要一些帮助和指导
D	自己只能完成实训任务的部分内容,但在老师的指导下,能够完成任务的全部内容
E	不能完成实训任务的全部内容

【操作运用案例3】城市轨道交通接触网的运营与检修

1.实训项目教师工作活页

实训项目教师工作活页　　　　　　　　NO:＿＿＿＿＿

实训项目	城市轨道交通接触网的运营与检修		
学　时	2	班　级	略
实训场所	列车控制仿真实验室		
工具设备	城市轨道交通接触网检修常用工具和零部件实物,接触网检修作业车实物模型、接触网检修及检测图片、多媒体设备等。		
教学目标	专业能力	(1)能简要说明接触网运营管理的任务和内容。 (2)能说出接触网管理制度的项目和名称。 (3)能简要说明接触网检修修程。 (4)能简要说明接触网检修方式。 (5)能简要说明接触网常见故障分析。 (6)能简要说明接触网故障应急处理。	
	方法能力	(1)能综合运用专业知识,通过专业书籍、上网查询、多媒体课件和图片资料获得帮助信息。 (2)能根据实训项目学习任务确定实训方案,从中学会表达及展示活动过程和成果。	
	社会能力	(1)能在实训活动中保持积极向上的学习态度。 (2)能与小组成员和教师进行交流和沟通。 (3)能与他人共享学习资源,具有较好的合作能力和团队协作精神。	
教学活动	略(详见教学活动设计)		
教学评价	学生活动: (1)以5~7人小组为单位开展实训活动,根据本组同学在实训过程中的能力表现及结果进行组内互评。 (2)根据其他小组同学在成果展示活动中的表现及结果进行互评。 教师活动: (1)教师组织学生开展评价活动和总结。 (2)对学生本单元项目单元成绩做出综合评价。		
教学资料	(1)城市轨道交通接触网教材。 (2)城市轨道交通接触网参考书。 (3)实训项目学生学习活页(附页)。		
指导教师		教学时间	年　月　日

2.实训项目学生学习活页

实训项目学生学习学生学习活页　　　　　　　　　　　　NO:_____

实训项目3　城市轨道交通接触网的运营与检修

班级:_____姓名:_____学号:_____时间:_____

一、实训目标
　　1.专业能力目标
（1）能简要说明接触网运营管理的任务和内容。
（2）能说出接触网管理制度的项目和名称。
（3）能简要说明接触网的检修修程。
（4）能简要说明接触网的检修方式。
（5）能简要说明接触网的常见故障分析。
（6）能简要说明接触网的故障应急处理。
　　2.方法能力目标
（1）能综合运用专业知识,通过专业书籍、上网查询、多媒体课件和图片资料获得帮助信息。
（2）能根据实训项目学习任务确定实训方案,从中学会表达及展示活动过程和成果。
　　3.社会能力目标
（1）在实训中保持积极向上的学习态度。
（2）能与小组成员和教师进行交流和沟通。
（3）能与他人共享学习资源,具有较好的合作能力和团队协作精神。

二、知识总结
（1）简述接触网运营管理的方针。

（2）简述接触网巡视作业制度。

（3）简述接触网的停电作业方式。

（4）简述接触网常见故障分析。

三、操作运用
（1）按接触网交、接班制度的要求,1人模拟交班人员,1人接班人员。进行交接班模拟演练,并按规定填写有关记录和在值班日志中签名。并填写交、接班的主要项目。

（2）准备好防护用品、对讲机、红黄信号旗、警笛、信号灯等,根据作业的防护制度要求,模拟车站站台防护人员、作业区域两端的防护人员,进行线路封闭、开工、线路来车、收工等防护作业演练,并做好记录。

（3）准备好接地线、验电器、绝缘靴、安全帽、绝缘手套、安全带和有关工具,按验电接地制度的规定,进行验电接地作业,并填写基本作业程序。

续表

（4）准备好绝缘靴、安全帽、绝缘手套和有关工具，按倒闸操作的规定，进行隔离开关手动倒闸作业，并做好记录。

（5）按故障的应急处理工作程序，模拟进行接触线断线故障的应急处理。需要人员：发现故障人、供电调度、工区负责人、工区人员若干。准备工具材料：接触线、专用线夹，紧线器、作业车、大绳、滑轮、铁线、委弯器、正弯器、水平尺、测杆和组合工具等。

四、实训小结

_____
_____
_____

五、成绩评定

1.学生评价

评价等级	A—优	B—良	C—中	D—及格	E—不及格
学生自评					
组内互评					
他组互评					

2.教师评价

评价等级	A—优	B—良	C—中	D—及格	E—不及格
专业能力					
方法能力					
社会能力					
评价结果					

3.综合评价

评价等级	A—优	B—良	C—中	D—及格	E—不及格
评价结果					

注：按照学生自评占10%、组内互评占10%、他组互评占20%、教师评价占60%的比例计分。其中，A—100分，B—85分，C—75分，D—60分，E—50分。

4.评价量规

等　级	行为表现描述
A	能圆满高效地完成实训任务的全部内容
B	能顺利完成实训任务的全部内容
C	能完成实训任务的全部内容，但需要一些帮助和指导
D	自己只能完成实训任务的部分内容，但在老师的指导下，能够完成任务的全部内容
E	不能完成实训任务的全部内容

复习与思考

1. 接触网的主要形式有哪些?
2. 接触网的工作特点是什么?
3. 接触网的供电方式有哪些?
4. 柔性接触网由哪几部分组成?
5. 接触悬挂有哪些类型?各包括哪几部分?
6. 锚段与锚段关节作用是什么?
7. 定位装置的作用是什么?
8. 补偿装置的作用是什么?
9. 什么是中心锚接?
10. 线岔的作用是什么?
11. 电连接有什么作用?
12. 分段绝缘器有什么作用?
13. 接触网补偿装置的作用是什么?
14. 什么是刚性悬挂?
15. 架空刚性悬挂由哪几部分组成?
16. 架空刚性悬挂和架空柔性悬挂的区别和特点是什么?
17. 第三轨接触网的特点是什么?
18. 按与受流靴的接触摩擦方式,接触轨可分为哪几种?
19. 简述站场接触网的平面布置原则。
20. 站场接触网的支柱布置顺序是什么?
21. 纵向测量的基本顺序是什么?
22. 横向测量的测量方法是什么?
22. 开挖基坑的质量要求是什么?
23. 选择混凝土配合比的要求是什么?
24. 基础混凝土浇注的技术要求是什么?
25. 杯形基础的技术要求是什么?
26. 承力索架设的基本程序是什么?
27. 简述承力索倒鞍子的过程。
28. 接触网作业车的工作特点是什么?
29. 承力索和接触线架设调整注意事项是什么?
30. 接触网恒张力放线车组成是什么?

31.接触网动态检测车的基本功能是什么？

32.简述拉出值的检测原理。

33.接触悬挂的粗调和细调的内容是什么？

34.冷滑试验的检查项目和内容是什么？

35.接触网竣工文件主要包括什么内容？

36.接触网送电开通程序是什么？

37.接触网送电开通的安全措施是什么？

38.接触网有多少项管理制度？

39.接触网作业制度的主要内容是什么？

40.接触网的小修和大修各包括哪些项目？

41.接触网有哪几种检修作业方式？

42.接触网停电作业基本步骤是什么？

43.接触网带电作业基本要求是什么？

44.接触网检修作业的三个特点是什么？

45.接触网弓网故障发生的主要原因是什么？

46.接触网线索断线故障发生的主要原因是什么？

47.接触网故障急处理的基本程序是什么？

48.接触网故障应急处理的基本原则是什么？

项目六 城市轨道交通供电SCADA系统

城市轨道交通SCADA系统是城市轨道交通电力系统的主要组成部分。它通过先进和开放的计算机网络、可靠的硬件系统和良好的人机界面，实现对城市轨道交通电力系统的监控。SCADA系统能够对整个轨道交通网中运行的设备进行数据采集和监控，保证运输网络正常运行。

城市轨道交通SCADA系统主要对城市轨道交通全线的变电所内和区间接触网中的电力设备的运行情况进行分层、分布的远程实时监视和控制，处理供电系统的各种异常事故和报警事件，保障供电系统的正常运行，同时提升供电系统调度、管理和维修的自动化程度，提高供电质量，保证系统安全、可靠地运行。

任务一　电力监控系统（SCADA系统）的基础

学习目标

（1）掌握城市轨道交通SCADA系统的基本概念。
（2）了解远动系统的组成与分类。
（3）掌握远动系统实现调度自动化的基本过程。
（4）掌握基本的通信原理。

学习任务

认知城市轨道交通牵引供电系统中电力SCADA系统的基本概念及应用和操作，以及在电力、配电综合自动化系统中的作用。了解高、低压设备现场/远方操作流程、连锁原理、倒闸操作的过程和监控原理。

工具设备

城市轨道交通供电系统工控仿真软件、牵引变电所的设备沙盘模型、远方/现场模拟操作演示平台等电气设备实物的零部件、图片、多媒体设备等。

教学环境

理实一体化教室或列车运行控制仿真实验室。

基础知识

在电力系统中，SCADA系统应用最为广泛，技术发展也最为成熟。它在远动系统中占有重要地位，可以对现场的运行设备进行监视和控制，以实现数据采集、设备控制、测量、参数调节及各类信号报警等功能，即我们所知的"四遥"功能。

RTU（远程终端单元）和FTU（馈线终端单元）是它的重要组成部分。在现今的变电站综合自动化建设中起了相当重要的作用。它作为能量管理系统（EMS系统）的一个最主要的子系统，有着信息完整、提高效率、正确掌握系统运行状态、加快决策、能帮助快速诊断出系统故障状态等优势，现已经成为电力调度不可缺少的工具。它对提高电网运行的可靠性、安全性与经济效益，减轻调度员的负担，实现电力调度自动化与现代化，提高调度的效率和水平方面有着不可替代的作用。

一、电力监控系统的特征及发展

（一）SCADA系统概述与发展

远动的基本概念：就是对物体或过程进行远距离测量和控制的综合技术。在城轨供电远动技术中，有变、配电所的监控系统，接触网线路开关的监控系统，电力线路开关和车站信号电源的监控系统，以及各类视频监控系统等。SCADA（Supervisory Control And Data Acquisition）系统是以计算机为基础的生产过程控制与调度自动化系统。它可以对现场的运行设备进行监视和控制，以实现数据采集、设备控制、测量、参数调节及各类信号报警等功能。

电气化铁路是最早采用远动技术的部门之一。由于远动化技术的经济效果突出，在地铁供电系统中得到日益广泛地应用。其经济技术效果主要表现在如下几个方面。

（1）提高了安全供电的可靠性。远动化后，减少了操作环节，避免了电话传令的误听误认，人员合理配置，可以有业务熟练的调度员进行操作，提高操作质量。

（2）缩短事故处理时间，缩小事故范围。调度员通过远动装置能直接监视全系统的运行情况，一旦发生事故，调度员即可掌握事故的全貌，做出正确判断，迅速采取措施，及时、准确地进行事故处理。

（3）提高调度效率。采用程控操作，扩大自动和联动的范围。并随着计算机技术的发展，使大量的信息得以高速处理并且有利于各种统计指标的相关研究。

（4）节省人员。变配电所、分区所和开闭所实行无人值班，集中监控，可减少操作人员，节省相应生活设施和人员的费用。

（5）节约投资，加快施工进度。无人值班的变配电所，占地少，房屋面积小，一、二

次设备简化，从而节约总的投资费用，并加快了工程建设速度。

总之，由于远动给地铁系统带来了一系列的好处，进而也推动了远动化的高速发展，随着计算机技术的飞跃发展，又为远动装置提供了新的技术基础。随着微型计算机技术进入远动领域，使远动装置和远动系统无论在功能上和质量上都发生了显著的变化。

（二）SCADA远动系统的组成与分类

远动系统包括三个部分：命令的产生、传送与接收。远动系统的发送端设备即命令的产生部分，接收端设备即命令的接收部分，而命令的传送部分则称为远动系统的信道。远动系统的结构如图6-1所示。

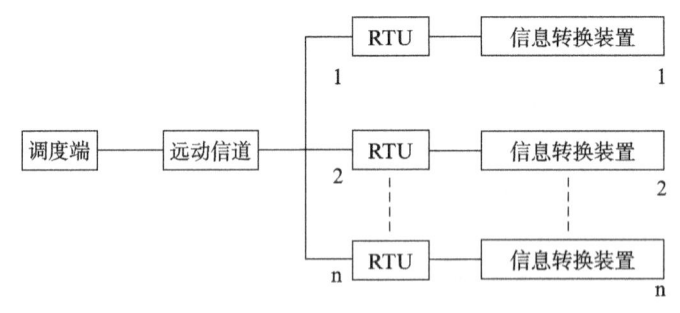

图6-1 远动系统的结构

远动系统由调度端、远动信道、远动终端（RTU）、信息转换装置组成，各部分具有如下功能。

（1）调度端：远动系统最主要的人机界面部分的主要调度操作都在调度端实现，各远动终端和子监控与调度系统采集到的有关数据都要定时或不定时在调度端进行汇总。

（2）远动信道：用于传输远动数据的通信信道称为远动信道。远动信道的质量是确保微机远动系统可靠运行的重要前提，微机远动系统的调度端与各远动终端RTU通常构成1:N的集散监控与调度，通信信道则担负调度端与各远动终端间数据传送的重任。在一个计算机远动系统中，调度端和各远动终端的质量再好，如果信道不过关，这样的远动系统则毫无用处。

（3）远动终端：是位于远离调度端对现场实现监测和控制的装置。它接收和处理现场信息经转换后送来的模拟量、脉冲量和开关量；为每一控制执行回路或调节执行机构回路提供继电器的1～2对常开或常闭节点。

（4）现场信息转换与控制机构：包括需要测量对象信息的转换与放大和被控对象的执行机构两部分。远动终端只能采集和接收符合要求的电信号，而测量对象往往还有非电信号的物理量，如压力、温度等。因此，由传感器将非电信号的量转换为电信号，并经放大和加工处理后，变为远动终端接收的信号。对于有些就是电信号的物理量，如电流、电压、功率、电度等参数的测量，因其幅度大小不标准，需经适当变换，使之满足RTU的要求。

根据系统采用的信道，被控站及调度系统的结构可有多种分类。

（1）按信道结构分：传送信号是利用有线还是无线信道分为有线和无线远动系统。如站场开关的无线远动装置。

（2）按被控端结构分：常规远动系统，综自运动系统。

（3）按调度端结构分：单机系统，双机系统，网络化系统。

二、微程序控制原理

远动是实现调度所对分布现场的被控站进行远距离的监视和控制。因此，需要一定的通道来实现调度端与被控端的信息交换。

在数据传输中，数字基带信号有其传输的特点，但不适用于远距离传输。在传输远动信号时采用调制技术，在发送端将基带信号调制成频带信号后再送至信道，在接收端经过解调再恢复成基带信号。频带传输系统如图6-2所示。

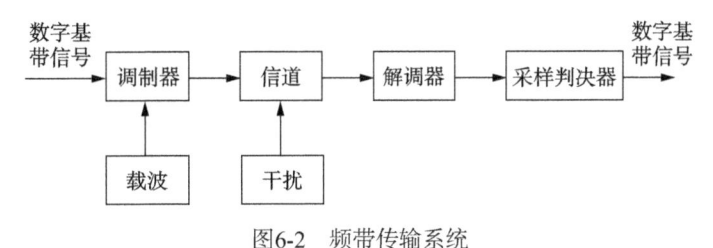

图6-2 频带传输系统

频带传输方式具有传输距离远、抗干扰能力强、多路复用等优点。因此，在远动传输的信号中都有载波信号。远动的通道板上都有调制解调器，利用软件或硬件产生并发出载波信号。因此，在检查通道的好坏时可通过测量载波信号来判断。有些远动设备是接入其他办公网，利用网络通信时就不需要自己提供载波信号。远距离传输时需要的载波信号由通信部门提供。

三、电力监控系统的性能指标

对任何远动系统，均以远动系统性能指标来衡量其优劣或作为设计、选型的要求，性能指标主要有以下几点。

（1）可靠性：是指设备在技术要求所规定的工作条件下，能够保证所规定的技术要求的能力。

（2）容量：通常把遥控、遥调、遥测、遥信等对象的数量，称为该远动装置的容量。

（3）功能：除了四遥作用外，还有数据记录、信息转发、自动调节等功能。

（4）实时性：实时即及时的意思，要求显示、记录、控制等功能均要在规定时间内完成，实时性常用"传输时延"来衡量，它是指从发送端事件发生到接收端正确地收到该事件信息这一段时间之间隔。

（5）抗干扰能力：在有干扰的情况下，远动系统仍能保证技术指标的能力称为远动系

统的抗干扰能力。

增加抗干扰能力的方法有两种，一是在信道输入端适当变换信号形成，使其不易受干扰的影响，二是在接收端变换环节的硬件结构上加以改善，使其具有消除干扰的滤波能力。

（6）精度：输入或输出量的精度亦是远动系统的重要指标。

（7）安全性：设备安全、控制安全、通信安全。

（8）可维护性及可扩容性：由于变电所存在增加输入、输出线路的可能性，因此要求远动系统具有可扩容性，即便于增加"四遥"容量。随着电力系统的发展和调度系统的完备，变电所与各级调度所均要进行通信联系，因此必须具备相应的通信接口。

相关案例及知识拓展

集中式变电所自动化系统

1. 集中式变、配电所自动化系统的特点

（1）为使值班员及时了解实时运行状况而开发了一种应用软件，具有数据通信、实时监控、图形绘制、报表管理等完成变配电所日常事务处理所需要的全部功能。

（2）该系统遵循国际开放式标准。采用Win NT或Win 2000作为系统软件平台，工业PC机作为硬件平台。

（3）真正的多任务多用户实时监控系统，采用先进的多进程、多线程技术，软、硬件高度模块化。开放的数据库连接标准BDE或ODBC，支持工业标准的SQL数据库查询语言，管理方便。

（4）支持冗余设计，双机热备用，主、备机之间软件自动切换。系统根据登陆者的身份（具有口令保护）自动赋予操作者不同的操作权限，充分考虑了系统的安全性能指标。

这种模式适用于现有的传统变电所改造，由变电所终端RTU集中完成所内数据采集功能，上级主控站或站控机通过RTU实现对变电所进行控制，继电保护仍可沿用原有装置，但要能够在故障情况下向RTU或站控机报告保护动作信息。

2. 集中式变、配电所自动化系统的主要功能

1）数据采集

SCADA系统采用多线程技术实时采集遥测、遥信、电度、微机保护等数据，同时向各自动化装置发送各种数据信息及控制命令。

2）数据处理

SCADA系统采集数据后，立即进行数据处理并对重要数据存盘。

3）计算与检索功能

对实时和历史的模拟量、数字量及状态进行计算与检索。计算中，包括各种计算类型，电力系统的通用计算均可完成。可检索实时数据、一段时间内（时、日、月、年）的

历史数据和资料，用户可以定义检索条件，检索结果可显示、存储，可供图表调用。

4）电网控制

5）微机保护远方监视和整定

通过人机界面召唤现有定值；在线修改保护定值；设定保护功能投切压板，操作方便、快捷。

6）信息与报警

报警方式包括：文字（光字牌）报警、声音报警、打印报警。

报警类型包括：越限报警、变位报警、事故报警、保护故障信息、自动化系统故障报警。

7）设备信息查询

可以录入、编辑、查询变压器、开关等设备的参数、运行及检修情况；查询各种保护设备的参数（定值等）及运行情况。

8）操作记录功能

对于进入系统用户的遥控等操作步骤存入历史数据库，便于查询。

9）故障录波及显示

在发生故障时保护监控装置自动进行录波，并将信息送至当地功能系统。当地功能系统对录波数据进行存储、分析，并将波形显示出来。

10）系统自检功能

在线自诊断各保护装置、RTU等。设备运行异常时报警，并将结果送至当地功能系统，以便显示和打印；该功能可用于变、配电所交接班或对保护单元的保护功能的动态测试。

任务二　SCADA系统的构成

学习目标

（1）了解供电SCADA系统的构成。
（2）认知城市轨道交通供电远程监控的实现方式。
（3）了解SCADA系统的硬、软件组成。
（4）认知SCADA系统设备的安装调试及应用领域。

学习任务

认知城市轨道交通电力SCADA系统的功能、组成及实现方式，了解城市轨道交通外部供电电源、SCADA系统的硬、软件组成结构原理图，安装调试、维护、维修等。

工具设备

城市轨道交通供电系统工控仿真软件、牵引变电所设备沙盘模型、通信网络接口部件，远方/现场模拟操作演示平台，图片、多媒体设备等。

教学环境

理实一体化教室或轨道交通综合实验室。

基础知识

电力监控系统（简称SCADA系统）实现在控制中心（OCC）对供电系统的主变电所、牵引变电所和降压变电所的供电设备的运行状态进行集中管理和调度、实施控制和数据采集。除利用"四遥"（遥控、遥信、遥测、遥调）功能监控供电系统设备的运行情况，及时掌握和处理供电系统的各种事故、报警功能外，利用该系统的后台工作站还可以对系统进行数据归档和提供统计报表，以便更好地管理供电系统。

SCADA系统可实现实时采集现场数据，对供电现场或远程的自动控制，对供、配电流程进行全面实时的监视，并提供调度和管理的数据等多方面的功能。城市轨道交通供电系统是轨道交通的重要组成部分，它不但为列车提供牵引动力，而且还为地铁提供运营服务的辅助设施，如照明、通风、空调、排水、通信、信号、防灾报警、自动扶梯等提供电力。

一、电力监控系统的功能及实现描述

为了完成变电所与调度所之间远距离信息的实时自动传输，必须应用远动技术和采用远动装置。远动技术即是调度所与各被控端之间实现遥控、遥测、遥信和遥调技术的总和。

遥控（YK）：遥控是从调度所发出命令以实现远方操作和切换。通常只有两种状态指令，如开关的"分"、"合"，电机的"启动"、"停止"，闸门的"开启"、"关闭"等指令。

遥调（YT）：遥调是调度所直接对被控站某些设备的工作状态和参数的调整，如调节变电所的母线电压值。

遥测（YC）：遥测是指将被控站的运行参数如功率、电压、电流、电度、温度等参数，传输给调度端。

遥信（YX）：遥信是指将被控站设备的状态，如断路器的位置信号、报警信号等，传输给调度端。

远动的主要任务是集中监视和集中控制。正常情况下实现合理的运行管理，以提高经济效益。事故情况下，可及时了解事故性质和范围，加快事故处理，使事故损失尽可能减少。同时，可使变电所实现少人化和无人化管理，提高供电质量，改善运行人员劳动条件，提高工作效率及减少运行费用，达到安全、经济、高效生产的目的。

远动系统的功能可从以下两个方面进行说明。

（一）数据采集及处理功能

1. 模拟量输入

模拟量是生产过程中连续变化的参量，如温度、压力、流量、电流、电压和功率等。

为了实现计算机控制系统对生产过程的监控，要把这些模拟量经过变送器转换成模拟电信号，再通过外围设备中的模拟量输入部件，逐个地把他们变为二进制电信号，然后送进控制机。

模拟量输入部件主要由采样切换器、数据放大器、模数转换器（A/D）和控制器等组成。模拟量输入通道原理图如图6-3所示。

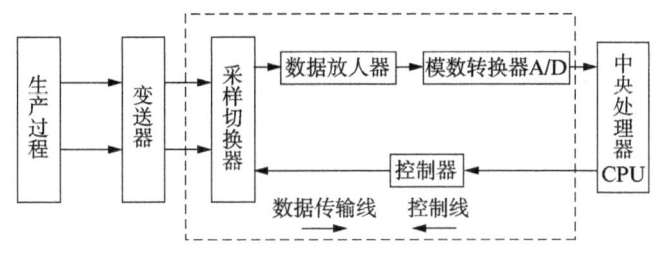

图6-3 模拟量输入通道原理图

采样切换器的任务是轮流切换和引入由变送器送来的模拟电信号。模拟电信号一般为0～5 V或4～20 mA的直流信号，再送入模数转换器把它变成二进制电信号。控制器操纵采样切换器和模数转换器，使它们有节奏地正常工作。

1）模数转换器（A/D）

模数转换器的类型有多种，最为常用的是逐级比较型，其作用是将随时间连续变化的量转换成计算机所能识别的二进制信号。

2）采样切换器

控制机所要检测的生产过程的运行参数一般是很多的，如果每路输入信号都设1套A/D转换器，那么设备非常庞大。因此，现在所使用的模拟输入通道，大都是几个到几十个输入模拟信号共用1套A/D转换器，而通过采样切换器使在一定时间间隔内，只有1路模拟信号被接入A/D转换电路去进行转换。

3）数据放大器

数据采集中使用的放大器与一般测量系统中的放大器相似。它要求高增益、高稳定度、宽频带、低零漂和低噪声。一般将这种处理数据用的放大器称为数据放大器。模拟通道中的数据放大器的作用是对通道的各部分进行隔离，获得阻抗匹配；在低电平通道中，需要它来提高信号电平以适应A/D的输入要求。

4）数字滤波

有些生产过程中随机干扰的噪声频率是很低的，用阻容元件的滤波器即使时间常数为秒级也不能把它们全部消除。加大滤波时间常数将增加滞后时间，同时也增加滤波器的体积和重量。一种有效的方法是用程序来实现，以减少噪声在信号中的比重，用程序来减小干扰的方法称为数字滤波。

2. 开关量输入

开关量输入是过程输入的另一部分。所谓开关量，是指生产现场中那种只具有开或关两种状态的量，可以用"0"或"1"两种电平表示它们所处的状态。开关信号的转换可以用开关量信号转换如图6-4所示的方法实现。

图中触点（输入）是表示被检测开关的辅助触点。当触点闭合时，灯泡D工作，光线照射光敏二极管E，使其电阻减小，BG1导通。BG1作发射极输出，BG2基极为高电位。因而BG2导通，其集电极输出低电平（0 V）。反之，当触点断开时，灯泡熄灭，光敏二极管相当于开路，BG1截止，故BG2亦截止，输出高电平（5 V）。因此，BG2的输出信号就代表了该开关的状态。

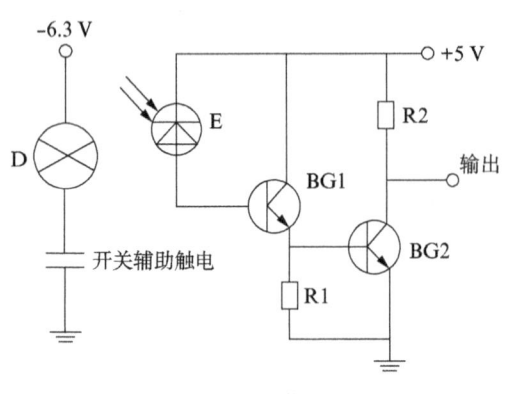

图6-4 开关量信号转换

生产过程实现计算机监控，需要监视的开关量很多，可达数百点以上。为了避免混乱，每个点应有固定的编号（或称开关量输入地址）。由于一个开关量不是"1"就是"0"，所以如果计算机字长是16位，那么每个字就可以储存16个不同的开关量，称为一组。输入到主机的开关量是分组进行的，即每次输入的开关量数就等于计算机的字长。

3. 输入数据的前置处理

计算机要搜集的运行参数类别很多，如温度、压力、流量、水位、速度、加速度、二氧化碳浓度、电流、电压、功率、频率等。而每一种参数的测量范围又是很宽的，通常使用各种变送器将这些参数转换成相应的电参数。即使如此，计算机也不可能对这些电参数进行预处理，一般需将参数通过A/D转换器变换成数字后输入计算机。

在以上数据采集与前置处理的基础上，计算机或计算机系统实现微机远动功能。

（二）运行的安全监视功能

1. 运行参数的监视（巡回检测）。
2. 运行参数的制表打印。

对于运行参数和设备状态的记录，也是控制计算机必不可少的功能。它对变电所的运行分析和故障分析都起到很大的作用。这一部分功能的主要内容包括。

（1）定时制表。

（2）参数越限打印。

（3）事故追记打印。

（4）操作记录。

3. 屏幕显示：主结线图、主变压器运行参数表、运行参数表、事故信息表及故障信息

表、操作记录表、实时曲线、电度量表等。

4. 报警功能

变电所的报警有如下几种。

(1) 故障报警：显示报警内容，一般以黄色表示报警发生，同时启动故障报警音响。

(2) 事故报警：显示报警内容，一般以红色表示报警发生，报警点闪烁（人为确认报警后才停止闪烁）。一般从原屏幕显示画面切换到主接线画面，以便运行人员一目了然看到事故点，同时启动事故报警音响。

(3) 越限报警：当越限时，越限参数改变颜色（越上限为红色，越下限为黄色）。

(4) 上述情况下，均启动语言报警，告知发生的事件。

(5) 上述情况下，均启动打印报警，以备分析事件用。

5. 遥控功能

(1) 断路器分、合闸。

(2) 隔离开关分、合闸，接地刀闸操作等（需注意闭锁条件）。

(3) 电压及无功调节需注意闭锁条件。

6. 自动功能

自动功能是指远动系统执行端的计算机系统（下位机）不需调度端的命令而可自动执行的控制。

7. 通信功能

远动系统不仅上、下位机间要进行通信而且往往有下列通信要求。

(1) 与地调及中调的通信：将一些重要的状态信号及参数实时传送至地调与中调，并接受地调与中调的命令。

(2) 与继电保护管理机通信：采集继电保护的信息，并在远动系统中予以显示，如保护定值、保护状态等。同时可经继电保护管理机改变保护定值及投入、退出某种保护。

二、供电电源

对于RTU设备来说，电源系统是很重要的。

其电源系统一般包括一次电源和二次电源。

一次电源是把市电转换成DC 24 V或者12 V电源，目前一般采用开关电源。但由于很多开关电源的设计是按照室内环境设计的，不一定能够满足现场的需要。在很多场合需要特制的电源，需要增加一个隔离变压器，能够大大提高系统的可用性，这是我们多年的经验之谈。为了停电后系统还能维持工作，需要配专门的电池，如铅酸电池、镍氢电池、锂电池等。需要指出的是镍氢和锂电池在低温下容量下降得很厉害。

一次电源还用来给传感器供电，给执行机构供电，给开关量输入供电等。电源系统对于系统可靠性至关重要，所以，必须选用质量和性能好的电源。

二次电源一般通过小功率的DC/DC转换器，转换成CPU的电源和其他电源，如5 V、12 V等。

对于有的场合采用太阳能电池，太阳能电池在中午时功率很大，晚上没有多大的输出，要配电池支持晚间和阴雨天气。千万不要认为在太阳光下电池输出1W，而在没有太阳光的时候，太阳能电池怎么也要输出几十毫瓦，其实输出恐怕只有微瓦量级。

三、系统硬件

远动系统的硬件结构可分为三个部分，即主要用于值班人员进行监视与操作的上位监控管理计算机（或计算机系统）、主要用于与现场设备联系的下位机系统及辅助的外用接口设备。

（一）上位监控管理计算机（或计算机系统）

上位监控管理计算机或上位监控管理计算机系统简称上位机或上位机系统，是人与远动系统的连接界面，根据远动系统规模的大小，可以采用单台计算机，也可以采用多台计算机。当采用单台计算机时，所有的操作和监视功能都在此上位机上完成。

当采用多台计算机组成上位机网时，可以将功能分散在各个计算机上，此时主要用于运行人员监视和操作的计算机称为工作站，主要用于进行计算机资源管理和数据库管理的计算机称为服务器，主要用于与现场下位机系统联系的计算机称为前置机。上位机或上位机系统的计算机不是普通的家庭用个人计算机，而是专门用于工业控制的工业控制计算机（简称工控机）。这些工控机的主板、机箱和电源等都较一般的计算机有更高的要求。如果远动系统规模较大，在投资条件许可的情况下，还可以采用性能和指标更高的计算机，如服务器或小型机等。服务器虽然属于微型计算机的范畴，但它的配置更高，可靠性也更高。

（二）下位机系统

下位监控机主要实现与现场设备的连接，硬件结构可以采用多种形式，主要有RTU、PLC或PCC。RTU（Remote Terminal Unit）是远方终端单元的简称，主要完成"四遥"功能。PLC（Programmable Logic Controller）是可编程序逻辑控制器的简称，与RTU相比，具有较强的逻辑编程功能，且由于PLC编程简便、抗干扰能力强，所以目前已得到广泛应用。在PLC的基础上，随着计算机技术的不断发展，编程功能更强的PCC已推向市场，并将逐步进入远动系统。

下位机最好采用模块式结构，这便于下位机的扩展与维修，在大型远动系统中，下位机可由多台PLC、PCC或RTU联网构成，每台PLC、PCC或RTU完成特定范围的功能，这有利于编程、调试与控制，当然相应的成本也将会上升。

现场模拟信号一般经变送器输入下位机系统中，但也可用智能仪表进行交流和采样，经通信系统与下位机系统相连接。

SCADA主站系统的远程监控系统的硬件连接如图6-5所示。

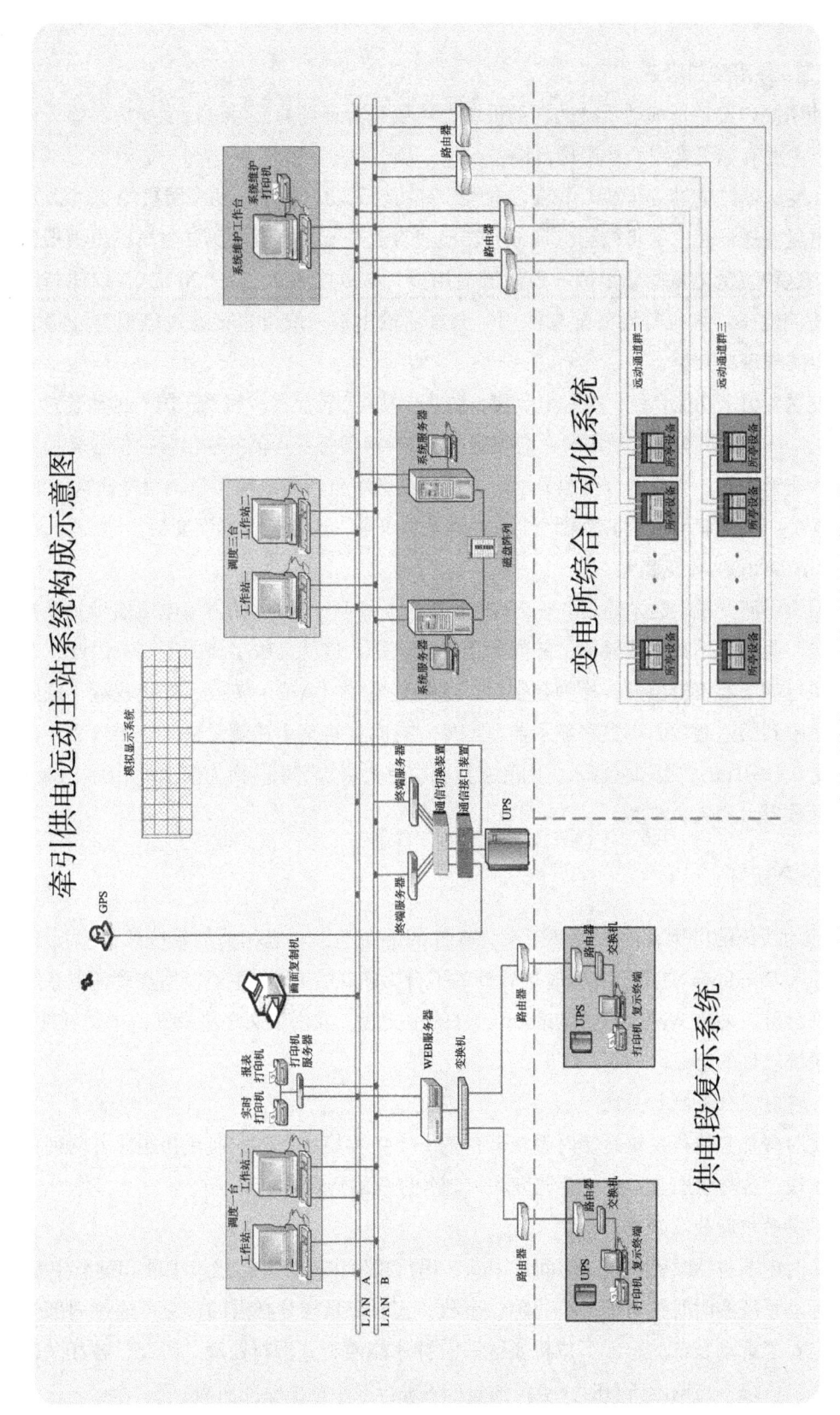

项目六　城市轨道交通供电SCADA系统

图6-5　SCADA主站系统的远程监控系统的硬件连接

(三)外用接口设备

外用接口设备是远动系统的辅助设备,主要是将现场的信号进行变换后,输入计算机系统。主要有如下常用的外用接口设备。

1. 变送器:电量变送器(电流、电压、有功、无功、频率、功率因数等变送器)。

电量变送器是一种将被测电量参数转换成直流电流,直流电压并隔离输出模拟信号的设备。这种直流电量的输出值一般做成通用型,如 $0\sim5$ V、$4\sim20$ mA,以便与远动、巡回检测电子计算机等设备配套使用。变送器输出端一般可直接通过电缆与计量表相连接,以实现现场测量。

变送器另一功能是抗干扰和电隔离,防止干扰A/D转换器。当受送器与远动装置、电子计算机(或控制机)配套使用时,尚须经过A/D转换器将变送器的输出模拟信号转换成数字量,以便于接收。当要进行模拟显示时,还要把数字量转换成模拟量,就是通常所说的数/模(D/A)转换。有时为将遥测量的绝对值显示出来,还要进行标度变换。

2. A/D及D/A转换装置

因为遥测变送器送来的是 $0\sim5$ V的直流电压和 $4\sim20$ mA的直流电流信号是模拟量,而一般遥测是采用数字式显示,并向信道发送电码,也就是数字式的遥测。因此,在发送端(执行端)要将模拟量转换为数字量,这就是模/数(A/D)转换。在接收端(调度端)除了将收到的遥测数码用数字显示器显示外,有时要将某个遥测量输入记录仪表,记录仪表需要 $0\sim10$ mA的模拟量输入,因此在接收端还要将数字量转换为模拟量($0\sim10$ mA),这就是数/模(D/A)转换。

四、系统软件

远动系统的应用软件一般基于系统软件的平台上,与之相关的系统软件包括 DOS、Windows、Windows NT等,有些应用软件的平台为UNIX。UNIX主要应用在多任务系统中。中文平台可以采用 Windows或 Windows NT的中文版,或用中文之星及其他中文软件。

系统软件的组成。

1. 实时多任务执行系统

实时多任务执行系统是实时系统软件的一个主要模块,其职能是初始化各队列、各进程控制块、各种状态及参数,并调度和控制各进程的运转。

2. 实时中断处理软件

实时中断包括时钟中断、时间片中断、串行接口中断、并行接口中断和键盘中断。

远动系统实时时钟对于分析故障、事故,实时记录均是必需的,它可通过内部时钟产生。但对于远动系统的上、下位机要统一时钟才能便于分析与处理。因此,各相关CPU均要对时,可统一与调度所对时,也可通过GPS进行卫星标准时间对时。

相关案例及知识拓展

目前远动综合自动化系统运用情况简介

一、哈大线牵引供电调度系统

（一）概况

哈大线牵引供电系统管辖全线950 km复线电气化铁路的17个变电所，设置沈阳总牵引供电调度所，在哈尔滨、长春、大连分别设置三个分调度所。

（二）调度端机构组成

如图6-6所示，主调度中心与分调度中心是一个基于广域网的调度端（WAN）系统结构。

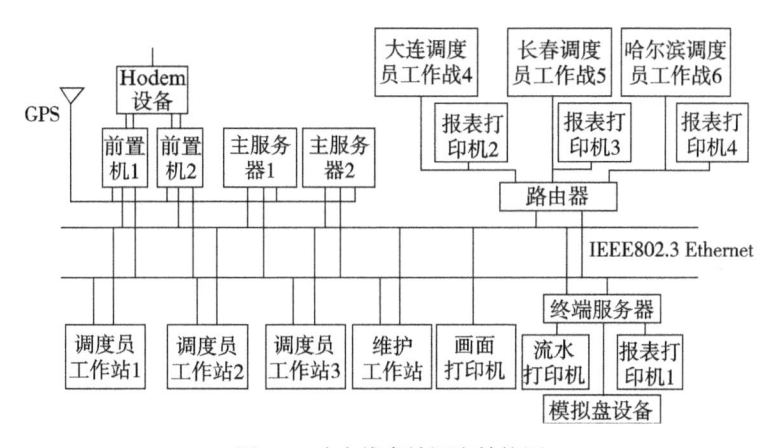

图6-6 哈大线高铁调度结构图

（1）主控中心内部采用10 M/100 M自适应局域网连接。

（2）主要由主服务器、GPS定位系统、调度员工作站、数据维护工作站、通信前置机、网络设备及相应的外围设备组成。

（3）各分控中心内部通过10M局域网连接，只配置调度员工作站及相应的网络和外围设备。

（4）主控中心和分控中心间通过路由器和高速MODEN相连。

（三）特点

（1）调度端系统采用广域网结构。

（2）在广域网系统中的任何一个工作站上，只要安全权限允许就可监视和控制整个广域网内的现场数据和设备。

（3）三个调度分中心的管理权限可按需要配置。

二、上海牵引供电调度系统

（一）概况

上海电力调度所设置一套调度监控系统，对京沪线、沪杭线、浙赣线所辖的牵引变电所、分区所、开闭所及枢纽接触网等牵引供电设施进行实时数据采集和集中监控管理，是一个综合调度自动化系统，上海地铁供电段调度端如图6-7所示。由控制站设备、进口系统数据传输通道及设在沿线各牵引变电所、分区所、开闭所的被控站的综合自动化设备组成，并分为六个调度台。

（二）特点

（1）管辖区域广，被控站点多，被控站无人值班，信息量大。

（2）采用开发性跨平台结构，扩展自如，配置灵活，可满足不同用户或不同系统的要求。

（3）采用SDH高速数字通信网。

（4）采用新型高效地存储模式，存储设备独力于服务器平台，易于实现不同服务器平台的数据共享高速光纤存储网，利用光纤网络的网络存储系统，提高了系统的可扩展性和可伸缩性，易于实现海量存储，实现存储网与实时应用网的分离，既保证了大数据流，多用户访问的实时、可靠性，又不影响在线应用的实时性，解决了大型调度系统中的LAN带宽瓶颈问题。

（5）将应用服务器与数据库服务器分别设置，将服务器的数据传送、存储相分离，提高了服务器的吞吐能力，保证了大系统下保证信息处理的实时性及历史数据检索的快速性，各类服务器可以互为备用，磁盘阵列也为冗余配置，实现了服务器及数据存储的1+N备用方式。

（6）采用大屏幕投影墙，实现了调度画面、视频画面的统一、灵活显示。

任务三　城市轨道交通电力监控设备的安装维修

一、SCADA系统的安装与调试

电力监控系统（SCADA）包括：指挥中心和变电所自动化及保护装置，能够实现对变电所的遥控、遥测、遥信及保护功能。整个系统技术先进，系统集中度高，调试工作量极大，协调工作多。

监控系统设备：包括110 kV主变电所设备、牵引降压变电所设备等。其设备监理范围广，有地铁环控、动力照明、消防、供电等专业。电力综合监控系统是保证在控制中心对供电系统的主变电所、牵引降压混合变电所、降压变电所的供电设备、杂散电流防护及接触网电动隔离开关等设备进行统一控制和监视；通过数据采集和信号反馈，随时了解全线

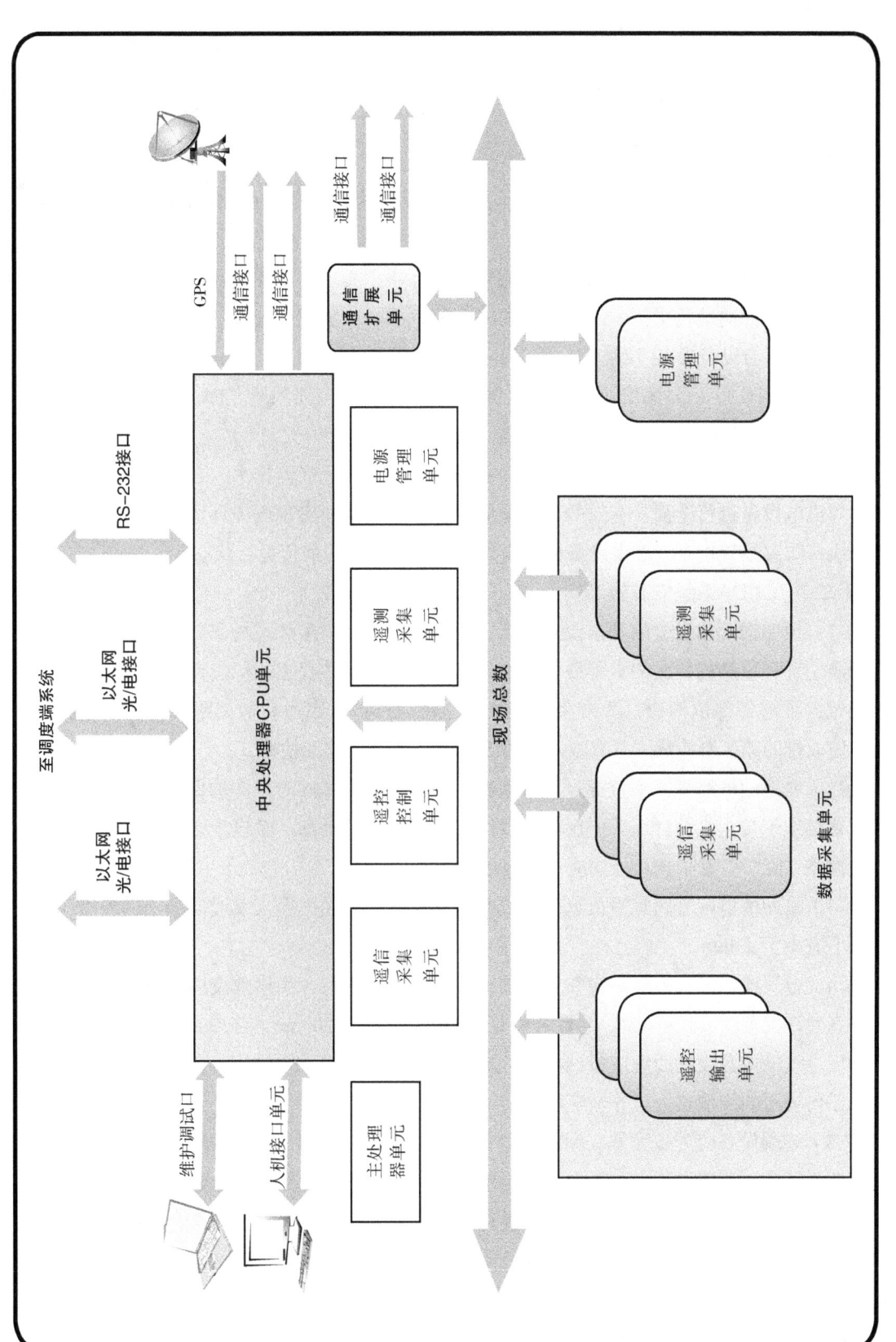

图6-7 上海地铁供电段调度端

供电设备情况，及时准确完成各种操作，对故障和各种运行事故迅速做出判断并进行准确处理，保证供电系统和设备安全可靠运行。

（一）电力监控系统的工程特点

设备监控包括综合监控系统及安防系统。

（1）综合监控系统包括火灾自动报警子系统、环境与设备监控子系统和电力监控子系统。

（2）安防系统包括电视监控、列车安防、报警、门禁等子系统。

（3）综合监控系统通过对相关系统的集成和互联，实现信息互通和资源共享，并建立一个统一的、面向运营指挥和维修管理的综合信息平台。集成系统有：火灾自动报警系统（FAS）、环境与设备监控系统（BAS）、电力监控系统（SCADA）。互联系统有：自动售检票系统（AFC）、信号系统（SIG）、时钟系统（CLK）、广播系统（PA）、乘客资讯系统（PIS）、安防系统和屏蔽门系统（PSD）等。

（4）设备监控系统对全线车站、区间和控制中心的通风、给排水、自动扶梯、电梯和照明等机电设备进行全面、有效的自动化监控及管理，从而实现调控环境舒适度、接受并优先执行防灾报警指令、确保设备处于高效、节能、可靠的最佳运行状态。

（二）SCADA系统安装施工

（1）预埋钢管和线盒的基本要点包括：根据设计图的要求和现场实际情况，确定盒、箱轴线位置，以结构弹出的水平线为基准，挂线找平，线坠找正，标出盒、箱实际的尺寸及位置；了解各部位构造，留出余量，使箱、盒的外盖、底边和地面距离符合规范的要求，使成排的箱、盒构成一条直线，同时力求保证便于操作和检修。

（2）埋地的电线管路不宜穿过设备基础，在穿过建筑基础时，应加保护管。穿越外墙的钢管必须焊接止水片，埋入土层的钢管用沥清进行防腐处理。敷设于多尘和潮湿场所的电线管路、管口、管子连接处均应作密封处理。

（3）暗配的电气管路宜沿最近的路线敷设并应减少弯曲。埋入墙或混凝土内的管子，埋深不应小于15 mm。

（4）金属线槽的连接处不应在穿过楼板或墙壁等处进行，线槽敷设应平直整齐，水平和垂直允许偏差为其长度的2‰，且全长允许偏差应不大于20 mm，并列安装时，槽盖应便于开启。线槽内敷设的线缆应按回路绑扎成束并应适当固定，导线不得在线槽内接头，安装在任何场所的线槽盖板应齐全牢固。

（5）终端设备应配备完整，标志齐全、正确。通信引出端（信息插座）在地面安装时应与地面平齐，要严格防水和防尘，在墙壁安装时要位置正确及使用方便。

（6）UPS电源的整流装置、逆变装置和静态开关的规格、型号必须符合设计要求。内部接线连接正确，紧固件齐全、可靠不松动，焊接点无脱落现象。引入或引出UPS电源装置的主回路线缆和控制线缆应采用保护管敷设，在电缆支架上平行敷设应保持150 mm的距离；线缆的屏蔽护套应接地可靠。

（7）对网络通信设备、终端设备等按说明书进行单机逐台通电检查，正常后才能进行系统调试。

（8）站内监控系统调试，主要测试监控系统与各设备接口是否畅通，保护、闭锁关系是否正确，分级控制能否正确执行，能否正确报警。

（9）系统测试，主要测试通信信道是否畅通，信息能否及时传达且正确，系统软件能否满足电调和运营单位要求、遥控操作是否能顺利进行，大屏显示正确。

（10）在调试、测试过程中，分阶段修改功能规格书和系统测试大纲，同时在验收前编制操作手册，人员培训教材，对地铁运营维护人员进行培训，督促相关各方对调试中发现的问题进行整改。

二、SCADA系统的日常维护保养

在线监测系统对变电所内高压电气设备进行不停电绝缘特性试验、监测，同时也对高压电气设备运行状态进行监视。它对保证设备安全运行、有目的地进行设备维修、提高设备利用率、节省检修人力、物力有重要的实用价值。在线监测系统是基于传感器技术、现代数字信号处理技术、计算机控制与检测技术、网络技术、人工智能与专家系统技术等的现代智能检测处理装置。变电所一次设备在线监测系统如图6-8所示。

在线监测首先要解决的问题是：究竟要对哪些量进行监测？针对不同的设备和不同的绝缘系统，监测系统能灵敏地反映设备绝缘状态的检测量的明显不同。

（一）变压器的在线监测

目前，广泛采用油中溶解气体分析（DGA）判断和识别油浸

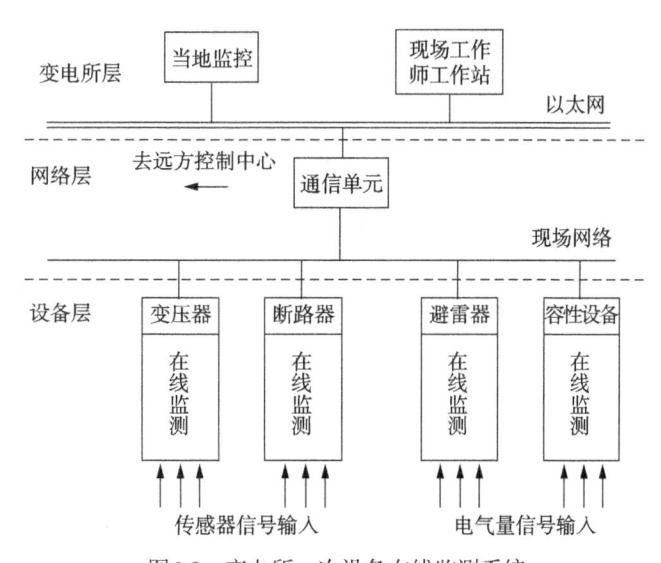

图6-8 变电所一次设备在线监测系统

电力变压器的故障。由于传统的DGA程序比较烦琐，现在有研究者试图实现在线DGA，可以连续跟踪油中气体并及时诊断。一种监测变压器油中气体并进行相应诊断的设备是利用聚合物薄膜将特征气体H_2、CO、CH_4、C_2H_2、C_2H_4、C_2H_6从油中分离并采用新型催化媒气体传感器检测气体含量，能判断是否存在异常及故障类型。一般认为，对油—纸绝缘变压器，纸的聚合度可说明固体绝缘的老化程度，油中糠醛的浓度又可以反映纸绝缘的聚合度，而其变化率则可反映纸的老化速率。一种便携式光电设备检测变压器油中的糠醛浓度的灵敏度达到IO～7，克服了现场取纸样困难且损伤绝缘的缺点。对于固体绝缘特别是有

机聚合物绝缘，监测其中电树枝的产生和发展具有现实意义。

目前，变压器的绝缘在线监测技术主要有局部放电法和油中溶解气体分析法，监测系统由数据采集与传送单元、相关传感器、主处理器和上位机分析软件组成。系统实时监测的所有数据通过用户接口传送，变压器存在的不安全因素和故障由系统及时报警并提醒用户，对存在的故障和原因进行分析、记录、存储。由于系统的分析、处理可以得出变压器运行中线圈的绝缘强度、绕组间的绝缘强度和变压器的老化程度，从而预测出变压器的正常工作时间和使用寿命。

（二）断路器的在线监测

断路器在线监测是利用传感技术监测断路器的机械和电气参数，记录运行状态并对其使用寿命进行预测。断路器的在线监测主要包括：利用传感器实时监测、记录断路器的绝缘状态；监测记录断路器在运行中分闸线圈回路与合闸线圈回路的状态；通过分析分闸线圈与合闸线圈的电流波形，分析判断断路器电气和机械特性是否正常；早期发现断路器的电气、机械回路异常，提供断路器检修预警信号，从而提高对断路器的运行管理水平。

牵引变电所中的高压断路器主要有气体断路器、少油断路器和真空断路器三种，其工作原理和结构有很多不同之处。

1. 六氟化硫气体断路器在线监测

其绝缘特性的测量采用电晕传感器。在电晕发生时，会出现重叠于运行电压工频上的高频。断路器的内部和外部都有产生高频分量的部位，通过电晕传感器的输出就可以测量断路器的绝缘特性。

开/关特性是通过监测脱扣控制电流的通电时间来实现的。

温度特性是通过监测主触头异常温升来实现的，主要由负载电流和接触电阻乘积的发热量来决定。系统中检测主触头温度比较困难，所以通过监测主触头部位的箱体外壳温度升高的情况来监测主触体温度。

机械特性的监测所选取的测量参数是分、合闸线圈电压，开断电流，动作次数，分、合闸速度，行程特性。

2. 少油断路器在线监测

少油断路器的断路器油用来熄灭电弧和作为触头间的绝缘介质，但不作为对地绝缘。35 kV以上高压少油断路器的主要绝缘部件有瓷套、拉杆和断路器油。由于其灭弧和触头间绝缘介质是断路器油，所以可以通过监测断路器运行过程中产生的气体来判断断路器的绝缘状态。但由于断路器中断路器油的作用除了绝缘之外还灭弧，所以在正常运行的断路器中，电弧的影响也会使油中气体成分发生一定的变化，所以监测气体不能有效和可靠地发现断路器潜在故障。

断路器的机械性能、温度特性及开关特性的监测原理与六氟化硫气体断路器相同。

(三）避雷器的在线监测

在正常情况下，避雷器因受潮、内部有缺陷等原因造成绝缘等级下降，接地的泄漏电流增大，这时遇到高电压就会发生绝缘击穿故障。

目前，避雷器的在线监测主要测量泄漏电流，即利用避雷器运行时的接地电流作采样电源，将泄漏电流的大小转换成光脉冲频率的变化形式，采用光纤采样、微机数据处理和数据通信等技术，解决避雷器泄漏电流测量、传输中的无源采样、高电压隔离和数据远传等关键问题和泄漏电流超标及时报警，以实现避雷器绝缘状态的在线监测自动化。

（四）绝缘子的在线监测

绝缘子绝大多数都暴露在空气中，会受到环境的影响，特别是那些污染严重的地方。绝缘子表面会不断积累空气中的污秽物，如果在线运行中的绝缘子表面附盐密度达到一定程度，就会降低绝缘子的绝缘性能，增加绝缘子的表面放电强度，由于闪络而引起火花，导致整条电力传输线发生故障。

绝缘子在线监测的方法主要有在线测量绝缘电阻及地域分布法、测量局部放电与泄漏电流法、红外热相仪法、电晕脉冲检测法等。

（五）电容性电气设备的在线监测

电容性电气设备并不是专门指某一种类型的设备，而是对变电所内所有电容性设备和其他设备的电容性部件的一个总称。包括电容式CT、电容式TV、主变套管、主变铁芯、金属氧化物避雷器和穿墙套管等。

三、SCADA系统的故障分析及处理

在发电厂和变电站运行中，电气倒闸操作是一项复杂而细致的工作，因为操作错误往往会造成用户停电、损坏设备、人身伤亡和电网瓦解等重大事故，所以电气倒闸也是一项非常重要的工作。在防止误操作方面，虽然《电业安全工作规程》中已经有了明确规定，各企业单位也做了大量工作，但是误操作事故仍然频发不断，分析其主要原因有以下几种。

（一）不按规定发、受倒闸操作令。

发布操作令时，由无权接受指令的值班员接受指令，因接受指令人不熟悉规程，对操作指令理解不正确，且由于不进行复诵，使错误不能及时得到纠正。

如某发电厂电气值班长在一次下令水泵站切换电源操作时，因站内正值班员正在巡视检查，由新参加工作的副值班员接受指令，在向正值班员传达时，误将切换电源说成是停电，因此造成一次水泵站误停电事故。

（二）监护人不认真进行监护。

操作时不执行唱票复诵，不认真核对设备名称、编号和位置，不验电（是否安全）就装设接地线，甚至离开操作现场或会同操作人一起进行操作。

例如，某单位在1次主变压器检修竣工后恢复送电操作中，监护人和操作人都是同时

进厂的,彼此非常熟悉,技术水平不相上下。操作时监护人和操作人分头操作,将操作票放在兜里。在拆除接地线时,3组地线1人拆除1组后误认为已经全部拆除完接地线,结果造成1次严重的带地线合闸事故,造成主变停电并因变压器出口短路而烧损。

(三)运行人员在布置安全措施和设备检修过程中,应注意做好以下工作。

(1)工作票中所列的安全措施,如分、合断路器和隔离开关,装设接地线或投入接地刀闸等,只能由值班运行人负责完成,检修人员不得参与操作。

(2)在一经合闸即可送电到工作地点的断路器和隔离开关的操作把手上,应悬挂"禁止合闸,有人工作"或"禁止合闸,线路有人工作"标示牌。

(3)所装设的临时遮栏应采用全封闭(包括网状)的检修临时围栏,必须保证能防止检修人员误入带电间隔。

(4)在检修过程中,检修人员需要对检修后的断路器和隔离开关进行分、合闸试验时,只能在检修人员的配合下由值班运行人员操作,禁止检修人员自行操作。

(5)应配备充足的经过国家或省、部级质检机构检测合格的安全器具和安全防护用具。

牵引供电系统中,出现故障应该尽快排除,为确保系统安全供电和继电保护动作,所以倒闸操作时应尽量减小对牵引负荷的影响。因此,快速准确的判定故障位置是非常重要的,针对这种现象,以牵引供电系统的方式提出一种理论解决方法,为以后在实践中得以应用奠定基础。

某110/35/10 kV 电力系统变电所线路图如图6-9所示(图中的小圈表示相应断路器的流变)。该站有3个电压等级,110 kV 进线母线M、35 kV 馈线母线N、10 kV 馈线母线K;CB1、CB2和CB3为母线保护断路器,CB21、CB22 和CB31、CB32分别为35 kV和10 kV 母线所带负载(馈线)出线上的断路器;CB33 和CB34分别为站用变和无功设备与10 kV 母线间的断路器;MT为主变压器;LLM、LLN 和LLK为变电站母线主保护;MTM 为主变压器的主保护,MTB 为主变压器的备用保护;STM 为站用变压器的主保护,STB 为站用变压器的备用保护;35L1M(N1)、35L1B(N2) 和35L2M(N3)、35L2B(N4)分别为35 kV 母线所带负载输出线的主保护和备用保护;10L1M、10L1和10L2M、10L2B分别为10 kV 母线所带负载输出线的主保护和备用保护;SVCM和SVCB分别为无功补偿设备的主保护和备用保护。

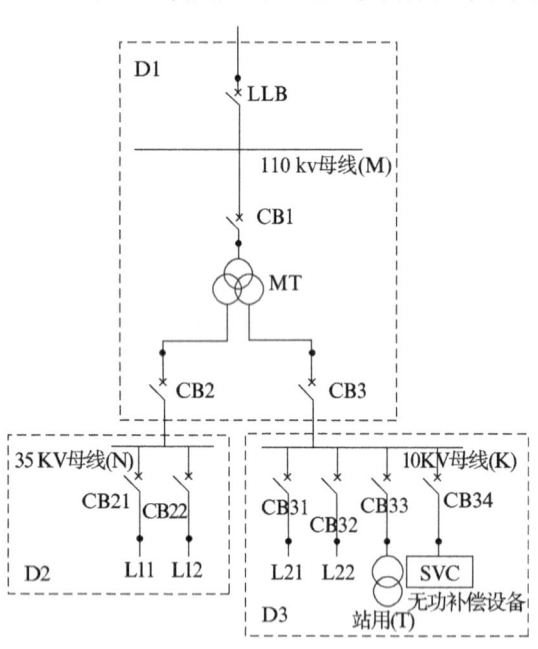

图6-9 某110/35/10 kV 电力系统变电所线路图

电力系统故障诊断就是能快速识别引起故障产生的故障源。随着设备结构日趋复杂，其故障类别越来越多，反映故障的状态、特征也相应不断增加。而故障诊断不仅要求准确可靠，而且对诊断速度要求也很高，这对许多复杂、大型的变电所来说是十分困难的。电力系统变电所故障主要包括母线故障、变压器故障、馈线故障等，造成这些故障的原因是多样的，主要有信息传输错误、保护装置接触不良、装置拒动等。这些不确定信息的存在，使得变电所故障诊断变得非常复杂。

相关案例及知识拓展

故障诊断案例分析（利用工控软件模拟倒闸误操作）

本牵引变电所一次侧为外桥接线，牵引负荷侧为单母线分段接线，引入两路110 kV电源线路；主变压器采用三相Y/△接线，采用双回电源供电模式，WL1给T1供电，WL2给T2供电，设有备用自投装置。

（1）计费装置（电度表）设在110 kV进线侧。

（2）110 kV配电装置、主变压器为户外布置方式，27.5 kV配电装置为户内GIS开关柜布置方式。

（3）110 kV进线采用架空方式，27.5 kV进线采用电缆引入、引出，馈线采用在变电所内由电缆转架空的方式馈出。站式自用变压器采用户内布置。

（4）主要设备：主变压器采用三相、油浸、自冷式牵引变压器；110 kV断路器均采用配用弹簧操动机构的SF6断路器；27.5 kV的断路器采用真空断路器配弹簧操动机构；用于检修110 kV的隔离开关采用手动操动机构外，其余均采用电动操动机构；用于计费110 kV电流互感器的线圈准确度等级采用0.2S级；避雷器采用氧化锌避雷器；站式自用变压器采用干式变压器。

牵引变电所的电气一次主接线如图6-10所示。

牵引变电所主接线中主要电气设备运行状态如下。

（1）WL1给T1供电，WL1电源回路有隔离开关QS1，主变压器1T的高压侧有断路器QF1和隔离开关QS3，低压侧有手车式断路器QF3，一次测为外桥接线（桥路断路器QF5，位于电源进线侧断路器QF1和QF2的外侧，靠近电源，远离主变压器）。

（2）同理WL2给T2供电。连接桥上QF5和QS5，单母线QF6分段，27.5 kV的馈线侧为单母线分段接线，分别给五个负荷（馈线1～5）供电。

案例1：主变压器T1和WL2发生故障，如何进行检修倒闸？

（1）正常运行时，110 kV侧是外桥接线方式，连接桥有穿越功率通过（所谓穿越功率就是某一功率由一条线路流入并穿越连接桥又经过另一条线路流出），故QF5是闭合的。而27.5 kV侧是单母线分段接线，故分段断路器QF6是断开的，其余所有断路器和隔离开关全

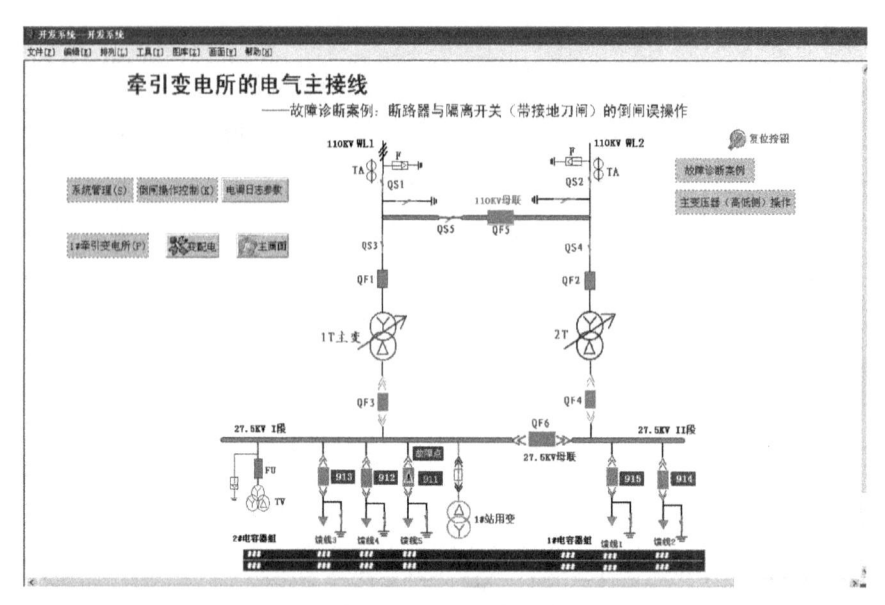

图6-10 牵引变电所的电气一次主接线

部闭合。而27.5 kV侧一级负荷的两路电源接在Ⅰ、Ⅱ段母线上,故在操作时不允许两段母线同时停电。

(2)检修前停电顺序,断开QF5、QF2,再断开QS2,再合上QF2、QF5,再断开QF3,再合上QF6,再断开QF1,最后断开QS1。此时,电源WL2和主变压器T1进行检修。③检修后送电顺序,先合上QS3,再合上QF1,再断开QF6,再合上QF3,再断开QF2、QF5,再闭合QS2,最后在闭合QF2、QF5。恢复正常供电。

案例2:馈线5断路器911发生故障,检修过程中如何防止误操作发生?

主接线运行调试阶段的设备参数变化如图6-11所示。

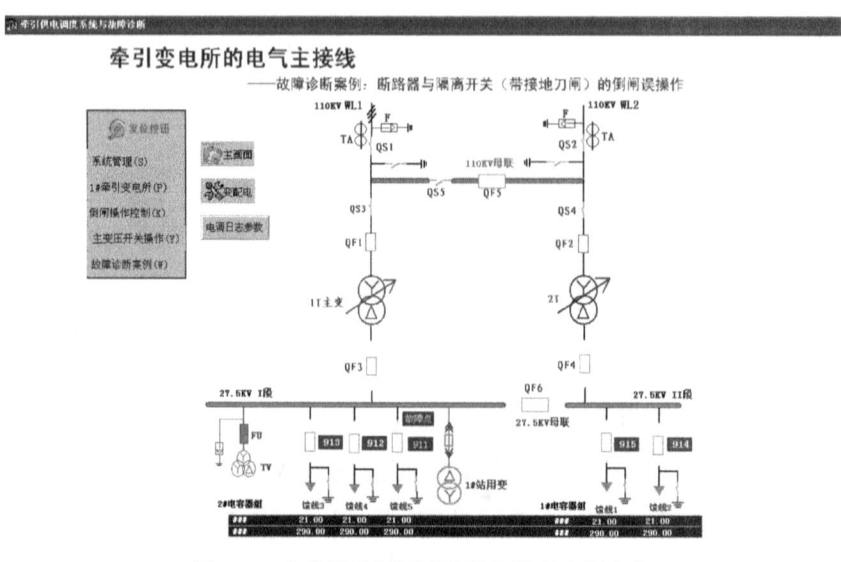

图6-11 主接线运行调试阶段的设备参数变化

断路器与隔离开关配合进行倒闸操作的顺序应该如下。

（1）正常供电时，断路器与隔离开关均要闭合。

（2）馈线5断路器911发生故障，先断开断路器，后断开隔离开关，因为断路器有灭弧装置，可以在电路通断的瞬间熄灭电弧，可以保障线路供电和设备的烧损程度最低。

故障点的切除模拟界面显示如图6-12所示。

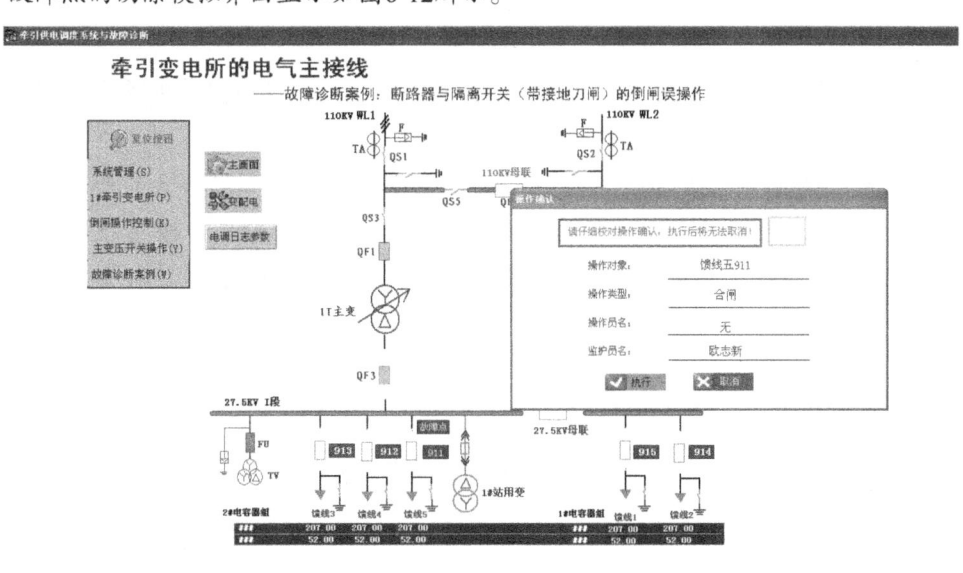

图6-12　故障点的切除模拟界面显示

开关设备操动机构的能量存储状态显示如图6-13所示。

图6-13　开关设备操动机构的能量存储状态显示

（3）检修完成后，需要送电恢复线路正常供电。先闭合隔离开关，后闭合断路器。因为隔离开关没有灭弧装置，不可以在带负荷时通断电路，会造成开关设备触头烧损和供电中断。

误操作的表述：进行倒闸操作时，由于人为操作失误，造成严重后果和事故，如，检

修时先断开隔离开关，会造成电弧现象，而隔离开关没有灭弧装置不能熄灭电弧，会造成供电中断和设备烧损的情况。（因此操作前，需要执行严格的操作票制度）

隔离开关（带接地刀闸）有主闸刀和接地闸刀，相当于接地线的功能。如果馈线5或断路器911出现故障需要检修，进行合闸和分闸操作时，会有一定的信息提示。此时需要进行（挂牌）操作，提示此处正在进行检修，不允许送电，会威胁操作人员的生命安全。如果此处挂牌，断路器分闸或合闸命令不起作用。可以很好的保障操作人员的安全。等检修完成后，需要恢复中断的供电。先进行（消牌）操作，才可以进行断路器911分闸或合闸命令操作。

（带接地闸刀的隔离开关）断电检修时，先断开断路器和隔离开关的主闸刀，再闭合接地闸刀（线路检修时，要挂接接地线，先接接地端，后接线路段），防止突然送电，电通过人体会造成安全隐患。检修完成后，需要先断开接地闸刀（送电时，要拆掉接地线，先拆线路端，再拆接地端），再接通主闸刀的隔离开关和断路器，使线路恢复正常供电。

任务四　操作运用案例

【操作运用案例】SCADA就地/远程监控系统模拟操作演示

1. 实训项目教师工作活页

实训项目教师工作活页　　　　　　　　　　　　NO：_____

实训项目	SCADA就地/远程监控系统模拟操作演示			
学　时	2	班　级		略
实训场所	电网/变电站仿真培训系统，电力系统仿真模拟控制实验室			
工具设备	电网/变电站仿真培训系统1套；电力系统模型1套；多媒体设备课件、图片、示教板等。			
教学目标	专业能力	（1）能说出SCADA电力监控系统的基本组成和特点。 （2）熟悉电力SCADA实现的功能与过程。 （3）说明对变电所各设备运行过程中，遥控、遥测、遥信的功能。 （4）哪些主要电气设备在主接线中可以实现遥控操作。 （5）了解遥测数据的记录和查看。 （6）线路或设备故障时，检修过程的挂牌和消牌的作用和规范。		
^	方法能力	（1）能综合运用专业知识，通过专业书籍、上网查询、多媒体课件和图片资料获得帮助信息。 （2）能根据实训项目学习任务确定实训方案，从中学会表达及展示活动过程和成果。		
^	社会能力	（1）能在实训活动中保持积极向上的学习态度。 （2）能与小组成员和教师进行交流和沟通。 （3）能与他人共享学习资源，具有较好的合作能力和团队协作精神。		
教学活动	略（详见教学活动设计）			

续表

教学评价	学生活动： （1）以5～7人小组为单位开展实训活动，根据本组同学在实训过程中的能力表现及结果进行组内互评。 （2）根据其他小组同学在成果展示活动中的表现及结果进行互评。 教师活动： （1）教师组织学生开展评价活动和总结。 （2）对学生本单元项目单元成绩做出综合评价。	
教学资料	（1）城市轨道交通概论教材。 （2）城市轨道交通运输设备参考书。 （3）实训项目学生学习活页（附页）。	
指导教师		教学时间	年　月　日

2.实训项目学生学习活页

实训项目学生学习活页　　　　　　　　　　　　　NO：_____

实训项目　SCADA就地/远程监控系统模拟操作演示

班级：_____姓名：_____学号：_____时间：_____

一、实训目标

1.专业能力目标

（1）能说出SCADA电力监控系统的基本组成和特点。

（2）熟悉SCADA实现的功能与过程。

（3）说明对变电所各设备运行过程中，遥控、遥测、遥信的功能。

（4）了解主要电气设备在主接线中的遥控实现。

（5）了解遥测数据的记录和查看过程。

（6）线路或设备故障时，检修过程的挂牌和消牌的作用和规范。

2.方法能力目标

（1）能综合运用专业知识，通过专业书籍、上网查询、多媒体课件和图片资料获得帮助信息。

（2）能根据实训项目学习任务确定实训方案，从中学会表达及展示活动过程和成果。

3.社会能力目标

（1）能在实训活动中保持积极向上的学习态度。

（2）能与小组成员和教师进行交流和沟通。

（3）能与他人共享学习资源，具有较好的合作能力和团队协作精神。

二、知识总结

（1）说出SCADA电力监控系统的基本组成和特点。

（2）了解变电站的主要设备，包括变压器、断路器、CT、PT、隔离开关、熔断器等设备的外观、功能、标识；且通过仿真操作，了解各设备的正常与非正常状态、操作规程、注意事项。

续表

（3）了解变电站正常巡视与事故巡视内容；重点是变压器、开关、CT、PT的巡视。

（4）当运行时出现故障点，检修过程中挂牌和消牌的作用。

三、操作运用

（1）了解城市轨道交通牵引供电监控系统的各个部分组成和作用。

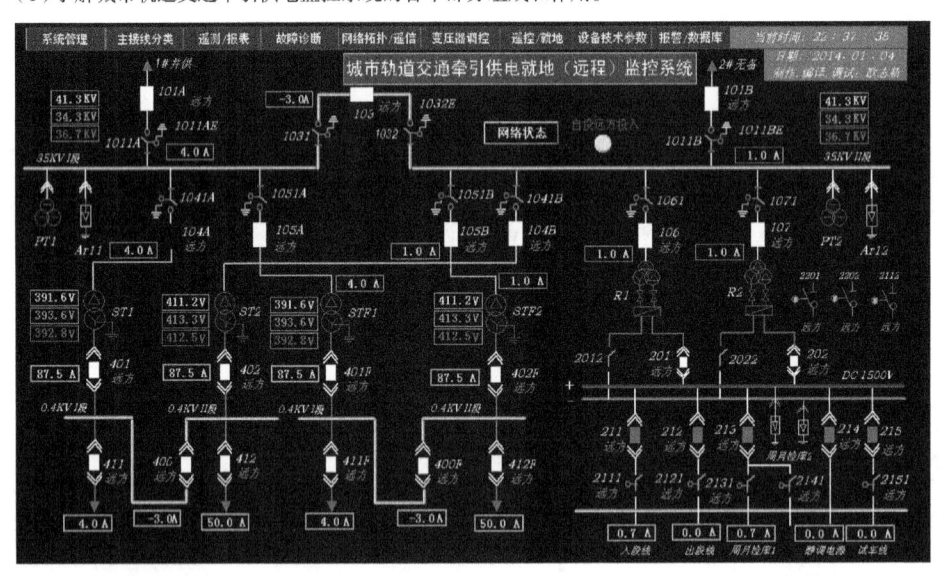

（2）SCADA遥控/就地主要电气设备：隔离开关合闸/分闸，带接地闸刀的隔离开关，遥控母联开关分/合闸，主变压器高压侧断路器遥控分/合闸，低压侧断路器遥控分/合闸，手车式断路器（试验位置、工作位置、断开位置），"五防"系统分/合闸。写出上图中几种电气设备的型号。

① _____ ；② _____ ；③ _____ ；
④ _____ ；⑤ _____ ；⑥ _____ ；
⑦ _____ ；⑧ _____ ；⑨ _____ 。

（3）解释遥测（测量仪表）在电气主接线中补偿负荷的原理。

续表

①主变压器线路中,高低侧的三相电流和电压值。
②负荷侧线路功率计算,补偿装置的作用,提高功率因子,减小能量损耗,提高接触电压。
(4)高压开关遥控分/合闸过程及故障检修的方式。

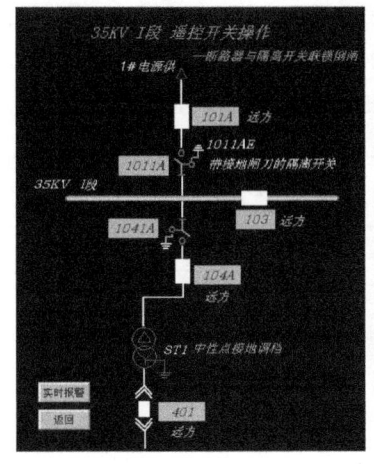

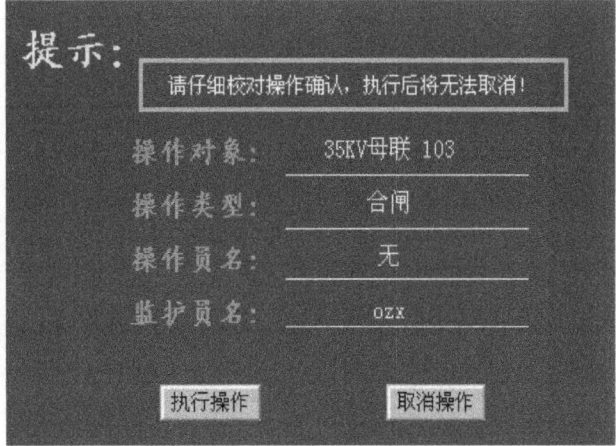

①如35 kV母联开关103设备故障,检修过程:断电时先断负荷侧的断路器,再断隔离开关,送电时,先合电源侧的隔离开关,再合断路器。为了保障电路和检修人员安全,此时操作顺序是:(要先挂牌操作,接挂接地线。此时分合闸被锁住。)

答:_____

②当故障检修结束送电时,先取下接地线,消牌操作,此时进行高压开关的分合闸操作。

答:_____

(5)若出现以下状态,如何操作遥控过程及五防闭锁?

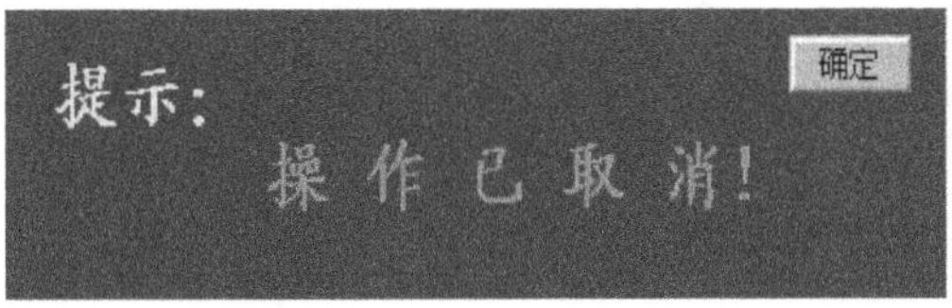

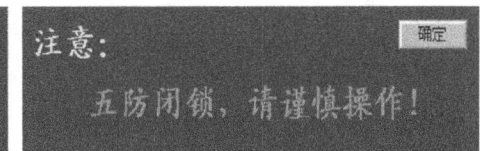

答:_____

四、实训小结
_____

五、成绩评定
1.学生评价

评价等级	A—优	B—良	C—中	D—及格	E—不及格
学生自评					
组内互评					
他组互评					

续表

2.教师评价

评价等级	A—优	B—良	C—中	D—及格	E—不及格
专业能力					
方法能力					
社会能力					
评价结果					

3.综合评价

评价等级	A—优	B—良	C—中	D—及格	E—不及格
评价结果					

注：按照学生自评占10%、组内互评占10%、他组互评占20%、教师评价占60%的比例计分；其中，A—100分，B—85分，C—75分，D—60分，E—50分。

4.评价量规

等级	行为表现描述
A	能圆满高效地完成实训任务的全部内容
B	能顺利完成实训任务的全部内容
C	能完成实训任务的全部内容，但需要一些帮助和指导
D	自己只能完成实训任务的部分内容，但在老师的指导下，能够完成任务的全部内容
E	不能完成实训任务的全部内容

思考与练习

1. 什么叫电力SCADA系统？它的作用？
2. 电力SCADA系统的功能是什么？
3. 电力SCADA系统的控制方式通常有哪四种？
4. 微机远动系统的基本工作原理是什么？
5. 微机远动系统中有哪些传输介质和数据交换方式？
6. 远动系统和城市轨道交通其他控制系统的集成有什么意义？

项目七　城市轨道交通供电接地系统

任务一　电气安全

学习目标

（1）掌握电压的基本概念。
（2）掌握触电的概念。
（3）掌握电流对人体的作用。
（4）掌握接地保护系统和漏电保护的内容。
（5）掌握绝缘、电气隔离、安全电压的保护作用。
（6）掌握屏护和安全距离、连锁保护的保护作用。
（7）掌握紧急救护的通用原则。
（8）了解触电急救基本程序。
（9）了解创伤急救的程序。

学习任务

学习和理解电气安全有关知识，主要包括电压的基本概念、触电的概念、电流对人体的作用、电气安全的七种措施（接地保护系统、漏电保护、绝缘、电气隔离、安全电压、屏护和安全距离、连锁保护）、触电急救的的通用原则、触电急救基本程序和方法、创伤急救的程序和方法。

工具设备

电气安全仿真软件、电气设备仿真模型和零部件实物、电气设备实物图片、触电急救影视片及多媒体设备等。

教学环境

理实一体化教室或轨道交通电气基础综合实验室。

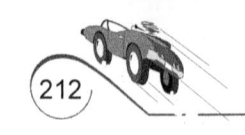

基础知识

电气安全技术是供电系统运行检修人员必须清楚和理解的基础知识,因此电气工作人员必须学习电压的基本概念、触电的概念、电流对人体的作用,电气安全的七种措施(接地保护系统、漏电保护、绝缘、电气隔离、安全电压、屏护和安全距离、连锁保护),触电急救的的通用原则、触电急救基本程序和方法、创伤急救的程序和方法。从而在工作中有效的进行实施自控、互控安全措施,保障人身和设备安全。

一、触电有关知识

(一)电压的基本概念

电气设备分为高压和低压两种。高压是指设备对地电压在250 V以上者。低压是指设备对地电压在250 V及以下者。

安全电压是为了防止触电事故而采用的特定电源的电压系列。这个电压系列的上限值是,在正常和故障情况下任何两导体间任一导体与地之间均不得超过交流(50～500 Hz)有效值50 V。

人们可根据场所特点,采用我国安全电压标准规定的交流电安全电压等级。

(1)42 V可供有触电危险的场所使用的手持式电动工具等场合下使用。

(2)36 V,可在矿井、多导电粉尘等场所使用的行灯等场合下使用。

(3)24 V、12 V、6 V(空载上限分别小于或等于29 V、15 V、8 V)三挡可供某些人体可能偶然触及的带电体的设备选用。在大型锅炉内工作、金属容器内工作或者在发电器内工作,为了确保人身安全一定要使用12 V或6 V低压行灯。当电气设备采用24 V以上安全电压时,必须采取防止直接接触带电体的措施,其电路必须与大地绝缘。

(二)触电的概念

当人体触及带电体,或者带电全与人体之间闪击放电,或者电弧触及人体时,电流通过人体进入大地或其他导体,形成导电回路,这种情况,就叫触电。触电时人体会受到某种程度的伤害,按性质可分为电击和电伤两种。

1. 电击

电击是指电流流经人体内部,引起疼痛发麻,肌肉抽搐,严重的会引起强烈痉挛,心室颤动或呼吸停止,甚至由于因人体心脏,呼吸系统及神经系统的致命伤害而造成死亡。绝大部分触电死亡事故是电击造成的。

2. 电伤

电伤是指人体触电时,人体与带电体接触不良部分发生的电弧灼伤,或者是人体与带电体接触部分的电烙印,还由于被电流熔化和蒸发的金属微粒等侵入人体皮肤引起的皮肤金属化。电伤通常由电流的热效应,化学效应或机械效应造成的。

3. 直接接触电击和间接接触电击

触电事故是多种多样的，多数由于人体直接接触带电体，或者是设备发生故障，或者是身体过于靠近带电体等引起的。

直接接触电击是指人体与带电体直接接触导致的电击。间接接触电击是指电气设备或是电气线路绝缘损坏而发生单相接地时，其外露部分存在对地电压，人体接触此外露部分而遭受的电击。大部分触电事故属于这一类间接触电事故。

4. 跨步电压和接触电压触电

人的两只脚站在地面上具有不同的对地电压的两点处，此时在人的两只脚之间，所承受的电压差，称为跨步电压。由于外力（如雷电、大风）的破坏等原因，电气设备、避雷针的接地点，或者断落电线断头着地点附近，将有大量的扩散电流向大地流入，而使周围地面上分布着不同电位。当人的两脚之间同时踩在不同电位的两点时，会引起跨步电压触电。

如果人体同时接触具有不同电压的两处，则在人体内有电流通过，人体即构成电流回路的一部分，此时加在人体两点之间的电压差，称为接触电压。由于设备外壳漏电，设备外壳接地有不良时，设备外壳与地之间将产生电压差。当人站在地面上用手触及漏电设备外壳时，会引起接触电压触电。

跨步电压和接触电压的分布如图7-1所示，从图中看出，离电源着地点20 m以外，基本为零电位，在

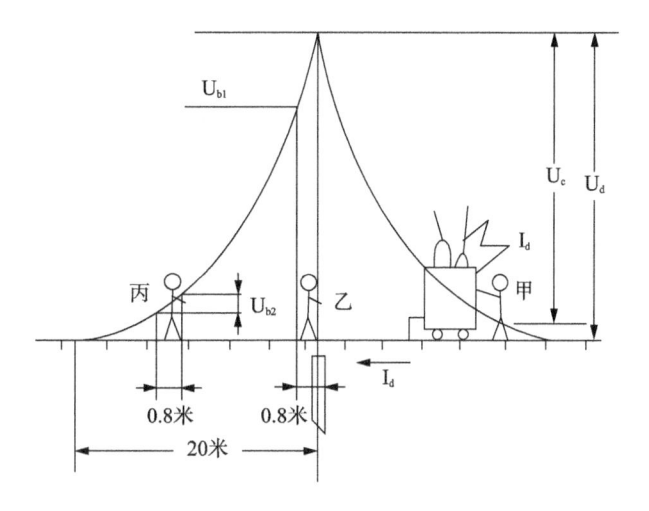

图7-1 跨步电压和接触电压的分布

距电源着地点不同，人的脚与脚之间差距为0.8 m，其跨步电压分别为U_{b1}、U_{b2}，其中$U_{b1} > U_{b2}$。接触电压就等于设备外壳漏电电压U_d。

（三）电流对人体的作用

电流通过人体的内部，能使肌肉产生收缩效应，产生针刺感、压迫感、打击感、痉挛、疼痛、血压升高、昏迷、心律不齐、心室颤动等症状，这不仅可以使触电者无法脱离带电体，而且还会造成机械性损伤。更严重的是，通过人体的电流还会产生热效应和化学效应，从而引起一系列的急剧、严重的病理变化。热效应可使机体组织烧伤，特别是高压触电，会使身体燃烧。

流过身体的电流越大，人体的生理反映越强烈，危险性就越大。20 mA以上的工频电流都容易产生严重的后果。在电流小于数毫安时，电流主要引起心室颤动蔽窒息，数百

mA以上的电流,除了引起昏迷、心脏即刻停止跳动、呼吸停止外,还会留下致命的电伤。

电流通过人体的持续时间,以ms计量。人体通电时间越长,共体阻抗因出汗等而下降,导致电流增大,后果严重。另一方面,人的一个心脏搏动周期(约为750 ml)中,有一个100 ms的易损伤期,这段时间对电伤期相重全而造成很大的危险。

心脏、肺脏、中枢神经和脊髓等都是容易受伤害的人体器官,因此,电流流经身体的途径,以胸部至手、手至脚最为危险,臀部或背部至手、手至手也很危险,脚至脚的危险性较小。此外,电流经过大脑也是相当危险的,会使人立即昏迷。

二、电气安全措施

为了有效防止人体直接、间接和跨步电压触电,在电气系统中,一般采取以下安全措施。

(一)接地保护系统

(1)保护接地:电气设备外壳接地,防止电气设备漏电的安全措施。分为IT、TT、TN系统。

(2)工作接地:指正常情况下有电流通过,利用大地代替导线的接地。

(3)重复接地:指零线上除工作接地以外,使其他点再次接地,以提高TN系统的电气性能。

(4)保护接零:指电气设备正常情况下不带电的金属部分与配电网中性点之间金属性连接,用于中性点直接接地的220/380 V三相四线制配电网。采用TN—S,TN—C—S保护系统。

(二)漏电保护

按《漏电保护器安装和运行》(GB/T 13955—1992)的要求,在电源中性点直接接地的TN、TT保护系统中,在规定的设备、场所范围内必须安装漏电保护器和实现漏电保护器的分级保护。一旦发生漏电,切断电源时会造成事故和重大经济损失的场所,应安装报警式漏电保护器。

(三)绝缘

根据环境条件(潮湿、高温、有导电性粉尘、腐蚀性气体、金属占有系数大的工作环境,如:机加工、铆工、锻工、铸工、酸洗、电镀、漂染车间和水泵房、锅炉房等场所,选用加强绝缘或双重绝缘(Ⅱ类)的电动工具、设备和导线;采用绝缘防护用品(绝缘手套等)、选用不导电环境(地面、墙面用不导电材料制成);上述设备和环境均不得有保护接零或保护接地装置。

(四)电气隔离

采用原、副边电压相等的隔离变压器实现工作回路与其他回路电气上的隔离。在隔离变压器的副边构成一个不接地的工作回路,可阻断在副边工作的人员单相触电时电击电流的通路。

隔离变压器的原、副边间应有加强绝缘，副边回路不得与其他电气回路、大地、保护接零（地）线有任何连接；应保证隔离回路（副边）电压$U \leqslant 500$ V、线路长度$L \leqslant 200$ m，且副边电压与线路长度的乘积$UL \leqslant 100\ 000$ Vm；副边回路较长时，还应装设绝缘监测装置；隔离回路带有多台用电设备时，各设备金属外壳间应采取等电位连接措施，所用的插座应带有供等电位连接的专用插孔。

（五）安全电压（或称安全特低电压）

安全电压是指人体直接接触带电设备，不至于造成人身危害的电压。直流电源采用低于120 V的电源，交流电源用专门的安全隔离变压器（或具有同等隔离能力的发电机、独立绕组的变流器、电子装置等）提供安全电压电源（42 V、36 V、24 V、12 V、6 V），并使用Ⅲ类设备、电动工具和灯具。应根据作业环境和条件选择工频安全电压额定值，即在潮湿、狭窄的金属容器、隧道、矿井等工作的环境，宜采用12 V安全电压。

用于安全电压电路的插销、插座应使用专用的插销、插座，不得带有接零或接地插头和插孔；安全电压电源的原、副边均应装设熔断器作短路保护。当电气设备采用24 V以上安全电压时，必须采取防止直接接触带电体的保护措施。

（六）屏护和安全距离

（1）屏护包括屏蔽和障碍，是指能防止人体有意、无意触及或过分接近带电体的遮栏、护罩、护盖、箱匣等装置，是将带电部位与外界隔离，防止人体误入带电间隔的简单、有效的安全装置。例如：开关盒、母线护网、高压设备的围栏、变配电设备的遮栏等。

金属屏护装置必须接零或接地。屏护的高度、最小安全距离、网眼直径和栅栏间距应满足（防护屏安全要求）(GB/T 8197—1987)中的规定。

屏护上应根据屏护对象的特征挂有警示标志，必要时还应设置声、光报警信号和连锁保护装置，当人体越过屏护装置接近带电体时，声、光报警且被屏护的带电体自动断电。

（2）安全距离是指有关规程明确规定的、必须保持的带电部位与地面、建筑物、人体、其他设备、其他带电体、管道之间的最小电气安全空间距离。安全距离的大小取决于电压的高低、设备的类型和安装方式等因素，设计时必须严格遵守安全距离规定。

（七）连锁保护

设置防止误操作、误入带电间隔等造成触电事故的安全连锁保护装置。例如：变电所的程序操作控制锁、双电源的自动切换连锁保护装置、打开高压危险设备屏护时的报警和带电装置自动断电保护装置、电焊机空载断电或降低空载电压装置等。

三、触电急救措施

进行触电急救，应坚持迅速、就地、准确、坚持的原则。触电急救必须分秒必争，立即就地并迅速地用心肺复苏法进行抢救，并坚持不断地进行，同时及早与医疗部门联系，争取医务人员尽快接替救治。在医务人员未接替救治前，不应放弃现场抢救，更不能只根据没有呼吸或脉搏擅自判定伤员死亡而放弃抢救。只有医生有权做出伤员死亡的诊断。

（一）紧急救护的通用原则

（1）紧急救护的基本原则是在现场采取积极措施保护伤员的生命，减轻伤情，减少痛苦，再根据伤情需要，迅速联系医疗部门救治。急救的成功条件是动作快，操作正确。

（2）要认真观察伤员全身情况，防止伤情恶化。发现呼吸、心跳停止时，应立即在现场就地抢救，用心肺复苏法支持呼吸和循环，对脑、心重要脏器供氧。必须记住，只有在心脏停止跳动后分秒必争地迅速抢救，救活的几率才能最大。

（3）现场工作人员都应定期进行培训，学会紧急救护法、会正确解脱电源、会心肺复苏法、会止血、会包扎、会转移搬运伤员、会处理急救外伤或触电、中毒等急救方法。

（4）生产现场和经常有人工作的场所应配备急救箱，存放急救用品，并应指定专人保管、经常检查、补充或更换。

（二）触电急救基本程序和方法

（1）触电急救必须迅速准确、分秒必争地利用心肺复苏法进行抢救，并坚持连续不断进行，同时及早与医疗部门联系，争取医务人员及时接替治疗。在医务人员未接替治疗前，不应放弃现场抢救，更不能只根据没有呼吸或脉搏擅自判定伤员死亡，而放弃抢救。只有医生有权做出伤员死亡的诊断。

（2）脱离电源。

脱离电源就是要将触电者接触的那一部分带电设备的开关、刀闸或其他断路设备断开；或设法将触电与者带电设备脱离。在脱离电源过程中，救护人员既要救人，也要注意采取绝缘措施保护好自己。

（3）伤员脱离电源后的处理。

触电的伤员如果神志清醒者，应使其就地躺平，密切观察，暂时不要站立和走动。触电的伤员如神志不清，应使其就地仰面躺平，且保持气道畅通，并用5 s时间呼叫伤员或轻拍其肩部，已判断伤员是否丧失意识。禁止摇动伤员头部来呼叫伤员。需要抢救的伤员，应立即就地坚持正确抢救，并设法联系医疗部门接替救治。

（4）心脏复苏法。

触电的伤员呼吸和心跳均停止时，应立即按心脏复苏法进行正确的抢救，心脏复苏法包括三项基本措施。即通畅气道；口对口（鼻）人工呼吸；胸外按压（人工循环）。

（三）创伤急救的程序和方法

1. 创伤急救的基本要求

（1）创伤急救的原则是实行先抢救，后固定，再搬运，并注意采取措施，防止伤情加重和污染。需要送医院救治的，应立即采取保护伤员的措施后送医院救治。

（2）抢救前先使伤员安静躺平，判断全身情况和受伤程度，如有无出血、骨折和休克等。

（3）外部出血时应立即采取止血措施，防止失血过多而休克。外观无伤，但呈休克状

态，神志不清或昏迷者，要考虑胸腹部内脏或脑部受伤的可能性。

（4）为防止伤口感染，伤口应用清洁布片覆盖。抢救人员不得用手直接接触伤口，更不得在伤口内填塞任何东西或随便用药。

（5）搬运时应使伤员平躺在担架上，腰部束在担架上，防止跌下。平地搬运时伤员头部在后，上楼、下楼、下坡时头部在上，搬运中应严密观察伤员，防止伤情突变。

2. 止血

（1）伤口渗血时用较伤口稍大的消毒纱布数层覆盖伤口，然后进行包扎。若包扎后仍有较多渗血，可在加绷带适当加压止血。

（2）伤口出血呈喷射状或鲜红血液涌出时，立即用清洁手指压迫出血点上方（近心端），使血流中断，并将出血肢体抬高或举高，以减少出血量。

（3）用止血带或弹性较好的布带等止血时，应先用柔软布片或伤员的衣袖等垫在止血带下面，再扎紧止血带已刚好使肢端动脉搏动不消失为限度。上肢每60 min，下肢每80 min放松一次，每次放松1～2 min。开始扎紧与每次放松的时间均应书面标明在止血带旁。扎紧时间不宜超过4 h。不要在上臂1/3处和腘窝下使用止血带，以免损伤神经。若放松时观察已无大出血可暂停使用。严禁用电线、铁丝、细绳等作止血带使用。

（4）高处坠落、撞击、挤压可能有胸腹内脏破裂出血。受伤者外观无出血，但常表现面色苍白、脉搏细弱、气促、冷汗淋漓、四肢厥冷、烦躁不安、甚至神志不清等休克状态，应迅速躺平，抬高下肢，保持温暖，速送医院救治。若送医院途中时间较长，可给伤员饮用少量糖盐水。

任务二　大气过电压与防雷

学习目标

（1）了解雷电的形成。
（2）了解雷电的主要危害。
（3）掌握避雷针的构成及避雷原理。
（4）掌握避雷线的构成及避雷原理。
（5）掌握避雷器的结构及避雷原理。
（6）掌握变电所高压设备防雷措施。
（7）掌握变电所低压设备防雷措施。

学习任务

学习和理解大气过电压与防雷基本知识，主要包括雷电形成及危害、避雷针和避雷线作用、避雷器的构成及工作原理、架空线的防雷保护、变配电站及高、低设备的防雷保护措施。

工具设备

大气过电压仿真软件、电气过电压防护设备仿真模型和零部件实物、实物图片、雷电影视片及多媒体设备等。

教学环境

理实一体化教室或轨道交通电气基础综合实验室。

基础知识

大气过电压与防雷知识是人们日常生活中必须掌握的基本知识,由于电气设备经常承受大气过电压(雷电)的危害,因此电气工作人员必须学习和掌握雷电的形成及危害、避雷针和避雷线作用、避雷器的构成及工作原理、架空线的防雷保护、变配电站及高、低设备的防雷保护措施。从而在工作中有效的预防雷电的侵袭和危害,保障人身安全和设备安全。

一、雷电形成及危害

随着高层建筑的不断涌现和电子信息系统的广泛应用,雷电灾害也日益成为人们日常生活中的主要危害之一。每年夏季全国各地都会发生雷击灾害事故,诸如电子信息系统遭到破坏、通信中断、建筑物被毁、甚至危急人的生命安全,因此造成不可估量的经济损失。在此,仅从雷电的形成、雷击灾害的形成及如何防御雷击灾害等方面作如下简析,用以提醒人们不可小视雷电危害,利用科学知识防御雷击灾害,将雷击灾害的损失降到最低限度。

(一)雷电的形成

1. 云与云之间雷电的形成

雷电是云内、云与云之间或云与大地之间的放电现象。雷电的形成主要有两种形式。

(1)气流上升形成雷云:夏季的午后,由于太阳辐射的作用,近地层空气温度升高,密度降低,产生上升运动,在上升过程中水汽不断冷却凝结成小水滴或冰晶粒子,形成云团,而上层空气密度相对较大,产生下沉运动,这样的上下运动形成对流。在对流过程中,云中的小水滴和冰晶粒子发生碰撞,吸附空气中游离的正离子或负离子,这样水滴和冰晶就分别带有正电荷和负电荷,带有正负电荷的云就是雷云。

(2)云与云之间相对运动形成雷云:在云中存在温度不同的大云团,在风力和浮力的作用下相互运动,云中的小水滴和冰晶粒子发生碰撞,吸附空气中游离的正离子或负离子,这样水滴和冰晶就分别带有正电荷和负电荷,带有正负电荷的云就是雷云。

一般情况下,正电荷在云的上层,负电荷在云的底层,这些正负电荷聚集到一定的量,就会产生电位差,当电位差达到一定程度,就会发生猛烈的放电现象,这就是雷电的形成过程。

2. 地与云之间雷电的形成

当云层距地面比较低时,带有负电荷的雷云与地面相互感应,使之对应的地面产生

正电荷,在正负电荷聚集到一定的量,就会产生电位差,当电位差达到一定程度,就会发生先导放电,先导放电逐渐增大,最后形成猛烈的放电现象,这就是地面雷电的形成过程。

3. 雷电的放电过程

雷电的放电过程是从先导放电过程和主放电过程构成。初次放电时,雷云的负电荷与地面感应的正电荷相互作用,部分空气被击穿形成先导放电。先导放电击穿的空气处于游离状态,使放电通道延伸和空气进一步击穿,这个放电过程由许多的逐级部分击穿所组成,并且逐渐发展增强。当击穿的雷电通道极为接近地面时,从某一突出的接地物体,可构成自地面向雷云的迎面雷道。在从雷云和自地面而来的雷道相遇时,形成从地面到雷云的主放电,如图7-2所示。主放电过程可以持续多次,其放电程度逐渐减弱。

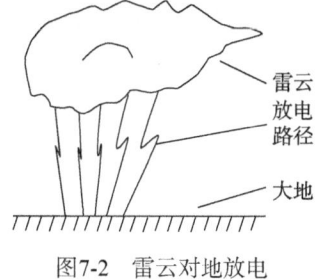

图7-2 雷云对地放电

(二)雷电的危害

雷电的危害主要有直击雷、感应雷、雷电侵入波、地电位反击造成,具体危害表现如下。

(1)雷电流高压效应会产生高达数万伏甚至数十万伏的冲击电压,如此巨大的电压瞬间冲击电气设备,足以击穿绝缘使设备发生短路,导致燃烧、爆炸等直接灾害。

(2)雷电流高热效应会放出几十至上千安的强大电流,并产生大量热能,在雷击点的热量会很高,可导致金属熔化,引发火灾和爆炸。

(3)雷电流机械效应主要表现为被雷击物体发生爆炸、扭曲、崩溃、撕裂等现象导致财产损失和人员伤亡。

(4)雷电流静电感应可使被击物导体感生出与雷电性质相反的大量电荷,当雷电消失来不及流散时,即会产生很高电压发生放电现象从而导致火灾。

(5)雷电流电磁感应会在雷击点周围产生强大的交变电磁场,其感生出的电流可引起变电器局部过热而导致火灾。

(6)雷电波的侵入和防雷装置上的高电压对建筑物的反击作用也会引起配电装置或电气线路断路而燃烧导致火灾。

二、避雷针和避雷线

(一)避雷针

1. 避雷针的构成

避雷针主要有杆塔、尖端放电针体,导电的引下线、接地装置等组成。避雷针结构如图7-3所示。它一般为垂直结构,最顶端是尖端放电针体,中间是杆塔和导电的引下线,最下面是埋在地下的接地装置(地网)。杆塔为金属结构

图7-3 避雷针结构

时，可以省去导电的引下线，将尖端放电针体直接焊接在金属杆塔顶端，金属杆塔最下面焊接接地线，接地线焊接在接地装置上。为了接地可靠，一般用2根接地线焊接在接地装置的不同位置。

2. 避雷针的原理

在雷雨天气，高楼上空出现带电云层时，避雷针和高楼顶部都被感应上大量电荷，由于避雷针针头是尖的，并且位置比较高，根据尖端放电原理，在有静电感应时，导体尖端总是聚集了最多的电荷。因此，避雷针就聚集了大部分电荷。避雷针又与这些带电云层形成了一个电容器，由于它较尖，即这个电容器的两极板正对面积很小，电容也就很小，也就是说它所能容纳的电荷很少。而它又聚集了大部分电荷，所以，当云层上电荷较多时，避雷针与云层之间的空气就很容易被击穿，成为形成雷电通道。这样，带电云层通过空气的雷电通道向避雷针放电。

3. 避雷针的作用

避雷针的作用是将云层中的电荷吸引过来，将雷电通过避雷针的尖端放电。由于避雷针是良好的导体，其接地电阻很小，放电电流主要通过避雷针流入大地，因此，不会打在房屋、设备或附近人的身上。起到了房屋、设备等物体的避雷作用。因此可以说，避雷针是避免直接雷击的有效方法。

(二) 避雷线

1. 避雷线的构成

避雷线一般安装在架空电力线路的上面，即处在杆塔的最上端。它主要由架空避雷线，引下接地线和接地装置组成。一般每个杆塔处设一处接地装置和引下接地线。

2. 避雷线的原理与避雷针相似

3. 避雷线的作用

避雷线的作用：一是全线装设架空避雷线的方法来防直击雷破坏输电线。二是在变电所进出线1～2 km距离内装设架空避雷线作为保护，使该段线路免遭直接雷击，并且限制了1～2km距离以外的线路受雷击时侵入变电所内的过电压的幅度。

三、避雷器

(一) 避雷器的构成

避雷器有管型避雷器、阀型避雷器和氧化锌避雷器。

(1) 管型避雷器：它是保护间隙型避雷器中的一种，主要由产气管、内部棒状电极、外部环形电极、内部及外部间隙组成。

(2) FZ系列阀型避雷器：主要由弹簧、法兰、火花间隙、瓷套、阀片电阻、橡皮垫、电极、云母组成。阀片电阻的制作材料是特种碳化硅。FZ-15型阀型避雷器如图7-4所示。

(3) FYZ系列氧化锌避雷器：氧化锌避雷器是一种保护性能优越、质量轻、耐污秽、

阀片性能稳定的避雷设备。氧化锌避雷器的结构与FZ系列阀型避雷器相似，其主要区别是取消了火花间隙。

（二）避雷器的原理

避雷器与被保护设备并联连接，当被保护设备在正常工作电压下运行时，避雷器相当于绝缘体，不会有任何的动作产生，对地面来说视为断路。一旦出现高电压，且危及被保护设备绝缘时，避雷器立即动作，将高电压冲击电流导向大地，从而限制电压幅值，保护电气设备绝缘。当过电压消失后，避雷器迅速恢复原状，使系统能够正常供电。

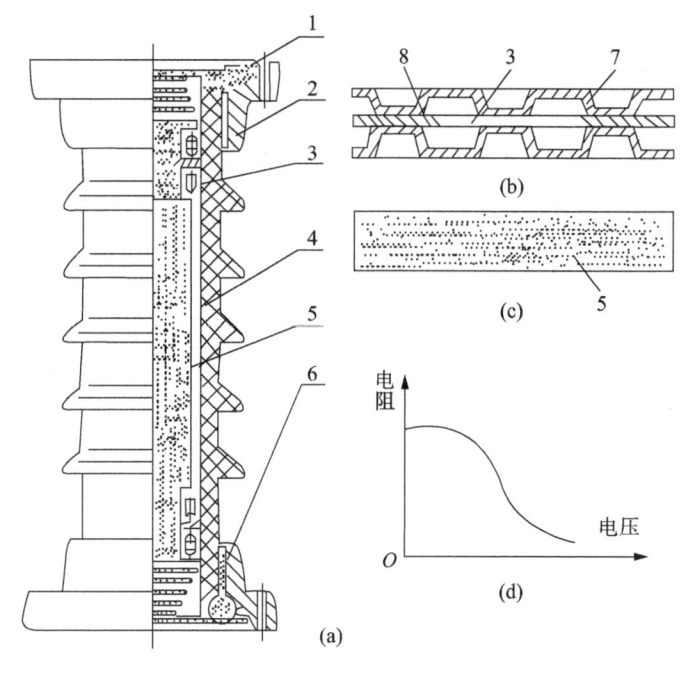

1—弹簧；2—法兰；3—火花间隙；4—瓷套；
5—阀片电阻；6—橡皮垫；7—电极；8—云母

图7-4　FZ-15型阀型避雷器

四、架空线的防雷保护

架空线路受到直接雷击或线路附近落雷时，导线上会直接或因电磁感应而产生过电压，即大气过电压。这个电压往往高出线路相电压的很多倍，使线路绝缘遭受破坏而引起停电事故。当雷击线路时，巨大的雷电压将导致线路绝缘击穿闪络或爆裂。雷击不但危害线路本身的安全，而且雷电会沿导线迅速传到变电所，如果防雷措施不良，就会造成变电所内设备严重损坏。

根据现场运行经验，降低雷击跳闸率的有效措施主要有：采取降低杆塔接地电阻、加装耦合地线及线路避雷器、减小线路地线保护角、增加绝缘子片数、采用自动重合闸等。以上加强防护措施可根据线路的重要性、雷电活动的频率、地形地貌特点及土壤电阻率等情况确定选取合理的一种或几种防雷保护。

五、变配电站及设备的防雷保护

变电所遭受雷击主要来自两个方面：一是雷直击在变电所的电气设备上；二是架空线路的感应雷过电压和直击雷过电压形成的雷电波沿线路侵入变电所。由于变电所和架空线直接相连接，而线路的绝缘水平又比变电所内的电气设备高，因此沿着线路侵入到变电所的雷电波的幅值很高。如果没有相应的保护措施，就有可能使变电所内的主变压器或其他

电气设备的绝缘损坏。而变电所一旦发生雷击事故,将使设备损坏,造成大面积停电,给正常供电造成严重影响。

(一)变电所高压设备防雷措施

(1)变电所的直击雷防护。装设避雷针是直击雷防护的主要措施,避雷针是保护电气设备、建筑物不受直接雷击的雷电接受器。

(2)变电所对侵入波的防护。变电所对侵入波防护的主要措施是在其进线上和馈出线上装设避雷器和抗雷圈。

(3)变电所的进、出线防护。对变电所进、出线实施防雷保护,其目的就是限制流经避雷器的雷电电流幅值和雷电波的陡度。

(4)变压器的防护。变压器的基本保护措施是靠近变压器安装避雷器,这样可以防止线路侵入的雷电波损坏绝缘。装设避雷器时,要尽量靠近变压器,并尽量减少连线的长度,以便减少雷电电流在连接线上的压降。同时,避雷器的接线应与变压器低压侧中性点连接在一起,这样,当侵入波使避雷器动作时,作用在高压侧主绝缘上的电压就只剩下避雷器的残压了。

(5)变电所的防雷接地。变电所防雷保护满足要求以后,还要根据安全和工作接地的要求敷设一个统一的接地网,然后避雷针和避雷器下面增加接地体以满足防雷的要求,或者在防雷装置下敷设单独的接地体。其接地电阻越小越好,变电所的地网的接地电阻小于 0.5Ω。

(二)变电所低压设备防雷措施

1. 进出站管线处理

进出变电所的管线包括水管、煤气管、电源线、信息传输线等。进所金属管类均应直埋进所且与地网单点可靠连接。变电所所用电源一般不外送,如内引应经隔离变压器引入,引入前须直埋 15 m 进变电所。进出所的信息传输线缆应穿管直埋入所并经保安单元或相应的数据避雷器后引入机房。有金属线的光缆穿管直埋入变电所应先经接地汇接排后才能引入机房。接地的波导管本身具有良好的防雷作用,不需加避雷器,按规程沿路接地即可。对于天馈线防雷主要在同轴电缆进户处加装相应的高频浪涌保护器,并且天馈线的顶端通过金属支架接地,如无金属支架,则采用 ϕ12 m 以上镀锌圆钢下引接地。如果天线馈线较长,在其中间应隔 20 m 左右与下引接地线跨接一次。

2. 二次电缆及端子箱

直接与电子设备屏柜和装置相连的控制信号、电流和电压回路电缆都应该采用屏蔽电缆,且屏蔽层的金属保护层及备用芯均应一端接地。端子箱及断路器机构箱等不管内部是否安装电子设备均应避开避雷器或构架避雷针的主要散流线接地。

3. 所用电系统

根据《建筑物防雷设计规范》(GB 50057—1994)规定,对微电子设备的供配电系统应

采取三级过电压保护。三级分别为变电所用变低压出口，变电所用电配电柜及各分路出口。

低压配电系统避雷器一般以MOV（金属氧化物可变电阻）为主。MOV的主要用途是保护那些必须满足'瞬态电压浪涌抑制器'各项要求的产品免受雷电损害。

4. 变电所主控室、远动通信机房及全部电子设备

变电所主控室、远动通信机房及全部电子设备的主要防护措施是多重屏蔽、电源过压嵌位、信号限幅滤波、地电位均压、浮点电位牵制。

微电子设备工作电压低且击穿功率小，靠单一屏蔽难以达到预期效果，必须采取多重屏蔽，如利用建筑物钢筋网组成的法拉第笼、设备屏柜金属外壳和装置金属外壳等逐级屏蔽。

任务三　城市轨道交通供电接地装置

学习目标

（1）了解接地的目的。
（2）掌握电气设备接地技术原则。
（3）掌握接地体的基本组成。
（4）了解接地的分类。
（5）掌握综合接地构成。
（6）掌握等电位连接的种类及连接形式。
（7）掌握地铁综合接地系统的构成。
（8）掌握接地电阻的选择。
（9）了解接地装置的维护。
（10）掌握杂散电流的形成。
（11）掌握杂散电流的危害。
（12）了解地下金属结构被杂散电流腐蚀的基本原理。
（13）了解杂散电流监测系统。
（14）掌握杂散电流的防护方法。
（15）了解杂散电流防护系统的维护。

学习任务

学习和理解城市轨道交通供电接地装置的基本知识，主要包括接地的目的及原则、接地装置的构成、轨道交通供电系统的交流接地、直流接地和地铁综合接地的构成、接地电阻的选择及接地装置的维护、杂散电流的形成及危害、杂散电流腐蚀的监测与防护措施。

工具设备

接地装置仿真软件、接地装置仿真模型和零部件实物、实物图片、接地电阻及杂散电

流监测设备、多媒体设备等。

教学环境

理实一体化教室或轨道交通电气化综合实验室。

基础知识

城市轨道交通供电接地装置，是确保牵引供电设备安全工作和人身、设备安全的主要装置。因此，电气工作人员必须学习接地的目的及原则、接地装置的构成、轨道交通供电系统的交流接地、直流接地和地铁综合接地的构成、接地电阻的选择及接地装置的维护、杂散电流的形成及危害、杂散电流腐蚀的监测与防护措施。从而在工作中有效的对接地装置进行检修和维护，保证供电设备的可靠接地。

一、接地的目的及原则

（一）接地的目的

接地就是将电气设备的某些部位、电力系统的某点与大地相连，提供故障电流及雷电流的泄流通道，稳定电位，提供零电位参考点，以确保电力系统、电气设备的安全运行，同时确保电力系统运行人员及其他人员的人身安全。

（1）降低电气设备绝缘水平：将电力系统的中性点接地称为工作接地，工作接地能够降低作用在电气设备上的电压，从而降低电气设备的绝缘水平。

（2）确保电力系统安全运行：输电线路杆塔接地装置的接地电阻必须降低到一定值，以确保雷击输电线路杆塔时的塔顶电位与导线的电位差小于绝缘子串的50%冲击放电电压，保证线路的正常运行。如果接地电阻过大，则由于塔顶电位升很大引起绝缘子串闪络而停电。

（3）确保人身安全：将所有电气设备的外壳接地，当电气设备绝缘损坏或老化而使外壳带电时，能够保证接触设备外壳的人员的人身安全。另外发变电站接地装置通过降低接地电阻和采取均压措施来保证接触电压和跨步电压以满足人身安全的要求。

（4）防止静电干扰：由于现代科技的发展，一方面容易产生静电的化学纤维及塑料等制品、衣物的使用日益增多，另一方面对静电干扰敏感的固态电子设备，如计算机等的使用也日益增加。静电一方面可能引起爆炸和火灾，另一方面则是干扰固体电子设备的正常工作。

（5）检测接地故障：为了保证人身和财产安全，低压线路采用漏电断路器等各种故障保护装置。如果线路的一点产生接地故障，为了使保护装置动作，则必须产生足够大的接地故障电流。为满足该条件，则在降压变压器二次侧中性点接地，称为接地故障检测用的接地。

（6）等电位连接：等电位连接是使各外露导体和装置的外导电体的电位相等的连接方式。在建筑物内的电气设备，可以通过将设备外壳与敷设的主接地母线相连来实现等电位连接。

（7）防止电磁干扰：外部电磁干扰能够使电子设备产生误动作，或干扰电缆传输的信号，影响传输信号质量，这可以通过将电子设备的屏蔽外壳和电缆屏蔽层接地来降低或消

除外部电磁干扰的影响。还可以防止电子设备产生的高频能量泄流到外部，而对其他设备造成干扰。

（8）作业用接地：在停电作业时，需要采用接地来泄放线路中的充电装置中的能量，以及防止电磁干扰在线路中的感应电流的危害。另外也可以防止他人误操作对作业人员的致命危害。

(二)接地的原则

（1）为保证人身和设备安全，各种电气设备均应根据国家标准GB14050—2008《系统接地的形式及安全技术要求》进行保护接地。

（2）不同用途和不同电压的电气设备，除有特殊要求外，一般应使用一个总的接地体，按等电位连接要求，应将建筑物金属构件、金属管道与总接地体相连接。

（3）人工总接地体不宜设在建筑物内，其接地电阻应满足各种接地中最小的接地电阻要求。

（4）有特殊要求的接地，如弱电系统、计算机系统及中压系统，为中性点直接接地或经小电阻接地时，应按有关专项规定执行。

二、接地装置的构成

(一)接地体的基本组成

电力系统的接地装置可分为两类，一类为比较简单的输电线路杆塔或微波塔的接地装置，如水平接地体、垂直接地体、环形接地体等，另一类为变电所的接地网。接地装置就是包括引线在内的埋设在地下的一个或一组金属体（包括水平埋设或垂直埋设的接地极、金属构件、金属管道、钢筋混凝土构筑物基础、金属设备等），或由金属导体组成的金属网，接地装置如图7-5所示。其功能是用来泄放故障电流、雷电或其他冲击电流，以稳定电位。

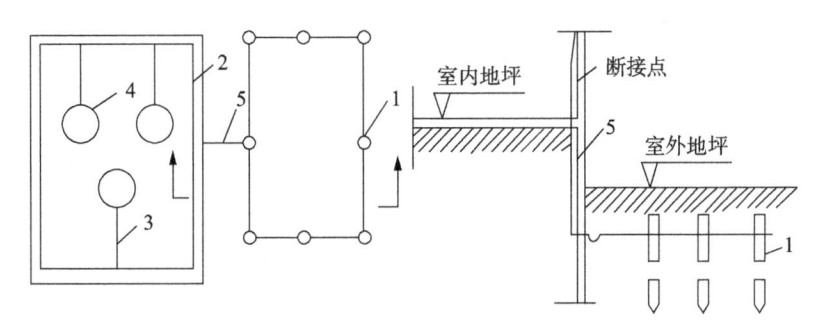

1—接地体；2—接地干线；3—接地支线；4—电气设备；5—接地引下线

图7-5 接地装置

(二)接地的分类

电力系统交流电气装置的接地按其功能可分为：工作接地、防雷接地和保护接地三类。

1. 工作接地

交流电力系统根据中性点是否接地而分为中性点直接接地系统和中性点非直接接地系统。我国在110 kV及以上的电力系统中均采用中性点直接接地的运行方式，其目的是为了降低电气设备的绝缘水平，这种接地方式称为工作接地。

2. 保护接地

在电气设备发生故障时，电气设备的外壳将带电，如果这时人接触设备外壳，将造成触电的危险。因此为了保证人身安全，所有电气设备的外壳必须可靠接地，这种接地称为保护接地。当电气设备的绝缘损坏而使外壳带电时，流过接地保护装置的故障电流应使相应的继电保护装置动作，切断故障设备的电流。

3. 防雷接地

为了防止雷电对电力系统及人身安全的危害，一般采用避雷针、避雷线及避雷器等雷电防护设备。这些雷电防护设备都必须与合适的接地装置相连，以将雷电流导入大地，这种接地称为防雷接地。流过防雷接地装置的雷电流幅值很大，可以达到数百千安，但持续的时间很短，一般只有数十微秒。因此要求防雷接地装置及其引线应有通过大电流的能力。

4. 信号参考地

现代电力系统大量采用以微电子设备为基础的仪器和控制设备，这些设备工作时需要确定信号的参考点。信号参考地对于保证电子设备及计算机控制系统等的正常工作起着十分重要的作用。而现代电力系统，很难提供纯净的无干扰的信号参考地，因此提高信号地的抗干扰能力，是接地设计时需要考虑的重要问题之一。

（三）综合接地

综合接地系统是指供电系统和需要接地的其他设备系统的系统接地、保护接地、电磁兼容接地和防雷接地等采用共同的接地装置，并实施等电位联结措施。各类接地可以采用单独的接地线，但接地极和"等电位面"是共用的，不存在不同接地系统接地导体之间的耦合问题，也避免了采用不同接地导体时产生的电位不同问题。

综合接地装置的接地电阻值按照接入设备的要求和人身安全防护的要求等方面综合确定，综合接地装置的接地电阻值必须小于接入设备所要求的最小接地电阻值。

综合接地系统一般由共用接地极引出两个接地母排，即一个强电接地母排，一个弱电接地母排，分别用于供电系统和二次低压系统、通信信号等弱电系统的接地。

（四）等电位连接

在电气装置间或某一空间内，将金属可导电部分和电气装置外部可导电部分，以适当的方式互相连结，使其各处电位相等或相近，此类联结称为等电位联结。

对设备和人身安全造成危害的电气问题，大部分不是因为电位的高或低引起的。人身遭受电击、电气火灾的发生和电子信息设备的损坏，主要原因由电位差引起的放电造成的。采用等电位联结可以有效消除或减小各部分之间的电位差，从而有效防止人身和设备损害。

(五)轨道交通供电系统的接地

1. 交流供电系统的接地

城轨交流供电系统的电压等级一般有110 kV、35 kV、10 kV、0.4 kV等，其接地内容包括工作接地、电磁兼容接地等功能性接地和电气装置的外壳接地、防雷接地、过电压设备的接地等保护性接地。

系统的工作接地包括电源中性点、中性线、保护中性线、电流互感器、电压互感器、三工位负荷开关、接地开关等接地。电源中性点、中性线、保护中性线的接地是指主变压器、配电变压器中性点的接地方式，可与变电所接地母排直接连接。电流互感器、电压互感器、三工位负荷开关、接地开关等设备或电气元件均设在成套开关设备中，这些接地不直接与变电所接地母排单独连接，而是先与开关设备中的接地小母排相连，通过设备的保护接地线与变电所接地母排相连接。

2. 直流牵引供电系统的接地

城市轨道交通工程的牵引供电制式多采用DC 750 V或DC 1500 V，直流牵引供电系统的主要设备有牵引整流器、直流开关、上网开关设备、钢轨电位限制装置、接触网和回流轨等。

1) 系统接地方式

城市轨道交通直流牵引供电系统的负极相当于交流系统的中性线（N线），直流牵引供电的工作接地指的是负极对地的关系。为减小直流杂散电流对金属结构的腐蚀，直流牵引供电的工作接地采用不接地系统，即正常情况下系统设备的所有正极和负极均与地绝缘。

走行轨对地电位超过允许限值时，为避免乘客上下车受到跨步电压的影响，钢轨电位限制装置本应将走行轨与结构地短时连接，但考虑到杂散电流问题，目前做法是将走行轨与电位同结构地基本相当的外引接地装置短时连接。

2) 牵引变电所内直流牵引供电设备的接地

牵引整流器、直流开关设备，包括直流进线柜、直流馈线柜、负母线柜、钢轨电位限制装置，都安装于牵引变电所内，其外露可导电部分即金属外壳不直接接地，而是通过直流框架泄漏保护装置与地形成单点电气连接。

3) 区间直流上网开关设备的接地

区间直流上网开关（包括区间检修线隔离开关设备）的接地可以有如下四种方式。

（1）当上网开关设备设在站台的独立房间或牵引变电所内时，纳入直流开关柜的框架泄漏保护装置中，在发生设备外壳漏电时，框架泄漏保护装置使直流馈出断路器跳闸。

（2）采用非金属绝缘外壳，当柜内发生直流漏电时，设备外壳不会带直流异常电位，也没有杂散电流泄漏问题。采用这种方式会使设备投资较高，不宜采用。

（3）设备外壳与基础槽钢之间设置硬质绝缘板，设备外壳与附近走行轨的电气连接在发生直流漏电时会产生系统正负短路，直流馈线保护动作使断路器跳闸，并切断故障电流。

(4）设备金属外壳直接与附近钢筋结构的电气连接，相当于交流低压IT系统的接地方式，这种方式需要保证并保持正极对外壳的绝缘，使正常泄漏的直流电流不能对钢筋结构产生腐蚀，并需要设置碰壳保护，在正极碰壳发生时能迅速切断故障电流或进行报警。

4）车辆段、停车场直流上网开关等设备的接地

车辆段、停车场范围大，直流上网开关设备与检修设备的数量多、分布广，并且内部金属管线较多。直流上网开关等设备不能直接接地，接地可通过柜内设置绝缘护板、绝缘电缆支架或采用非金属绝缘外壳等方式实现。

3. 地铁综合接地系统的构成

（1）地下变电所接地装置利用钢筋结构作为自然接地体，地下车站钢筋结构按杂散电流防护的要求，其横向主筋和纵向辅筋进行焊接，形成一个50000 m^2等电位法拉第笼，这个等电位法拉第笼深埋于地面10 m以下，形成地铁的接地装置。它是地铁这个电磁环境中一切电气设备的地，它的接地电阻小于0.5 Ω，无须另设接地装置。

（2）地下车站钢筋结构焊接形成一个等电位体，是所有电气设备的综合接地装置，在变电所设综合接地母排与钢筋结构焊接，变电所内所有电气设备的接地均接于此。

（3）地上变电所单独设接地装置，其接地电阻小于0.5 Ω，是所有电气设备的综合接地装置，另设综合接地母排。

（4）各地下车站变电所接地网通过接地扁钢连接，形成一个地下综合接地系统。

（5）各地上变电所接地网通过接地扁钢连接，形成一个地上综合接地系统。

（6）地上、地下综合接地系统相对独立，不进行电气连接。

地铁综合接地系统如图7-6所示。

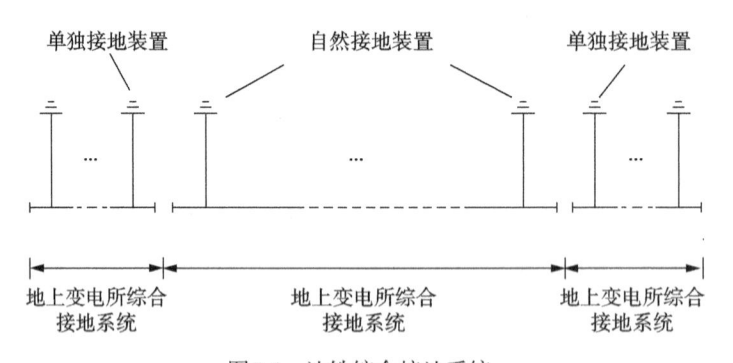

图7-6 地铁综合接地系统

在图7-6中，地铁接地系统的构成方式与目前国内通行的作法有差异，差异在于没有把地铁钢筋结构作为自然接地装置。

三、接地电阻的选择及维护

接地电阻是接地装置的技术要求中最基本的技术指标。原则上要求接地装置的接地电

阻越小越好。接地装置的电阻是以下几部分电阻之和：土壤电阻、土壤和接地体之间的接触电阻、接地体本身的电阻、接地体引线的电阻等。接地电阻主要由土壤电阻率及接地装置的结构来决定。

(一)接地电阻的选择

接地装置的接地电阻的大小，在通过接地的短路电流一定时，决定了接触电压和跨步电压的高低。因此也决定了地电位的安全程度，这对保证人身安全是非常重要的。

1. 大短路电流接地系统

接地规程中规定，大短路电流接地系统的电力设备，其接地装置的接地电阻应符合：

$$R \leqslant 2000/I_d (\Omega)(当I_d>4000\ A时，取R \leqslant 0.5\ \Omega)$$

式中，R 为最大（工频）接地电阻（Ω）；I_d 为流经接地装置的最大单相稳态电流（A）。

2. 小短路电流接地系统

中性点非直接接地的小短路电流接地系统的电力设备，接地电阻值应符合下述要求。

（1）高压与低压电力设备共用的接地装置 $R \leqslant 120/I_{jd}$（Ω）。

（2）只用于高压电力设备的接地装置 $R \leqslant 250/I_{jd}$（Ω）。

(二)接地装置的维护

接地装置运行中，接地线和接地体会因外力破坏或腐蚀而损伤或断裂，接地电阻也会随土壤变化而发生变化，因此，必须对接地装置定期进行检查、测量和维护。

1. 检查、测量周期

（1）变（配）电所的接地装置一般每年检查一次，干燥季节测量接地电阻。

（2）根据车间或建筑物的具体情况，对接地线的运行情况一般每年检查1～2次。

（3）各种防雷装置的接地装置每年在雷雨季前检查一次。

（4）对有腐蚀性土壤的接地装置，应根据运行情况每3～5年对地下接地体检查一次。

（5）手持式、移动式电气设备的接地线应在每次使用前进行检查；

（6）接地装置的接地电阻一般1～3年测量一次。

2. 检查的主要内容

（1）检查接地装置的各连接点的接触是否良好，有无损伤、脱焊、折断和腐蚀现象。

（2）检查接零线、接地线有无机械损伤或化学腐蚀，涂漆有无脱落；对含有重酸、碱、盐等化学成分的土壤地带，应检查地面下500mm以上部位的接地体的腐蚀程度。

（3）在土壤电阻率最大时测量接地装置的接地电阻，并对测量结果进行分析比较。

（4）电气设备检修后，应检查接地线连接情况，是否牢固可靠。

（5）检查电气设备与接地线连接、接地线与接地网连接、与接地干线连接是否完好。

3. 在检查过程中，发现有下列情况时，应对接地装置进行维修。

（1）接地线的焊接连接处开焊；应及时进行焊接并涂防腐蚀材料。

（2）接地线的螺纹连接处松动；及时紧固并涂油。

（3）接地线有机械损伤、断股或有严重腐蚀、锈蚀、锈蚀30%以上应进行局部更换。

（4）接地体（极）露出地面；将地面开挖深0.6 m后，把接地体（极）埋入地中即可。

（5）接地电阻超过规定值时，采用如下方法降低接地电阻。

①利用低电阻系数的土壤。

②采用加食盐等人工处理法。

③采用外引式接地，将接地装置引到低电阻系数的土壤的地方。

④采用导电性混凝土填充。

⑤采用降阻剂的化学处理法。

⑥钻孔深埋法和扩充面积法，使接地装置与土壤接触面积增大和湿度增大。

四、杂散电流的形成及危害

（一）杂散电流的形成

直流牵引供电系统在理想的状况下，牵引电流由牵引变电所的正极出发，经由供电线、接触网、电动列车和回流轨（即走行轨）返回牵引变电所的负极。实际上钢轨与隧道或道床等结构钢之间的绝缘电阻不是无限大，这样势必造成流经牵引轨的牵引电流不能全部经由钢轨流回牵引变电所的负极，有一部分的牵引电流会泄漏到隧道或道床等结构钢上，然后经过结构钢和大地流回牵引变电所的负极，这部分泄漏到隧道或道床等结构钢上的电流就是杂散电流，也称为迷流。地下杂散电流和电位如图7-7所示。

(a) 直流牵引地下杂散电流

(b) 走行轨对大地电位分布图

(c) 地下金属对大地电位分布图

图7-7 地下杂散电流和电位

走行轨铺设在轨枕、道砟和大地上，由于轨枕等的绝缘不良和大地的导电性能，地下的杂散电流如图7-7（a）所示。杂散电流流入大地，然后在接近牵引变电所的某些地方又重新流回钢轨和牵引变电所的负极。在走行轨附近埋有地下金属管道和其他任何金属结构时，杂散电流的一部分就会从导电的金属体上流过，金属结构被杂散电流腐蚀原理图如图7-8所示。此时钢轨和地下金属各点对大地的电位分布如图7-7（b）和（c）所示。

（二）杂散电流的危害

城市轨道中的杂散电流是一种危害较大的电流，会对地铁中的电气设备、设施的正常运行造成不同程度的影响，以及对隧道、道床的结构钢和附近的金属管线、避雷线接地体等造成危害。这种危害主要表现在如下几个方面。

（1）若地下杂散电流流入电气接地装置，将引起过高的接地电位，使某些低压设备无法正常工作。

（2）若钢轨（走行轨）局部或整体对地的绝缘变差，则此钢轨（走行轨）对大地的泄漏电流增大，即地下杂散电流增大，这时有可能引起牵引变电所的框架泄流保护装置动作。而框架泄流保护装置动作，使牵引变电所的断路器跳闸使全所停电，同时还会使相邻牵引变电所对应的馈线断路器联跳，从而造成较大范围的停电事故，从而影响地铁的正常运营。

（3）对城市轨道交通的隧道、道床或其他建筑物的结构钢筋及附近的金属管线（如电缆、金属管件等）造成电化学腐蚀。如果这种电腐蚀长期存在，将会严重损坏地铁附近的各种结构钢筋和地下金属管线，破坏了钢结构的强度，缩短了其使用寿命。

（三）地下金属结构被杂散电流腐蚀的基本原理

地下金属结构被杂散电流腐蚀原理图如图7-8所示，I为接触网的牵引电流，I_x、I_y分别为走行轨的回流和泄漏的杂散电流。

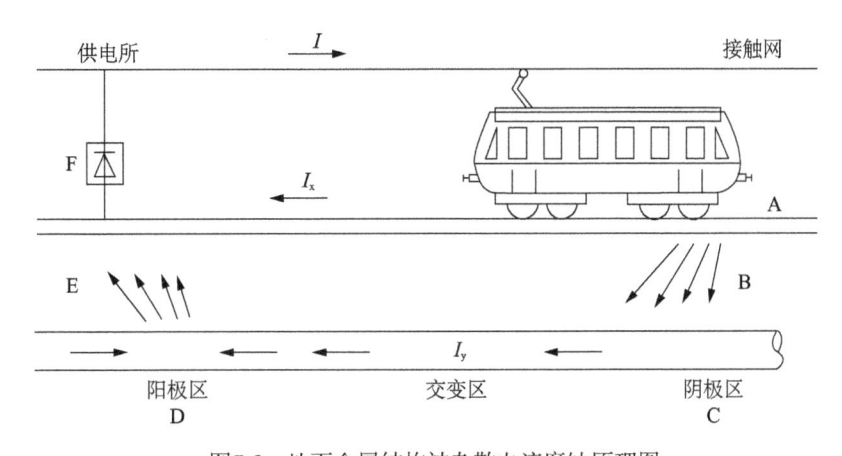

图7-8　地下金属结构被杂散电流腐蚀原理图

由图7-8可知，杂散电流所经过的路径可等效地看成为2个串联在一起的腐蚀电池。其中电池Ⅰ为A钢轨（阳极区）—B道床、土壤—C金属管线（阴极区）；电池Ⅱ为D金属管线（阳极区）—E土壤、道床F—钢轨（阴极区）。

当杂散电流由图7-8中两个阳极区（即钢轨A和金属管线D部位）流出时，该部位的金属铁（Fe）便与其周围土壤的电解质发生电解，此处的金属随即遭到电化学腐蚀。这种腐蚀的过程，实际可能发生两种氧化还原反应。其中之一是当金属铁（Fe）周围的介质是酸

性电解值时（PH<7），发生的氧化还原反应是析氢腐蚀；二是当金属铁（Fe）周围的介质是碱性电解值时（PH>7），发生的氧化还原反应是吸氧腐蚀。

上述腐蚀过程使金属铁（Fe）逐渐生成氢氧化亚铁Fe(OH)$_2$、氢氧化铁Fe(OH)$_3$，最后生成氧化铁Fe$_2$O$_3$，使铁金属性质遭到彻底破坏。

五、杂散电流腐蚀的监测与防护

（一）杂散电流的监测

杂散电流监测系统有分散式监测系统和集中式监测系统两种。分散式杂散电流监测系统由参考电极、道床收集网测试端子、高架桥梁收集网测试端子、隧道收集网测试端子、测试盒、测试电缆、杂散电流综合测试端子箱及杂散电流综合测试装置构成。集中式杂散电流监测系统由参考电极、道床收集网测试端子、高架桥梁收集网测试端子、隧道收集网测试端子、传感器、数据转接器、测试电缆及杂散电流综合测试装置构成。

其中，道床收集网测试端子、高架桥梁收集网测试端子、隧道收集网测试端子可利用伸缩缝处的连接端子，不单独引出测试端子。

1. 分散式杂散电流监测系统

如图7-9所示，在每个车站变电所的控制室或检修室内安装一台杂散电流测试端子箱，将该车站区段内的参考电极端子和测试端子接至接线盒，由统一的测量电缆引入至变电所测试端子箱内的连接端子，然后用移动式微机型综合测试装置分别对每个变电所进行杂散电流测试及数据处理。

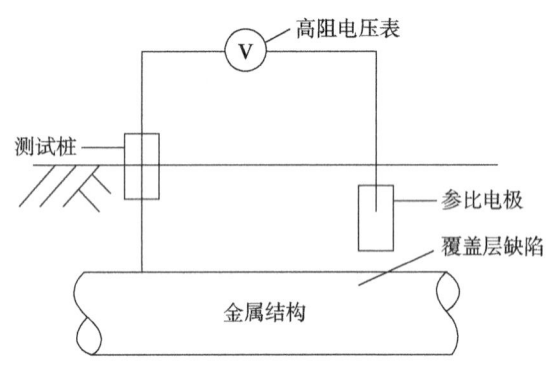

图7-9 管、地电位的标准测量方法

2. 集中式杂散电流监测系统

如图7-10所示，在每个测试点，将参考电极端子和测试端子接至传感器，将该车站区段内的上下行传感器通过测量电缆，分别连接到车站变电所的控制室或检修室内的数据转接器，车站的数据转接器通过测量电缆接至固定式杂散电流综合测试装置。综合测试装置至传感器的传输距离最远不能超过10km，否则将产生较大的测量误差，由此来考虑每条线路需设置几个杂散电流综合测试室。

（二）杂散电流腐蚀的防护措施

（1）减小回流系统的电阻，确保牵引回流系统的畅通，使牵引电流通过回流系统流回牵引变电所，从根本上减少杂散电流的产生。

（2）为保护整体道床结构钢筋不受杂散电流腐蚀及减少杂散电流扩散，利用整体道床内结构钢筋的可靠电气连接，建立主要的杂散电流收集网，收集由钢轨泄漏出来的杂散电

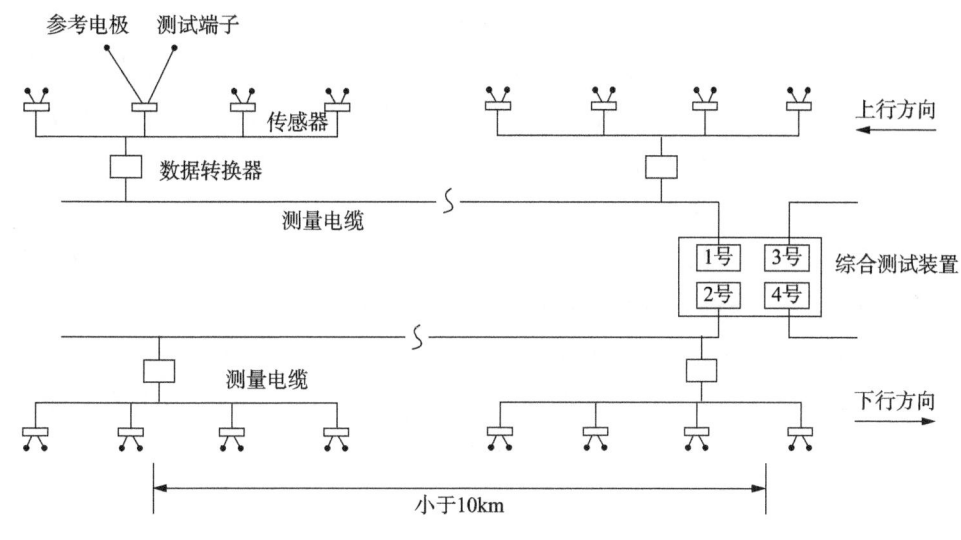

图7-10 集中式杂散电流监测原理框图

流,在阴极区经钢轨流回牵引变电所。

(3)对于需设置浮动道床的区段,浮动道床内的纵向钢筋应该采用电气连接,并和整体道床内的杂散电流收集网电气连接,使隧道内所有的道床收集网钢筋在电气上连为一体。

(4)在条件允许的情况下,尽可能增强整体道床结构与隧道、车站间的绝缘。

(5)为保护地下隧道、车站结构钢筋不受杂散电流腐蚀及减少杂散电流向外部的扩散,将隧道、车站结构钢筋进行可靠电气连接,建立辅助杂散电流收集网,收集由整体道床泄漏出来的杂散电流,在阴极区经整体道床和钢轨流回牵引变电所。

(6)在盾构区间隧道,采用隔离法对盾构管片结构钢筋进行保护。在盾构区间相邻的车站的结构钢筋用电缆连接起来,使全线的杂散电流辅助收集网在电气上保持连续。

(7)在高架桥区段,桥梁与桥墩之间加橡胶绝缘垫等绝缘物体,实现桥梁内部结构钢筋与桥墩结构钢筋绝缘,防止杂散电流对桥墩结构钢筋的腐蚀。

(8)在高架桥车站内,车站结构钢筋和车站内高架桥结构钢筋要求在电气上绝缘,防止杂散电流对车站结构钢筋的腐蚀。

(9)牵引变电所设置杂散电流排流装置,以便在轨道绝缘能力降低致使杂散电流增大时,及时安装排流装置使收集网(主收集网、辅助收集网)中杂散电流有畅通的电气回路。

(10)直流供电设备、回流轨等设备采用绝缘法安装。

(11)各类管线设备应尽量从材质或绝缘等方面采取措施,减少杂散电流对其腐蚀及通过其向轨道外部泄漏。

(12)轨道应采取以下措施,减少杂散电流。

①减少回流回路的总电阻：走行回流钢轨尽量选用重型轨（如60 kg/m轨），并焊接成长钢轨。钢轨接头的电阻值应小于5 m长的回流钢轨的电阻值，以减少回流回路的总电阻。

②加强绝缘隔离：钢轨与轨枕或整体道床间采用绝缘法安装，保证钢轨对轨枕或整体道床的泄漏电阻不小于15 Ω/km。

（13）隧道、地下车站采取的措施。

隧道、地下车站主体结构的防水层，必须具有良好的防水性能和电气绝缘性能；车站、隧道内应设有畅通的排水措施，不允许有积水和渗漏现象。

为保护隧道、地下车站结构钢筋不受杂散电流腐蚀及减少杂散电流向外扩散，利用这些结构钢筋的可靠电气连接，建立辅助杂散电流收集网。其所收集的，由整体道床泄漏出来的杂散电流，经整体道床、钢轨或单向导通装置流回牵引变电所。

(三) 杂散电流防护系统的维护

（1）定期利用杂散电流综合测试装置，在最大负荷时测试整体道床结构钢筋、车站隧道结构钢筋、高价桥梁结构钢筋相对周围混凝土介质的平均电位。以此电位作为判断有无杂散电流对结构钢筋腐蚀的依据。

（2）每月定期对全线轨道线路进行清扫，保持线路清洁干燥，尤其是轨道扣件和钢轨绝缘垫必须经常清扫，使之保持清洁干燥，防止轨道扣件和钢轨绝缘垫表面附有可导电的灰尘和杂物，使轨道对地的泄漏电阻下降。

（3）根据测试和检测的结果，分析判断出引起杂散电流腐蚀严重的原因。若是钢轨回流系统出现断开点或接触不良，要及时将断开点通过焊接连接好，使之达到标准要求；若是钢轨某处泄漏电阻太小，则应检查钢轨处是否积水、是否有灰尘污染或钢轨绝缘垫等绝缘部件由于损坏而引起，并对有关问题及时处理，清扫或对绝缘部件进行维护。

（4）若全线钢轨泄漏电阻普遍降低，简单进行清扫或维护不能解决问题，则应将牵引变电所的排流柜开通，使杂散电流收集网与整流机组负极柜单向连通，以单向排流来保护结构钢筋免受杂散电流腐蚀。

（5）定期检查各杂散电流收集网之间的连接线是否接触良好、连接螺栓是否生锈等，若存在问题要立即进行修复。

（6）定期检查负回流电缆及均流电缆的连接是否良好，若有问题要立即进行修复。

（7）定期检查并测试单向导通装置的工作状态是否良好（检查装置中的二极管、隔离开关、消弧角等部件的工作状态），发现问题要立即进行处理。

（8）定期检查杂散电流检测系统的参比电极、智能传感器、转接器及其连接是否良好，发现问题要立即进行处理。

任务四 操作运用案例

【操作运用案例1】城市轨道交通电气安全认知

1. 实训项目教师工作活页

实训项目教师工作活页　　　　　　NO:_____

实训项目	城市轨道交通电气安全		
学　时	2	班　级	略
实训场所	电气基础综合实验室		
工具设备	电气安全仿真软件、电气设备仿真模型和零部件实物、电气设备实物图片、触电急救影视片及多媒体设备等。		
教学目标	专业能力	（1）能说出触电的有关知识。 （2）能说明电气的安全措施。 （3）能说出紧急救护的通用原则。 （4）能简述触电急救的基本程序和方法。 （5）能简述创伤急救的程序和方法。	
	方法能力	（1）能综合运用专业知识，通过专业书籍、上网查询、多媒体课件和图片资料获得帮助信息。 （2）能根据实训项目学习任务确定实训方案，从中学会表达及展示活动过程和成果。	
	社会能力	（1）能在实训活动中保持积极向上的学习态度。 （2）能与小组成员和教师进行交流和沟通。 （3）能与他人共享学习资源，具有较好的合作能力和团队协作精神。	
教学活动	略（详见教学活动设计）		
教学评价	学生活动： （1）以5～7人小组为单位开展实训活动，根据本组同学在实训过程中的能力表现及结果进行组内互评。 （2）根据其他小组同学在成果展示活动中的表现及结果进行互评。 教师活动： （1）教师组织学生开展评价活动和总结。 （2）对学生本单元项目单元成绩做出综合评价。		
教学资料	（1）城市轨道交通供电接地系统教材。 （2）城市轨道交通供电系统参考书。 （3）实训项目学生学习活页（附页）。		
指导教师		教学时间	年　月　日

2.实训项目学生学习活页

实训项目学生学习活页　　　　　　　　　　NO：_____

实训项目1　城市轨道交通电气安全

班级：_____　姓名：_____　学号：_____　时间：_____

一、实训目标
  1.专业能力目标
（1）能说出触电的有关知识。
（2）能说明电气的安全措施。
（3）能说出紧急救护的通用原则。
（4）能简述触电急救的基本程序和方法。
（5）能简述创伤急救的程序和方法。
  2.方法能力目标
（1）能综合运用专业知识，通过专业书籍、上网查询、多媒体课件和图片资料获得帮助信息。
（2）能根据实训项目学习任务确定实训方案，从中学会表达及展示活动过程和成果。
  3.社会能力目标
（1）在实训中保持积极向上的学习态度。
（2）能与小组成员和教师进行交流和沟通。
（3）能与他人共享学习资源，具有较好的合作能力和团队协作精神。

二、知识总结
（1）说出电的基本知识和电流对人体的危害。

（2）简述电气安全措施的七种措施。

（3）简述紧急救护的通用原则。

（4）简述触电急救的基本程序和方法。

三、操作运用
（1）说明图7-1中哪个是跨步电压？哪个是接触电压？并介绍什么是跨步电压？什么是接触电压？丙与乙两人哪个人承受的电压大？

（2）参考有关资料，绘制出TN—C—S保护系统电路，并说明其作用。

四、实训小结
_____
_____

续表

五、成绩评定

1.学生评价

评价等级	A—优	B—良	C—中	D—及格	E—不及格
学生自评					
组内互评					
他组互评					

2.教师评价

评价等级	A—优	B—良	C—中	D—及格	E—不及格
专业能力					
方法能力					
社会能力					
评价结果					

3.综合评价

评价等级	A—优	B—良	C—中	D—及格	E—不及格
评价结果					

注：按照学生自评占10%、组内互评占10%、他组互评占20%、教师评价占60%的比例计分。其中，A—100分，B—85分，C—75分，D—60分，E—50分。

4.评价量规

等　级	行为表现描述
A	能圆满高效地完成实训任务的全部内容
B	能顺利完成实训任务的全部内容
C	能完成实训任务的全部内容，但需要一些帮助和指导
D	自己只能完成实训任务的部分内容，但在老师的指导下，能够完成任务的全部内容
E	不能完成实训任务的全部内容

【操作运用案例2】城市轨道交通大气过电压与防雷的认知

1.实训项目教师工作活页

实训项目教师工作活页　　　　NO:_____

实训项目	城市轨道交通大气过电压与防雷		
学　　时	2	班　级	略
实训场所	电气基础综合实验室		

续表

实训项目	城市轨道交通大气过电压与防雷		
工具设备	大气过电压仿真软件、电气过电压防护设备仿真模型和零部件实物、实物图片、雷电影视片及多媒体设备等。		
教学目标	专业能力	（1）能说出雷电的形成及危害。 （2）能说出避雷针和避雷线的组成及作用。 （3）能简述避雷器的构成、原理及作用。 （4）能简述架空线降低雷击跳闸率的有效措施。 （5）能简述变电所高压设备的防雷措施。 （6）能简述变电所低压设备的防雷措施。	
	方法能力	（1）能综合运用专业知识，通过专业书籍、上网查询、多媒体课件和图片资料获得帮助信息。 （2）能根据实训项目学习任务确定实训方案，从中学会表达及展示活动过程和成果。	
	社会能力	（1）能在实训活动中保持积极向上的学习态度。 （2）能与小组成员和教师进行交流和沟通。 （3）能与他人共享学习资源，具有较好的合作能力和团队协作精神。	
教学活动	略（详见教学活动设计）		
教学评价	学生活动： （1）以5～7人小组为单位开展实训活动，根据本组同学在实训过程中的能力表现及结果进行组内互评。 （2）根据其他小组同学在成果展示活动中的表现及结果进行互评。 教师活动： （1）教师组织学生开展评价活动和总结； （2）对学生本单元项目单元成绩做出综合评价。		
教学资料	（1）城市轨道交通供电接地系统教材。 （2）城市轨道交通供电接地系统参考书。 （3）实训项目学生学习活页（附页）。		
指导教师		教学时间	年　　月　　日

2.实训项目学生学习活页

实训项目学生学习活页　　　　　　　　　　　　NO:_____

实训项目2　城市轨道交通大气过电压与防雷

班级:_____姓名:_____　　学号:_____时间:_____

一、实训目标
  1.专业能力目标
  (1)能说出雷电的形成及危害。
  (2)能说出避雷针和避雷线的组成及作用。
  (3)能简述避雷器的构成、原理及作用。
  (4)能简述架空线降低雷击跳闸率的有效措施。
  (5)能简述变电所高压设备的防雷措施。
  (6)能简述变电所低压设备的防雷措施。
  2.方法能力目标
  (1)能综合运用专业知识,通过专业书籍、上网查询、多媒体课件和图片资料获得帮助信息。
  (2)能根据实训项目学习任务确定实训方案,从中学会表达及展示活动过程和成果。
  3.社会能力目标
  (1)在实训中保持积极向上的学习态度。
  (2)能与小组成员和教师进行交流和沟通。
  (3)能与他人共享学习资源,具有较好的合作能力和团队协作精神。

二、知识总结
  (1)简要说出雷电形成及危害。

  (2)简述避雷针和避雷线组成及作用。

  (3)简述变电所高压设备防雷措施。

  (4)简述变电所低压设备防雷措施。

三、操作运用
  (1)填写图7-3中避雷针①～⑤号部件名称,并简述其作用。
    ①_____;②_____;③_____;
    ④_____;⑤_____。
  2.填写图7-4中避雷器①～⑧号部件名称。并简述其作用。
    ①_____;②_____;③_____;
    ④_____;⑤_____;⑥_____;
    ⑦_____;⑧_____。
  (3)变电所如何对侵入波进行防护(分线路和地网讲述)?画出其示意图。

续表

四、实训小结
_____
_____

五、成绩评定
    1.学生评价

评价等级	A—优	B—良	C—中	D—及格	E—不及格
学生自评					
组内互评					
他组互评					

    2.教师评价

评价等级	A—优	B—良	C—中	D—及格	E—不及格
专业能力					
方法能力					
社会能力					
评价结果					

    3.综合评价

评价等级	A—优	B—良	C—中	D—及格	E—不及格
评价结果					

注：按照学生自评占10%、组内互评占10%、他组互评占20%、教师评价占60%的比例计分。其中，A—100分，B—85分，C—75分，D—60分，E—50分。

    4.评价量规

等　　级	行为表现描述
A	能圆满高效地完成实训任务的全部内容
B	能顺利完成实训任务的全部内容
C	能完成实训任务的全部内容，但需要一些帮助和指导
D	自己只能完成实训任务的部分内容，但在老师的指导下，能够完成任务的全部内容
E	不能完成实训任务的全部内容

【操作运用案例3】城市轨道交通供电的接地装置

1.实训项目教师工作活页

实训项目教师工作活页　　　　　　　　　　　NO：＿＿＿＿＿

实训项目	城市轨道交通供电接地装置		
学　时	2	班　级	略
实训场所	电气化综合实验室		
工具设备	接地装置仿真软件、接地装置仿真模型和零部件实物、实物图片、接地电阻及杂散电流监测设备、多媒体设备等。		
教学目标	专业能力	（1）能说出接地的目的及原则。 （2）能简要说明接地装置的构成及分类。 （3）简要说明直流牵引供电系统的接地。 （4）简要说明接地电阻的选择及维护。 （5）简要说明杂散电流的形成及危害。 （6）简要说明地下金属结构被杂散电流腐蚀的基本原理。 （7）简要说明杂散电流腐蚀的监测与防护。 （8）简要说明杂散电流防护系统的维护	
^	方法能力	（1）能综合运用专业知识，通过专业书籍、上网查询、多媒体课件和图片资料获得帮助信息。 （2）能根据实训项目学习任务确定实训方案，从中学会表达及展示活动过程和成果。	
^	社会能力	（1）能在实训活动中保持积极向上的学习态度。 （2）能与小组成员和教师进行交流和沟通。 （3）能与他人共享学习资源，具有较好的合作能力和团队协作精神。	
教学活动	略（详见教学活动设计）		
教学评价	学生活动： （1）以5～7人小组为单位开展实训活动，根据本组同学在实训过程中的能力表现及结果进行组内互评。 （2）根据其他小组同学在成果展示活动中的表现及结果进行互评。 教师活动： （1）教师组织学生开展评价活动和总结。 （2）对学生本单元项目单元成绩做出综合评价。		
教学资料	（1）城市轨道交通供电接地系统教材。 （2）城市轨道交通供电接地系统参考书。 （3）实训项目学生学习活页（附页）。		
指导教师		教学时间	年　月　日

2.实训项目学生学习活页

实训项目学生学习活页　　　　　　　　　　　　NO：_____

实训项目3　城市轨道交通供电接地装置

班级：_____　姓名：_____　　学号：_____　时间：_____

一、实训目标
　　1.专业能力目标
　　（1）能说出接地的目的及原则。
　　（2）能简要说明接地装置的构成及分类。
　　（3）简要说明直流牵引供电系统的接地。
　　（4）简要说明接地电阻的选择及维护。
　　（5）简要说明杂散电流的形成及危害。
　　（6）简要说明地下金属结构被杂散电流腐蚀的基本原理。
　　（7）简要说明杂散电流腐蚀的监测与防护。
　　（7）简要说明杂散电流防护系统的维护。
　　2.方法能力目标
　　（1）能综合运用专业知识，通过专业书籍、上网查询、多媒体课件和图片资料获得帮助信息。
　　（2）能根据实训项目学习任务确定实训方案，从中学会表达及展示活动过程和成果。
　　3.社会能力目标
　　（1）在实训中保持积极向上的学习态度。
　　（2）能与小组成员和教师进行交流和沟通。
　　（3）能与他人共享学习资源，具有较好的合作能力和团队协作精神。

二、知识总结
　　（1）简要说出接地的目的及原则。

　　（2）简要说明接地装置的构成及分类。

　　（3）简要说明接地电阻的选择及维护。

　　（4）简要说明杂散电流的形成及危害。

　　（5）简要说明杂散电流腐蚀的监测与防护。

三、操作运用
　　（1）填写接地装置构成图7-5中①～⑤号部件名称，并简述接地装置的技术要求。
　　　　①_____；②_____；③_____；
　　　　④_____；⑤_____。
　　（2）参考有关资料，利用接地电阻测试表测量接地体的接地电阻，并简述测量方法。

　　（3）根据图7-8说明地下金属结构被杂散电流腐蚀的基本原理。

续表

四、实训小结
_____
_____

五、成绩评定

1.学生评价

评价等级	A—优	B—良	C—中	D—及格	E—不及格
学生自评					
组内互评					
他组互评					

2.教师评价

评价等级	A—优	B—良	C—中	D—及格	E—不及格
专业能力					
方法能力					
社会能力					
评价结果					

3.综合评价

评价等级	A—优	B—良	C—中	D—及格	E—不及格
评价结果					

注：按照学生自评占10%、组内互评占10%、他组互评占20%、教师评价占60%的比例计分。其中，A—100分，B—85分，C—75分，D—60分，E—50分。

4.评价量规

等　　级	行为表现描述
A	能圆满高效地完成实训任务的全部内容
B	能顺利完成实训任务的全部内容
C	能完成实训任务的全部内容，但需要一些帮助和指导
D	自己只能完成实训任务的部分内容，但在老师的指导下，能够完成任务的全部内容
E	不能完成实训任务的全部内容

复习与思考

1.什么是电压？

2.什么是触电？

3.电流对人体有什么作用？

4.接地保护系统有什么功能？

5.漏电保护起什么作用？

6.什么是电气隔离？

7.什么是安全电压？

8.什么是绝缘？

9.什么是连锁保护？

10.简述紧急救护的通用原则。

11.简述触电急救的基本程序。

12.创伤急救的程序是什么？

13.雷电的形成过程是什么？

14.雷电的主要危害是什么？

15.避雷针是如何避雷的？

16.简述避雷线的避雷原理。

17.避雷器的基本结构是什么？

18.为什么减少避雷线保护角可以减少设备被雷击的可能？

19.变电所对侵入波是如何防护的？

20.变电所低压设备的防雷措施有哪些？

21.设备接地的目的是什么？

22.电气设备接地技术的原则是什么？

23.接地装置是如何构成的？

24.简述接地电阻的影响。

25.什么是工作接地？

26.什么是保护接地？

27.简述综合接地的构成。

28.等电位连接的作用是什么？

29.简述交流供电系统的接地。

30.简述直流牵引供电系统的接地。

31.简述地铁综合接地系统的构成。

32.杂散电流是如何形成的？

33.杂散电流有什么危害？

34.简述地下金属结构被杂散电流腐蚀的基本原理。

35.简述杂散电流腐蚀监测原理。

36.杂散电流腐蚀防护的原则是什么？

37.杂散电流的防护方法是什么？

38.简述杂散电流防护系统的维护。

项目八 城市轨道交通供电系统的运行及事故处理

任务一 城市轨道交通供电系统的运行管理

学习目标
(1) 了解供电系统运行管理的主要任务和内容
(2) 掌握供电系统运行管理及组织形式
(3) 掌握供电系统运行管理的安全工作规程和有关制度

学习任务
认知城市轨道交通供电系统运行管理的主要任务和内容，主要包括城市轨道供电系统运行管理及组织形式、供电系统运行管理的安全工作规程和有关制度。

工具设备
课件、图片、示教板、计算机多媒体设备等。

教学环境
理实一体化教室或OCC控制中心电调操作室。

基础知识
在城市轨道交通供电系统的运行管理工作中应实行"三定、四化、记名检修"，并贯彻落实"质量第一"、"修养并重、预防为主"的方针，并逐步向"定期检测、状态维修、限值管理、寿命管理"的方针过渡。

"三定"，就是定设备、定人（或班组）、定检修周期和范围。定设备是把电气设备的管理范围按工种划分清楚，明确分界点，以防止漏检漏修。定人（或班组）是把设备的保管、维护和检修任务落实到人（或班组），做到分工明确，各负其责，从而加强工作责任感，以利于提高工作质量，减少事故。定检修周期和范围是根据不同的设备和修程，确定其检修周期和范围，以实现计划检修。

"四化"，就是作业制度化、质量标准化、检修工艺化、检修机具和检测手段现代化。

作业制度化是指检修作业和设备操作要按规定程序和安全制度执行。质量标准化是按技术要求精检细修，达到统一的质量标准。检修工艺化是坚持按工艺要求进行检修、保证质量、提高效率和降低成本。检修机具和检测手段现代化是利用现代科学技术及装备进行检修和测试，以适应现代技术不断发展的需要。

"记名检修"，就是记录检修者和验收者的姓名，要求检修者根据设备的技术状态提出检修依据，采取针对性措施，按工艺检修，并做到修前有计划，修中有措施，修后有结论。

一、供电系统运行管理的主要任务和内容

城市轨道交通供电系统的运行管理工作包括运行和检修两个部分，其运行管理的任务和内容如下所述。

城市轨道交通供电系统的运行管理工作就是为了保证供电设备的安全运行，保持额定压力和持续地为用户提供合格的电能而采取的技术措施和组织措施。其工作内容包括正常运行工作、异常情况处理、设备检修、运行分析、技术资料管理和人员培训等6个方面。

1. 正常运行工作

正常运行工作包括设备巡视、记录、设备维护、倒闸操作、工作票受理等方面的内容。

1）设备巡视

按照规定的周期和项目，沿指定的巡视路线进行设备检查，通过有关测量仪表和显示装置及时掌握设备的运行情况（如电压、电流、功率和温度等），以预防设备出现故障。凡遇高温、严寒、雷害、迷雾、台风和汛期时，要分别按重点检查项目进行特殊巡视。根据设备缺陷的等级，按职责范围加以消除或隔离，以保证供电的安全和质量。

2）记录

按照规定的时间和项目，通过人工或自动装置对运行数据、运行环境、调度指令和操作、施工检查、事故处理等情况进行记录。

3）设备维护

根据所处的环境和规定的周期与项目，进行场地清洁、设备清扫、绝缘子更换、带电测温和蓄电池维护等工作。

4）倒闸操作

根据调度命令和倒闸操作票，由合格的人员进行倒闸操作及监护。

5）工作票受理

按照安全工作规程，值班员审核工作票、核对及完成安全措施，并会同工作负责人对现场安全措施进行检查和工作许可（包括工作票延长、间断、转移的许可）等工作的办理。施工结束后会同工作负责人进行设备检查、验收，并办理工作票终结手续。

2. 异常情况及事故处理

设备的异常状态是指设备在规定的外部条件下，部分或全部失去工作能力的状态，它

是相对设备的正常工作状态而言的。如变压器的负荷超出规程和设备能力范围内的正常过负荷数值、母线电压超出限值、充气设备压力异常等。

事故本身也是一种异常状态，事故通常是指异常状态中比较严重的或已经造成设备部分损坏、引起系统运行异常、中止或部分中止了对用户供电的状态。

在发生故障时，值班人员要迅速、准确地判断和处理。在事故处理中必须牢固树立"安全第一"的思想，遵循"先通后复"的原则。在事故抢修中电调须与行调、环调密切配合，严格掌握供电、行车、环控的基本标准条件，根据设备的技术条件和现场具体情况，采取有效措施，适当调整运行方式，尽可能减少对行车的影响，及时安排抢修和处理时间，尽快恢复对接触网的供电和正常行车秩序，在允许的条件下保证环控设备的运行，保证城市轨道交通的服务质量。

3. 设备检修

1）定期检修

计划性检修是为了防止设备性能及精度劣化或降低，根据设备运转的周期和季节性等特点，按预先制定的设备检修周期与工作内容、技术要求和计划所进行的维修作业。对于计划性检修必须制定相应的年度检修计划及月度检修计划，并根据计划进行安排和落实。

2）预防性试验

预防性试验是暴露设备内部缺陷，判断设备能否继续运行的重要措施。各种电气设备的预防性试验项目的周期和标准，按现场电气设备预防性试验规程执行。

3）临时检修

根据专业设备的变化和实际运行状态、事故跳闸或同类设备已发生重大事故时，根据需要进行的调整而增加的临时性检查修理。

4. 运行分析

运行分析工作主要是针对设备运行、操作和异常情况及人员执行规章制度情况，进行分析总结，摸索规律，找出薄弱环节，及时发现问题，掌握运行规律，有针对性地制定保证运行安全的措施，以防事故发生，不断提高安全、经济运行水平和管理水平。

5. 人员培训

不断提高运行人员的技术和管理水平也是保证安全运行、提高供电质量的重要条件之一。为此，供电系统的管理部门应对值班和检修人员加强安全和技术业务教育，积极开展事故预想活动（反事故演练），不断提高值班人员的业务、维护、检修水平及事故处理的能力。

6. 技术资料管理

供电系统的运行检修工作应具备掌握和理解管理部门制定的各项管理规程、安全工作规程，各种技术图纸、技术资料，各种工作记录簿和指示图表。以使工作有章可循，同时便于积累资料以利于进行运行分析，提高工作质量和效益。

二、供电系统运行管理组织形式

在城市轨道交通供电系统的运行管理中，应设有各级运行与检修人员，分别负担不同的工作。如何根据城市轨道交通供电系统点多、分散、距离短且有电力监控系统的特点，不同的企业可结合实际情况，选择更适合自己的组织管理模式。运行管理组织的总体要求是机构精简、管理层次少、职责分工明确，从而提高管理和检修效率。但一般而言，需在控制中心设置电力调度，在维修基地的供电管理部门除设置技术管理人员外，还需设置相关的运行、检修、试验人员。根据具体情况，运行值班人员与检修试验人员可分开，也可由检修试验人员同时兼顾运行值班工作。

对于供电管理部门的定员配置，可根据实际管理的幅度、人员的素质、检修设备的工作量及检修单台设备所需要的基本人数确定。其配置原则如下所述。

1. 专业技术管理人员的配置

根据供电系统的特点，可每一专业至少配置一位专业工程师，如设一次设备工程师、二次设备工程师、试验检测工程师、低压设备工程师、变电运行工程师、接触网运行工程师、接触网检修工程师等。

2. 电力调度员的配置

在变电所未实行无人值班时，电调人员的配置可按每班为1人值班来考虑，在实现无人值班后，由于变电所所有能够实行"四遥"设备的运行和操作及监控全部由电调来完成，因此，电调的任务不只是系统运行和操作的指挥人，而且还是系统运行和操作的执行人。即将电调从后台推到了前台。此时电调的值班制度应重新安排，宜安排每班2人值班。当供电系统有操作任务时，必须做到1人操作，另1人监护。

3. 变电运行、检修人员及工班的配置

根据设计和设备可靠性及对运行要求的不同，变电所的运行值班，可采用有人值班和无人值班方式。

采用有人值班方式时，其运行值班可采用三班制或三班半制，每班至少设2人，其中1名为安全等级不低于3级的值班员，另1名为安全等级不低于2级的助理值班员。只有2人值班时，值班员兼任值班负责人；值班人员在2人以上且安全等级符合要求时，可设1名值班负责人领导值班工作。

采用无人值班方式时，由于地铁变电所具有点多、分散、距离短、方便巡视的特点，可采用"无人值班，有人巡视"的模式。在运行初期，变电所的日常管理可实行分段管理，每一工班负责1个分段区域（一般是4～6座车站的变电所）的值班、巡视、日常维护、操作及事故处理。每分段设置1名分段值班员在分段值班室值班，另再设1～2名巡视人员。

如上述，根据具体情况，可分设运行值班人员与检修试验人员，也可由检修试验人员同时兼顾运行值班工作。对于工班的设置，视人员的素质和设备的特性以及管理幅度不

同,可设一次设备工班、二次设备工班、高压试验工班、低压设备工班、运行工班等,每一工班至少需设置1名工班长以及数名技工。

4. 接触网运行、检修人员的配置

接触网的运行值班、维修及应急抢险等工作人员没有严格地区分,可"捆绑"在一起,由接触网当值人员承担,即接触网人员在不同时段,分别担负运行值班、维修及应急抢险任务;或同一时段,接触网当值人员既是运行值班人员,也是维修人员,同时也是应急抢险人员。

至于接触网工班的数量可按线路的长短来设置。根据检修作业的特点,每个工班至少需8名技工。每个当值时段的人员中,至少有1名安全等级不低于4级和2名安全等级不低于3级的人员。

接触网运行状态的监测,由接触网当值人员完成。其方式是在城市轨道交通沿线设置接触网运行状态监察点,监察点的设置原则是能够在要求的时间内,能够到达城市轨道交通正线的任何地点。运营时间内,接触网当值人员分布在各监察点,负责运营期间接触网设备运行状态的监视和故障情况下现场联络及防护工作。

三、供电系统运行管理的安全工作规程和有关制度

为加强城市轨道交通供电系统的运行管理工作,其管理部门除掌握和理解国家、行业颁发的有关规程、制度、标准、规定、导则、条例外,还必须根据具体情况制定实际可行的管理制度,以便各级人员有章可循,并便于积累资料和进行分析,进而提高各级人员的技术和管理水平。

一般而言,变电所的技术和管理中应建立和保存如下的规程和制度。

(1) 电力工业技术管理法规。

(2) 变电所安全工作规程。

(3) 变压器运行规程。

(4) 整流机组运行规程。

(5) 电力电缆运行规程。

(6) 蓄电池运行规程。

(7) 电气测量仪表运行管理规程。

(8) 电气事故处理规程。

(9) 继电保护及安全自动装置运行管理规程。

(10) 电气设备交接和预防性试验标准。

(11) 供电系统电压和无功调整规定。

(12) 变电所运行管理制度。

(13) 电气装置安装施工及验收规范。

(14) 各种事故的处理技术及措施。

以上需建立的规程和制度，根据具体的执行情况，可单独成册或合订。以下介绍现场运行规程的编制依据及内容、运行人员的相关值班制度、检修的相关制度。

(一)变电所现场运行规程

现场运行规程一般包括下列内容。

(1) 各级运行人员及运行管理人员的岗位职责。

(2) 主要设备的性能、特点、正常和极限运行参数。

(3) 设备和建筑物在运行中的检查、巡视、维护、调整要点及注意事项。

(4) 设备的操作程序。

(5) 设备异常及事故情况的判断、处理和注意事项。

(6) 有关安全作业、消防方面的规定。

(二)变电所运行管理制度

规程制度是生产实践经验的总结，是有效组织生产和建立正常秩序的保证。运行规程是一种技术规程，技术规程是靠人员去贯彻实施的。因此，还必须建立相应的管理规程或管理制度，去规范人员在工作中的行为，以保证技术规程的正确执行。变电所运行除了要认真执行现场规程外，还必须遵守下列各项管理制度。

1. 值班制度

虽然实现无人值班后，大部分设备具备"四遥"功能，为了节约运营成本还有一部分设备，如部分低压开关、部分站场隔离开关，还需现场操作和定期巡视。根据我国国情，目前变电所还需安全保卫，因此，无人值班的管理模式之一是有人值守，无人值班。

(1) 牵引变电所值班人员应接受电力调度的统一指挥，保证安全、可靠、不间断地供电。

(2) 每班应不少于2人同时值班。

(3) 值班人员当班时应做到的内容如下。

① "五熟"、"三能"。

"五熟"即：

a. 熟悉本所主接线和二次接线的原理及布置和走向。

b. 熟悉本所电气设备型号、规格、工作原理、构造、性能、用途、检修标准、巡视项目、停运条件和装设位置。

c. 熟悉本所(区段)继电保护和自动、远动装置及仪表等的基本原理和装设位置。

d. 熟悉本岗位的各种规章、制度及标准化作业程序。

e. 熟悉本所(区段)正常和应急的运行方式、操作原则、操作卡片和事故处理原则。

"三能"即：

a. 能分析、判断正常和异常的运行情况。

b. 能及时发现并排除故障、缺陷。

c.能掌握一般的维护、检修技能。

②正确执行电力调度命令，按规定进行倒闸、办理工作票并做好安全措施，参加有关的验收工作。

③按规定及时、正确地填写各种运行记录和报表。

④按规定巡视设备。当发现设备缺陷、异常现象，或发生事故时，应尽力妥善地处理，并通过信息反馈渠道及时报告有关部门。

⑤严格执行有关规章、制度、细则、命令及指示。

⑥管理好仪表、工具、安全用具、备品、钥匙及图纸和资料。

⑦保持所内清洁卫生，搞好文明生产。

⑧不擅离职守，不做与当班无关的事。不擅自互相替班、换班，特殊情况应经所长批准方可变更。

（4）接班前、值班中均应禁止饮酒。工作前应充分休息，以保证精力充沛地值班。

（5）控制室应保持安静。非当班人员及检修人员未经许可不准进入控制室、高压室和设备区。其他人员入所须按有关规定办理手续。

2. 交、接班制度

（1）交、接班必须按照规定的时间严肃、认真地进行。接班人员未到，交班人员不得离岗，超过规定时间仍未到时，应报告所长或上级领导，直至作出安排。

（2）交、接班前，交班的值班负责人应组织交班人员进行本班工作小结，将交、接班事项填入运行日志中。交班人员应提前一小时做室内、外卫生及交班准备工作。

（3）交、接班时应避免倒闸操作和办理工作票。如遇有重要或紧急倒闸操作及处理事故等特殊情况，不得进行交、接班或暂停交、接班，只有倒闸完毕或处理事故结束时，经电力调度和接班负责人同意后方可进行交、接班。在交、接班当中发生事故或设备出现异常时，虽暂停交、接班，但接班人员应主动协助处理。

（4）交、接班内容由交班负责人介绍，并由交、接班人员按下述内容共同巡视检查。

①设备在交班时的运行方式，前一班的倒闸情况。

②前一班发生的事故和所发现的设备异常及处理情况。

③断路器跳闸情况、继电保护及自动、远动装置的运行及动作情况。

④设备变更和检修情况，尚未结束检修的设备，尚未拆除的接地线的地点、数目，及尚未恢复的熔断器等。

⑤各种记录是否齐全，所记内容是否符合实际情况及有关规定。

⑥仪表、工具、安全用具、备品、钥匙、图纸、资料等是否齐全、完好。

⑦已提报的计划检修项目。

⑧设备整洁、环境卫生、通信设备等方面的情况。

（5）交、接班双方一致认为交、接无问题后方可办理交接手续。即由接班负责人签字

并宣告交、接班工作结束，然后转由接班人员开始执行值班任务。

（6）接班后，新接班的值班负责人应向电力调度报告交、接班情况，并根据设备运行、检修及气候变化等情况，向本班人员提出运行中的注意事项和事故预测等。

3. 巡视制度

（1）值班人员应按有关项目和要求，结合本所的设备运行情况，按规定的巡视路线进行巡视。

（2）巡视应按以下要求进行。

①交接班巡视：每日交接时进行。

②全面巡视：交接班和每班中间巡视。

③熄灯巡视：结合全面巡视时进行。

④特殊巡视：在遇有异常气候时（雨、雾、狂风暴雨、雷雨、冰雹），新安装及大修后的主变、断路器跳闸后，设备异常时应加强巡视。

（3）巡视的内容。

①全面巡视：全部设备的全部项目。

②熄灯巡视：各种设备的绝缘件和电器连接部有无放电或发热。

③特殊巡视：异常气候时有无绝缘破损、裂纹和放电；重点设备的电气连接、油色、音响和气味。

（4）巡视应做到的内容。

①单独巡视可由值班员进行，但严禁进入设备带电区域。

②巡视人员进行巡视时不得从事其他工作。

③各种巡视均应通知值班员或电调，巡视后由巡视人员在运行日志上记录，发现缺陷时要及时处理，并由值班员填写缺陷记录，应对缺陷进行检查并复查处理后的情况是否正常。

4. 要令与消令制度。

5. 开工与收工制度。

6. 验电接地制度

（1）在停电设备上作业时，该设备与有电部分必须有明确的断开点，禁止在只断开主断路器将电源隔离，而没有明显断开点的设备上作业。

（2）高压设备验电及装设或拆除接地线时，必须2人同时作业，由助理值班员操作，值班员监护，操作人和监护人必须穿绝缘靴，戴安全帽，操作人还必须戴绝缘手套。

（3）对于切断一切电源的设备首先必须验电，验电器与设备额定电压应相符。验电前，要将验电器在同电压等级的有电设备上试验，确认良好方准使用。验电时应与有电设备保持足够的安全距离，并对被检修试验设备的所有引入、引出线进行验电。

（4）在工作票中填写已断开的所有断路器和隔离开关的操作把手上均要挂"有人工

作，禁止合闸"的标示牌。手动隔离开关的手柄必须加锁。电动隔离开关必须断开其二次电源开关或取下保险。

（5）对于可能送电至停电作业设备上的有关部分，均要装设接地线，所装的接地线与带电部分应保持规定的安全距离，并且在高压设备的工作地点可见的地方。

（6）当验明设备确已停电，则要及时装设接地线。装设接地线时，先接接地端，再将其另一端通过地线绝缘杆挂在停电设备裸露的导电部分上，拆除地线时其顺序相反。

（7）在停电作业的设备上，可能产生感应电压危及人身安全时，应增设接地线。

（8）接地线严禁经过熔断器和断路器接地。

（9）每组接地线均要有编号，并放在固定的地点，装设地线时要做好记录，交、接班时将地线数量、号码和装设地点逐项交待清楚。

（10）大电容设备在作业前必须逐个放电，并将极间短接接地。

7. 倒闸作业制度

（1）牵引供电27.5 kV及110 kV设备的倒闸作业，均应有供电调度的命令。供电调度发布倒闸作业命令后，值班员受令复诵，供电调度确认无误后，方可给予命令编号和批准时间。值班人员和供电调度均要认真填写倒闸操作命令记录。对不需要供电调度下令的断路器和隔离开关的操作，倒闸完毕后要将倒闸的时间、原因和操作人、监护人的姓名记入值班日志或有关记录中。

（2）倒闸操作必须2人进行，由助理值班员操作，值班员监护，操作人和监护人必须穿绝缘靴，戴安全帽，直接操作人员还要戴绝缘手套。

（3）一般倒闸作业要按操作卡片内容进行，没有操作卡片的由值班员编写倒闸表并记入值班日志中。由供电调度下令倒闸，其倒闸表要经过供电调度的审查同意。

（4）值班员接到倒闸命令后，先在模拟图上进行模拟操作，无误后，再在设备上实际操作，操作中实行呼唤应答，手指眼看。

（5）遇有危及人身和设备安全的情况时，值班员可先断开有关断路器和隔离开关，然后向供电调度报告原因、时间、地点并做好记录。但再合闸时必须有供电调度的命令。

（6）对供电调度的命令在操作中产生疑问时，不得擅自更改，必须向供电调度报告，弄清后再操作。

8. 自检互检制度。

9. 工作票制度

（1）在下列情况下填写第一种工作票。

①在高压设备上进行全部或部分停电作业。

②在二次回路和照明回路上进行的高压设备停电或装防护栅的作业。

（2）在下列情况下填写第二种工作票。

在高压设备上带电作业和在带电设备外壳上的作业。

(3)在下列情况下填写第三种工作票。

①在二次回路上不需要高压设备停电的作业。

②远离带电部分的作业。

③低压设备上的作业（控制、保护、交直流盘、端子箱等低压配电装置的作业）。

(4)填写工作票要字迹清楚、正确，不得用铅笔书写，一式二份，一份交工作领导人，一份由值班员保存。值班员据此办理准许作业手续，做好安全措施。工作结束，值班员和工作领导人共同签字后交变电所保留3个月备查。

(5)第一种工作票要向供电调度要令，有效时间以批准的检修期为限，间断时间不得超过48 h。第二、第三种工作票需向供电调度要令，有效时间最长为一个工作日，不得延长。

(6)1个作业组的工作领导人同时只能接受1张工作票。1张工作票只能发给1个作业组。同一种工作票的签发人和工作领导人必须由2人分别担当，不得相互兼任。

(7)发票人应尽早将工作票交给工作领导人和值班员，工作领导人和值班员对工作票的内容有不同意见时，要向发票人及时提出，经过认真分析，确认无误后方准作业。

(8)全所停电时，所有作业可共用一张工作票，在全所停电作业中，一些没有结束，但不影响送电的作业，可继续进行，但必须在送电前重新办理另一种工作票。

(9)有权进行工作票签发的人员是，安全等级不低于4级的非当班值班员、各所所长、供电车间主管变电主任、技术员、段主管变电的工程技术人员及有关领导。

10. 缺陷管理制度

11. 运行分析制度

定期进行运行分析是及早发现运行问题、提高供电质量、保证安全运行的重要技术和组织措施。运行分析应包括岗位分析、用电指标分析、检修分析、设备运行分析。

12. 设备鉴定

设备完好是变电所安全运行的重要前提。在运行中除应搞好日常维护、检修外，还应于每年年底对电气设备进行设备鉴定。设备鉴定就是根据设备在检修后的现状，以及在运行、检修中发现的缺陷及处理情况，并结合本周期的预防性试验结果进行综合分析后，对设备质量进行的一次等级评定。本年度新建或大修的设备还可结合竣工验收时质量评定的结果来评定。设备鉴定后的质量等级分为优良、合格、不合格3级。

（三）接触网运行管理规程和有关制度

对于从事接触网运行和维修人员，掌握有关规程、规章和制度是十分必要的。此部分内容详见本书项目五中任务三的相关讲述。

相关案例

结合不同的季节特点和负荷的变化情况，供电系统的运行管理每年的工作要点如下所述（以南方地区为例）。

（一）1月份

（1）元旦检修工作及特巡工作。

（2）防雷准备工作，变电所和接触网的避雷器修理及校验；保护系统中的防雷、过电压保护装置的检查；检查重合闸装置及蓄电池情况，并消除缺陷；测量接地电阻；检查避雷器的安装及动作计数器等。

（3）春节检修准备工作，提出检修项目及准备处理的缺陷，并做好人工、器材等方面的准备。

（4）继续做好防寒、防冻工作。

（5）做好防止工作中滑跌、摔伤的安全工作。

（6）加强变电所的防火工作。

（7）防止雾季闪络事故，进行接触网户外绝缘子清洗、擦拭或涂刷防尘绝缘剂等。

（8）对上年度设备进行全面总结和鉴定。

（二）2月份

（1）完成防雷准备工作。月底前将避雷器复役；继续检查重合闸装置及蓄电池情况，并消除缺陷；测量接地电阻；检查避雷器的动作计数器，并将原来的动作次数记录（雷雨季节中要经常检查和记录）还原，测量接地电阻；检查并制定雷季运行方式和防雷反事故措施计划。

（2）继续做好防寒、防冻、防滑跌、摔伤、防火、防雾季闪络等工作。

（3）检查充油设备的油位。

（4）春节检修工作。

（5）加强春节期间的安全检查工作，重点检查变电所和接触网的关键设备，加强值班巡视，并组织特巡。

（三）3月份

（1）继续做好预防雾季绝缘子闪络的工作，完成检查重合闸装置和蓄电池情况的工作，并消除缺陷。

（2）组织在雾天对污秽地区的特巡，监视绝缘子情况。

（3）检查户外设备有无鸟巢。

（4）做好一季度设备的评级工作。

（四）4月份

（1）做好预防台风的准备工作，特别是做好接触网户外支柱的基础检查工作，检查防洪物资的到位及完好情况。

（2）做好迎接高峰负荷前的设备检查工作。

（3）"五一"节设备检修准备工作。

（4）"五一"节前设备安全检查工作。

（5）因昼夜温差较大，注意检查接触网补偿装置的动作是否灵活。

(五) 5月份

（1）"五一"节检修工作及特巡工作。

（2）做好预防发生台风事故的准备工作，检查避雷针结构的牢固状况；检查户外设备的安装是否牢固等。

（3）做好台风期的抢修准备工作，检查组织、材料、工具、车辆、后勤等的准备工作。

（4）检查变电所应对降温和防汛的准备工作。检查变电所的通风情况，检查风扇、水泵、防汛栏等设施，并进行修理补充。

（5）检查并做好防止电气设备在雷雨季节受潮结露。

（6）检查电容器的安装、通风、温升及保护情况，并进行改进。

(六) 6月份

（1）完成台风期抢修的准备工作，并进行抢修演习。

（2）完成变电所应对降温、防汛的工作。

（3）做好防止高温中发生设备过热事故的工作，检查对满载、超负荷设备的接头、变压器温度、温升的检查测量，并加强定期巡视和检查。

（4）检查并做好防止电气设备在雷雨季节受潮结露的工作。

（5）做好设备的二季度评级调整工作。

(七) 7月份

（1）继续做好防台风和防止高温中设备过热的工作。

（2）在大雨时检查变电所的防汛情况。

（3）加强夏季安全生产工作，尤其是继电保护的安全运行。

（4）检查充油设备的油位及防潮、防漏工作。

（5）做好户外设备的除草工作。

(八) 8月份

（1）继续做好防台风和防止高温中设备过热的工作。

（2）加强监测变电所电压，并适时进行调整。

（3）检查充油设备的油位。

（4）做好户外设备的除草工作。

(九) 9月份

（1）继续做好防台风和防止高温中设备过热的工作，并做好夏季安全生产工作总结。

（2）做好国庆节期间的检修准备，提出消除缺陷和检修项目，安排人工、材料，并组织班组讨论工作的内容及安全措施，对设备进行的倒闸操作进行了解或预演。

（3）组织并做好国庆节期间的安全检查工作，加强值班巡视，增加特巡。

（4）检查充油设备的油位。

（5）做好户外设备的除草工作。

(6)做好第三季度设备的评级调整工作。

(十)10月份

(1)国庆节期间检修工作及确保检修时的安全。

(2)做好防止雾季绝缘子发生闪络的工作,进行户外设备绝缘子清扫或涂防尘绝缘剂的工作。

(3)迎接高峰负荷,对重要用户的设备接点温度加强监视、测量,掌握负荷增长情况和设备负荷情况。

(4)检查并做好防小动物进入变电所的措施。

(5)做好防寒、防冻的准备工作。

(6)因昼夜温差较大,注意检查接触网补偿装置的动作是否灵活。

(十一)11月份

(1)继续做好防止雾季的绝缘子发生闪络和迎接高峰负荷的工作。

(2)避雷器停役并进行检查。

(3)检查凝固点高的绝缘油情况,并检查充油设备的油位。

(十二)12月份

(1)继续做好防止雾季的绝缘子发生闪络,迎接高峰负荷和避雷器的检查、修理等工作。

(2)测量接地电阻。

(3)做好防寒、防冻、防火工作,并检查除草工作。

(4)做好元旦检修的准备工作。

(5)加强元旦前的安全检查工作。

(6)检查充油设备的油位。

(7)检查并做好防小动物进入变电所的措施。

(8)做好第四季度的设备评级调整和年度总结准备工作。

知识拓展

根据变电所运行的特点,掌握各变电所中应备的安全用具、绝缘工具的情况,为了在故障情况出现时快速处理问题,除在供电部门的基地存放相关的工具、备件外,结合城市轨道交通变电所点多、分散的特点,一般还需在部分重要的变电所存放常用工具及备品,变电所常用工具、备品如表8-1所示。

表8-1 变电所常用工具、备品

序号	名称	规格	数量	备注
1	熔断器	各种规格	交流不少于3个、直流不少于2个	
2	保险片、丝	各种规格	适量	
3	信号灯具、灯泡	各种规格	灯具为使用数量的3%、灯泡为使用数量的20%	每种至少配备一套(只)

续表

序号	名称	规格	数量	备注
4	镀锌螺栓、螺母、平垫圈、弹簧垫圈	与各种金具配套	适量	
5	端子排、端子、镀铬螺钉、螺母、平垫圈、弹簧垫圈	各种规格	适量	二次接线所用及继电器、屏（柜）仪表所用
6	电工工具、维修用工具	全套	1	
7	蓄电池组检修专用工具	全套	1	
8	携带式仪表：万用表、钳形表、兆欧表、直流电压表	500 V、1000 V、2500 V、	各1	
9	其他易耗材料、零件		若干	
10	照明用具	个	3	
11	各类测控装置备用模块	块	至少各1	各类模块

接触网运行维修应备的工具如表8-2所示。

表8-2 接触网运行维修应备的工具

序号	名 称	规格	数量	备注
1	导高拉出值测量仪		1套	数量可根据实际需要配置
2	克丝钳	250 mm	2把	
3	斜口钳	175 mm	2把	
4	活动扳手	250 mm	2把	
5	两用扳手	8～24 mm	1套	
6	内六角扳手	6～12 mm	各1把	
7	螺钉刀	300 mm	2把	
8	扭矩扳手	10～100 Nm	1把	
9	管子扳手	14″、16″	各1把	
10	钢卷尺	10 m	1把	
11	皮尺	30 m、50 m	各1把	
12	水平尺	600 mm、1200 mm	各1把	
13	千分尺	0～300 mm	1把	
14	塞尺	0.02～1mm、17×150、0.02～0.1 mm，200 mm	各1把	
15	线坠	0.5 kg、1 kg	各1个	
16	万用表	普通型	1个	
17	接触地摇表	手摇式	1台	
18	兆欧表	1000 V/1000 MΩ、2500 V/2500 MΩ	各1台	
19	电烙铁	30 W、50 W	各1把	

续表

序号	名 称	规格	数量	备注
20	冲击钻		1把	
21	电锤		1把	
22	手扳葫芦	0.5 T、1.5 T、3 T	各2个	
23	拉链葫芦	1.5 T、3 T	各2个	
24	双钩紧线器	120 mm²、150 mm²	各4个	
25	楔形紧线器	120 mm²、150 mm²	各4个	
26	导线正弯器		2个	
27	导线正面器		2个	
28	断线剪	300 mm、600 mm	各1把	
29	导线煨弯器		1个	
30	铁锤	1 kg、2 kg	各1把	
31	塑料锤		1把	
32	电工套件	24件套	1套	
33	锉刀	7件套	1套	内有平锉、圆锉、三角锉等
34	压接钳	液压式	1套	带120～400 mm²压模
35	手持式钢锯		1把	
36	砂轮切割机	台式、手持式	各1台	
37	望远镜	10倍	2台	
38	照明工具		若干	含轻便式发电机、照明工具等
	整形锉	5件套 200 mm	1套	

任务二　城市轨道交通供电事故处理

学习目标

（1）了解城市轨道交通供电事故的处理规则。
（2）掌握城市轨道交通供电事故的处理流程。
（3）了解城市轨道交通供电事故的抢修和组织。
（4）掌握城市轨道交通供电中典型故障的原因分析与处理方法。

学习任务

认知城市轨道交通供电事故的处理，主要包括供电事故的处理规则、处理流程、抢修和组织、供电典型故障的原因分析与处理方法。

工具设备

城市轨道交通接触网设备实物零部件、供电系统仿真软件1套、电气设备实物零部件、多媒体设备课件、图片等。

教学环境

理实一体化教室或变电所设备室、车辆段的试车线等。

基础知识

供电系统中，凡由于工作失误、设备状态不良或自然灾害引起的供电设备破损、中断供电，以及严重威胁供电安全的因素，均列为供电事故。供电系统的事故可分为电气设备事故和系统事故两大类。电气设备事故可能发展为系统事故，影响整个系统的稳定性；而系统性事故又能使某些电气设备损坏。因此，运行人员的主要任务是保证设备正常运行，尽量减少和避免事故的发生。而一旦发生事故，应以最快的速度处理，尽可能地保留送电范围。

一、城市轨道交通供电事故的管理规则

在事故处理中必须牢固树立"安全第一"的思想，贯彻"高度集中，统一指挥，逐级负责"的原则，杜绝"多头指挥"和"无人指挥"。当值电力调度员是供电系统事故（故障）的指挥人，值班员或事故发现人应及时将事故表征和处理情况向其汇报，并迅速而无争辩地执行调度命令，采取应急措施，尽快恢复对用户的供电，特别是牵引供电。在事故处理后，应将事故发生及处理经过详尽如实地记录下来，并及时组织相关人员分析事故原因，讨论处理措施是否得当，同时制定出预防措施等。

供电设备事故处理的基本原则。

（1）当发现供电设备故障时，现场值班员或事故发现人除按照规定进行现场防护外，在力所能及的范围内采取措施，防止事故蔓延和扩大，减少事故损失，同时尽快地报告电调。

（2）供电设备事故的抢修要遵循"先通后复"和"先通一线"的原则。

"先通后复"，就是以最快的速度设法先行恢复供电，疏通线路，必要时采取迂回供电、越区供电等措施，尽量缩短停电、中断运营的时间，随后则要尽快安排时间处理遗留工作，使供电设备及早恢复正常运行状态。

"先通一线"，就是在双线区段，除按上述"先通后复"的原则确定抢修方案外，要集中力量以最快的速度设法使一条线路先开通，尽快疏通列车。

事故范围较小，抢修时间不长，无须分层作业时，应抓紧时间一次抢修完毕，恢复供电和行车。

（3）在事故抢修中电调须与行调、环调密切配合，严格掌握供电和行车、环控的基本标准条件，根据设备的技术条件和现场具体情况，采取有效措施，适当调整运行方式，尽

可能减少对行车的影响，及时安排抢修和处理时间，尽快恢复对接触网的供电和正常行车秩序，在允许的条件下保证环控设备的运行，保证城市轨道交通的服务质量。

（4）事故抢修可以不要工作票，但必须有电调的命令，并按规定办理作业手续，以及作好安全措施。

（5）事故抢修的工作领导人即是现场抢修工作的指挥者。当有几个作业组同时进行抢修作业时，必须指定1人担当总指挥，负责各作业组之间的协调配合，同时必须指定专人与电调时刻保持联系，及时汇报抢修工作进度、情况等，并将电调和上级指示、命令迅速传达给事故抢修的指挥者。

（6）对于因事故的停电的电气设备，在未断开有关断路器和隔离开关并按规定做好安全措施前，不得进入相关的设备区，且不得触摸该设备，以防突然来电。对于无人值班变电所，电力调度员应注意，在已派出人员到现场查巡后，在未与现场人员取得联系前，无论何种理由，都不得对停电设备重新送电。

（7）在下列情况下，当值人员可不经电力调度员许可自行操作，结束后再汇报。

①对威胁人身和设备安全的设备停电。

②对已损坏的设备隔离。

③恢复所用电。

二、城市轨道交通供电事故的抢修

（一）事故抢修的组织指挥

1. 事故的处理程序和信息反馈

城市轨道交通系统的员工，无论任何时候发现接触网事故和异状，均应立即设法报告控制中心的电力调度或行车调度（若行车调度接到报告，应立即通知电力调度），并应尽可能详细说明范围和破坏情况，必要时在事故地点设置防护措施。

控制中心的电力调度得知发生的事故信息后，要通过各种方式、渠道，迅速判明事故地点和情况，尽可能详细地掌握设备损坏程度，并立即通知维修调度，维修调度应立即启动事故处理程序，组织对事故点的定位查找和抢修工作，以最快的速度修复设备，保证运营。

供电设备故障（事故）处理流程如图8-1所示。

2. 事故抢修的组织

1）抢修人员的组织

抢修人员接到抢修命令后，立即紧急集合当班的所有人员，组成抢修组，并按内部分工，分头带好、带足机具（夜间出动时必需携带照明发电装置及灯具）和材料等，在规定的时间内迅速赶到事故现场。

如果事故范围较大，设备损坏较严重，需技术和人力支援时，应及时调动相关技术人员赶赴现场。事故现场要有相关领导组织指挥抢修，及时解决存在的问题。对需要连续作

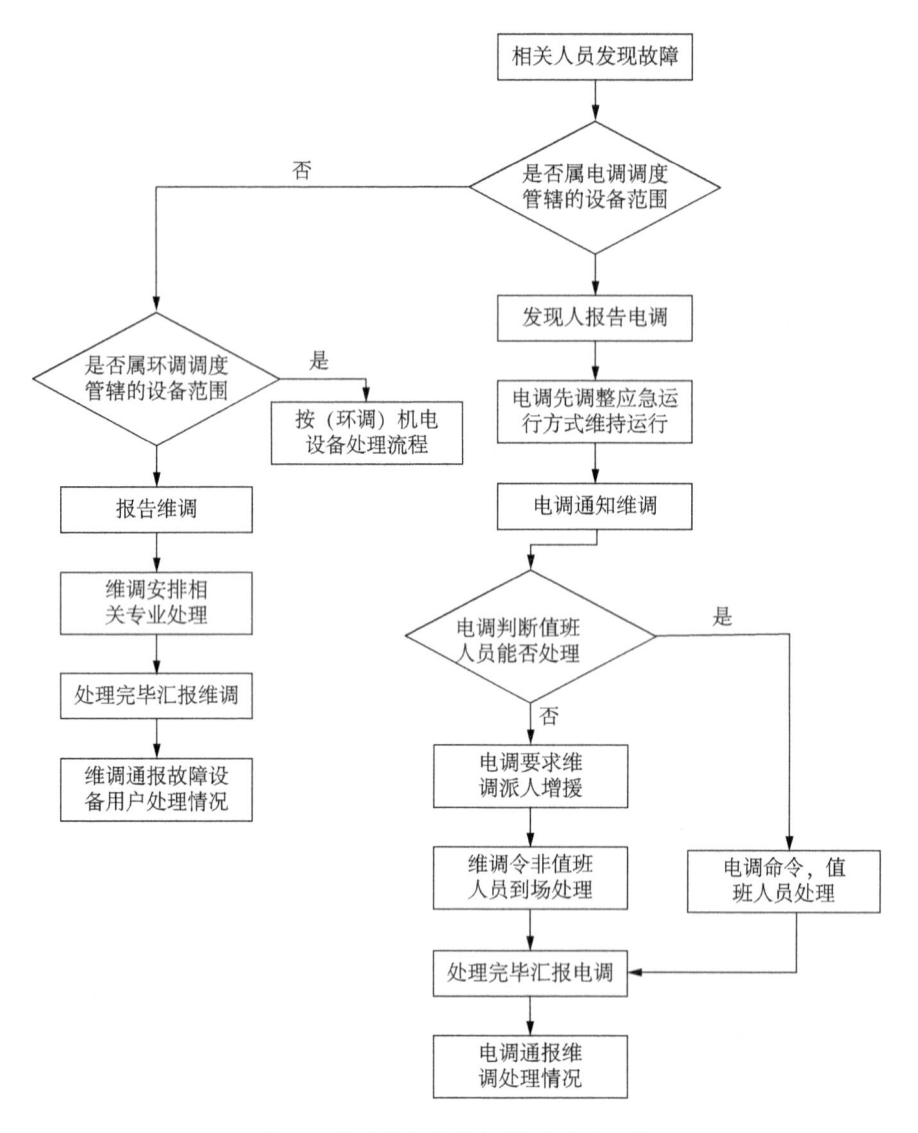

图8-1 供电设备故障（事故）处理流程

业时间较长的事故进行抢修时，要调动足够的人员进行替换作业。

2）现场抢修前的准备工作

抢修人员到达事故现场，工作领导人（或事故抢修总指挥）要组织人员全面了解事故范围和设备损坏情况，按照"先通后复"和"先通一线"的抢修原则，果断、快速地确定抢修方案，并尽快报告电力调度。同时，根据掌握的事故范围和设备损坏情况，做好以下几方面的工作。

（1）确定抢修人员的分工、作业项目与次序、相互配合的环节等。

（2）预制、预配部分零部件。

（3）检查有关抢修作业机具和材料的技术状态，并清点数量。

（4）如果事故范围较大，则根据设备损坏情况及人员、机具情况，将事故范围划分为几个作业区并分派人员。

抢修人员到达事故现场后，要充分利用电力调度员下达准许作业命令并验电接地前的这段时间，进行好抢修作业的有关准备工作。待电力调度员下达准许作业命令后，验电接地并设好行车防护即可全力展开抢修作业。

3. 现场指挥

供电设备事故抢修速度的快慢，特别是接触网事故抢修，很大程度上决定于事故抢修的指挥是否得力，即取决于指挥人员的判断、决策、对人员的分工安排及调配、作业次序的安排、各作业环节进行配合时机的掌握等。事故抢修的指挥者（即工作领导人或事故抢修总指挥）要根据事故情况，沉着冷静、稳而不乱，抓住整个抢修工作的主要矛盾，机智果断，争取主动。对于大型事故的抢修能够两个或几个组同时进行的作业，一定要安排同时展开，以争取时间。

为了尽快恢复运营，在事故抢修中，根据事故情况及抢修作业进展情况，在确保供电及行车安全的情况下，往往采取一些必要的临时开通技术措施，以达到"先通后复"之目的。如接触网抢修中可将吊弦间距增大一倍、一些损坏的零部件可暂不更换、接触悬挂的某些部分可暂不固定、绝缘锚段关节可暂按非绝缘锚段关节调整等，这些均需根据事故情况及抢修情况灵活运用。

所有参加现场抢修的人员都必须服从抢修工作领导人（或事故抢修总指挥）的指挥，任何人不得干扰。各级领导的指示也应通过电力调度下达，由抢修工作领导人（或事故抢修总指挥）集中组织实施。

遇到大型综合性的事故，如同时伴随线路、信号、电缆及机电设备等的综合性的事故，在事故处理时，要有大局观念，服从事故处理领导小组的统一指挥，同时与其他专业抢修组加强联系，密切配合。

（二）事故分析

1. 原始资料的收集保存

在事故抢修过程中，工作领导人（或事故抢修总指挥）除了组织抢修，尽快恢复运行外，要指定专人写实时事故及其修复的情况，包括必要的照片，有条件时可进行录像。收集并妥善保管事故造成破坏的物证，以便进行事故分析。特别是对于因事故拉断或烧断的线头、损坏的零部件等，应尽量保持原样不得任意改动。对典型事故的照片、报告、损坏的线头、零部件，应作为档案长期保存。

2. 事故的调查分析

事故发生后要及时分析，对每一件供电事故都要按照"三不放过"、"四查"（即"事故原因、分析不清不放过，事故责任者和群众没有受到教育不放过，没有防范措施不放过"、"查思想、查纪律、查制度、查领导"）的要求，认真组织调查，弄清原因，确定责任

者，制定出有效的防范措施。

在进行事故调查分析时，除弄清事故原因、查明责任、制定防止措施、按规定填写事故（故障）报告向有关部门上报外，同时还要总结抢修工作的经验教训。对抢修中采用的先进方法、机具等应及时推广。对存在的问题要认真研究并制定改进措施，不断完善抢修的组织和方法，提高抢修的工作效率。

（三）建立健全抢修组织

为了加强供电设备事故抢修工作的领导，做到指挥得当、有条不紊，同时做好事故的预防、分析及抢修队伍的培训教育，必需建立健全各级责任制。各级事故抢修领导必须贯彻执行有关规章制度，并按规定检查管内有关各项工作，不断提高素质和技术业务水平。

1. 事故抢修工作的领导

（1）供电设备的主管部门成立设备事故领导小组，由指定的负责人任组长，组员包括技术、安全、材料及部门调度。

（2）各工班建立抢修组，抢修组应由熟练的技工为骨干组成，组长由工长担任。组内应明确分工，有准备材料、工具的人员、防护人员、坐台联系人、网上作业人员和地面作业人员等。抢修时各成员应佩戴明显的标志，各司其职、各负其责。

2. 事故抢修的实施

事故抢修的具体工作由工班（抢修组）承担。

三、城市轨道交通典型供电事故的调查及处理

（一）变电所全所失压处理

变电所全所失压是指各级电压母线均无电压。

1. 现象

（1）交流照明全部熄灭，仅有蓄电池所供的事故照明灯亮。

（2）各母线电压表、电流表、功率表等均无指示。

（3）继电保护发"交流电压断线"信号。

（4）运行中的变压器无声音。

对全所失压事故应根据情况综合判断。检查表计情况，只看电压表不行，只看电流表也不行。单独从失去照明和全变电所所用电情况，认为是全所失压也不够全面，因为所用变压器的低压开关、熔断器熔断同样会失去照明。只有全面检查表计指示，才能判定为全所失压。

全所失压事故，若属所内设备发生故障，一般是明显可见的，如能听到爆炸声、短路时的响声，能见到冒烟、起火、绝缘损坏等现象。

2. 失压原因

（1）本变电所母线的故障或出线的故障越级使各电源进线跳闸。

（2）双电源变电所中，其中有一电源停电工作或在备用状态时，工作电源失压就会造成全所失压。

3. 处理原则

（1）保持镇定，迅速利用仅有的事故照明、便携光源检查变电所内的情况并报告电力调度员。包括表计指示、保护是否动作、所内一次设备情况。

（2）若确定是变电所内设备故障引起的全所失压，则按电力调度员的指示或现场规程处理。若由于本所故障引起短路，但相应的断路器又未跳闸时，应迅速手动将对应的进线电源断路器断开。

（3）若确定不是变电所内故障引起的故障，则等候来电，此时注意，未经电力调度员许可，不得在设备上进行操作，因此时随时都有可能来电。

（4）若长时间未恢复来电，则需注意蓄电池的放电容量问题，可将不是十分重要的直流负荷断开。如果是在牵引变电所，由于直流开关为电保持型式，此时可断开所有直流开关。

（5）全所失压时，若伴有通信故障，不能使用常规的通信手段，则此时应利用诸如电信电话或移动电话等与电力调度员取得联系。

（6）在因变电所设备故障引起的电源进线失压时，只有当现场人员将故障设备进行有效隔离，并确认不会危及供电安全后，方可恢复对该变电所的供电。

（二）油浸式变压器的异常运行、故障及事故处理

油浸式变压器（以下简称"变压器"）是110 kV主变电站的重要设备，也是城市轨道交通供电系统的心脏。除设备质量外，在运行中，因操作不当、检修质量不良、设备缺陷未及时消除等原因，均有可能会引起故障及事故。

1. 引起变压器故障及事故的主要原因

变压器的事故主要发生在线圈、铁芯、分接开关、套管、引出线和油箱等部位。

1）线圈匝间短路

线圈匝间短路引起变压器的损坏在变压器的事故中所占比例是比较大的。线圈匝间短路是指相邻几个线圈匝间绝缘损坏，构成闭合短路回路，并使该相线圈匝数减少。由于其短路回路中产生过热，从而引起变压器绝缘进一步损坏。造成匝间短路的原因有工厂生产时不慎造成绝缘的机械损伤，或某些铜刺、铁刺使绝缘留下隐患；因运行时间较长或长期频繁过负荷致使绝缘老化；水分进入变压器内粘附于匝间，使绝缘受潮等。

2）铁芯故障

铁芯故障主要是硅钢片间绝缘损坏，涡流增大；穿心螺杆绝缘筒及其两端绝缘垫损坏，在铁芯和螺杆间产生短路环流；接线错误或残留焊渣或铁芯多点接地，因此产生环流使铁芯局部过热，严重时甚至会使铁芯发生熔焊现象。

3）分接开关接触不良

分接开关接触不良的产生，主要由于其切换后接触面压力不够；分接开关接触处因有

油泥、毛刺，使动、静触头间形成油泥膜或空隙；因接触面过小而使触头熔伤；分接开关的定位指示与其实际位置不对应，指示虽到位而开关却未接触等。分接开关接触不良将造成放电和局部过热。

4）套管闪络和爆炸

套管闪络和爆炸事故主要因套管密封不严而进水使绝缘受潮损坏；电容芯子制造不良，内部发生游离放电；套管表面积垢严重或有裂纹，外部引线与套管连接不良形成渗漏油，造成表面闪络放电。

2. 变压器的异常运行及处理

1）音响异常

根据运行经验，产生异音的因素很多，发生部位也不尽相同，只要不断总结经验，细心辨析变压器的声音，并与正常音响比较，便能作出合乎实际的判断。

（1）安装在变压器上的附件撞击外壳或振动引起的异音——杂音。这由变压器内部铁芯振动引起其他附件振动，或在两部件接触处相互撞击造成。如穿控制线的软管与外壳或散热器撞击；起吊环的穿杆、温度计、通风电机及其扇叶、气体继电器中间端子盒的颤动等。

此时如变压器各部件运行正常，各种表计指示亦符合规定，值班巡视人员仍应认真寻找声源，在最响的一侧用手或木棒按住可能发出声响的部件，再听声音有何变化。如按住后不再发生异音，可稍改变该部件安装位置或进行局部加固，以便尽量消除这种干扰性杂音。

（2）外部放电引起的异音。在雨、雾、雪天气下，因套管电晕放电或辉光放电；套管与引线连接不良，测试介损用的引出小套管损坏或与地间的连线连接不良等造成放电，这些放电均为"嘶嘶"、"嗤嗤"声。在进行夜间熄灯巡视时，可发现蓝色小火花，外部引线连接不良处还可能有过热发红的现象。对此现象值班巡视人员应及时向电力调度提出停电申请，将该变压器解列进行清扫及紧固等处理。在未处理前应密切监视放电的发展。

（3）变压器内部接触不良或短路而放电的异音。这时产生"噼啪"声或"嗤嗤"声，伴之有变压器油局部沸腾的"咕噜咕噜"声。通常还会随之出现轻瓦斯动作的信号或油色加深等外部现象。

发生上述现象时，值班人员应将耳紧贴变压器外壳，或通过管子按住外壳上仔细分辨声音，并结合轻瓦斯动作后应采取的措施进行必要的检查。有条件的可立即进行红外线测温，以及用超声波探测局部放电等，以确定是否存在局部过热的部位。经检查和综合分析确认有异常时，应停止运行并进行吊心检查。

（4）变压器内部固定用的个别零件松动而引起的异音，可有"叮叮"声、"当当"声、"咚咚"声、"突突"声，甚至有惊人的"叮叮当当"锤击声和"呼呼呼"的似刮狂风声。但一般情况下初发现时声音多呈间歇性，逐渐发展至频繁出现以至持续的声音，且声响逐

渐增大，但是油色、油温、油位均正常。

此时值班人员除加强巡视和认真辨别外，在负荷较大时或发生穿越性短路时应有意识地注意声音的变化。经过一段时间的观察，排除外部声源的可能，确认是内部异音或异音已频繁出现时，应请求将发生内部异音的变压器停止运行并吊心检查。

运行经验表明，变压器器身上穿心螺杆的螺母、铁芯与基座间的固定螺栓、线圈间的绝缘垫块等经过长时间的运行振动及多次电动力的冲击，发生松动甚至脱离而产生上述异常音响的现象是常见的故障。

2）油温不断急剧的升高

当变压器油温超过规定值时，值班员要检查原因，采取措施降低油温。为此要进行下列工作。

（1）检查变压器负荷和温度，并与正常情况下油温核对。

（2）核对油温温度计运行是否正常，指示是否正确。

（3）检查冷却装置及通风情况，如散热器阀门是否全部开启，通风电机是否全部开动，叶片安装位置及转动方向是否正确等。

经上述检查未发现异常时，应增加巡视次数，密切监视变压器的负荷和温度。一旦发现油温比相同条件下高出10℃以上，且仍继续上升或油温已达75℃及以上超过20 min时，一般可以认为变压器有内部故障。若油温持续升高，变压器油色转暗，这预示着油有燃着的危险，应及时退出运行等待检查。

3）油位异常

变压器油枕内油位的正常变化（排除渗、漏油）决定于变压器油温变化，影响油温变化的因素为负荷、环境温度、冷却装置运行情况。

一般情况下，在气温变化显著的冬、夏之初，随着油温显著的变化，随之出现油枕（即储油柜）油位过高或过低后，均应及时通知检修人员加油或放油。若由于渗、漏油严重使油位过低，则在加油同时采取堵漏、防渗措施。若因突然降温，油位已低至看不见，在未处理前，值班人员应适当关闭部分散热器，以免油温降得太快而暴露线圈。

如果油温变化正常，而油标管内油位不变或变化异常，应考虑是否由于油标管、吸湿器、防爆管气孔堵塞造成的假油面，此时不应加油或放油，而应安排进一步地检查和处理。

（三）整流机组的异常运行、故障和事故处理

在运行中，整流机组的运行需严格按国标GB/T 3859中规定的Ⅵ级负荷等级控制负荷。整流变压器的异常运行和故障处理可参照一般的干式电力变压器的相关内容。下面主要说明整流器组的故障处理。

1. 整流器组的异常运行和故障处理

整流器组故障一般有温度过高、短路、熔断器熔断等。整流器组的故障原因和处理办法如表8-3所示。

表8-3 整流器组的故障原因和处理办法

序号	现象	可能原因	处理方法
1	温度过高报警	1. 环境温度过高 2. 通风网孔堵塞，通风条件不好 3. 负荷过大 4. 控制回路故障	1. 打开室内排风扇，增加排风量和速度 2. 清扫通风网孔 3. 减少牵引行车对数 4. 检查控制电源和线路
2	熔断器熔断报警	1. 某个桥臂内1个二极管损坏，熔断器熔断 2. 不同桥臂内各有1个二极管损坏，相应熔断器熔断	此时整流器组尚可继续运行，但须严格控制负载情况，记录损坏位置，尽快更换
3	二极管保护动作跳闸	同一桥臂内有2个二极管损坏，相应熔断器熔断	更换通过逆向短路电流的二极管和熔断器，同时检查其他通过正向短路电流的二极管是否损坏

2. 二极管的更换

更换二极管时须严格按厂家规定的操作步骤和要求进行，特别是平板式整流二极管。对于整流二极管需更换的备件，由于其特性的偏差问题，是否须对更换的备件进行筛选，须按厂家的说明要求进行。如对于ZPA2000—44平板式整流二极管，须按出厂证明文件查出损坏的二极管的峰值电压VFM或压降分级，并从备件中找出与其相同等级的二极管。用反向测试仪在备用二极管上施加反向重复峰值电压4400 V，其反向重复峰值电流IRRM只要不大于出厂值的2倍即可作为更换件使用。

（四）开关柜的异常运行、故障和事故处理

随着科学技术的发展，开关柜的设计、生产、安装调试能力均有了很大的提高，特别是GIS的使用，随着运行经验的不断积累，虽然开关柜内所含的设备较多，但开关柜内一次设备的故障一般较少，因此，开关柜的常见故障和事故较多表现为二次控制、保护及测量方面的故障。纵观国内各城市轨道交通供电系统中使用的开关柜，虽然使用的控制、保护及测量内容各异，但均是使用模块化的自动化设备，其具有运行可靠、自诊能力强、更换方便的特点。在故障处理的过程中，如果发现是模块的故障，一般可将模块更换下来，保证设备恢复运行后，再进行更进一步的处理。而一般二次回路的故障，主要有端子松动、直流接地、控制电源丢失等原因。

由于现代科技的进步，故目前开关柜内一次设备的故障一般较少，因此，对于各种型号规格的开关柜，按生产厂家的要求做好日常的监视和检查显得尤为重要。近年来GIS使用较多，下面就六氟化硫气体运行异常情况的处理作一说明。

1. 运行中发生六氟化硫气体微量泄漏的检查处理

在日常巡视检查维护中，若表计异常、表压下降，有刺激性气味或自感不适，应立即向值班负责人报告，按下列步骤检查处理。

（1）根据压力表及气路系统确认气室。

（2）以发泡液法或采用气体检漏仪查找漏气部分。

（3）对压力表的可靠性进行鉴别，检查压力表阀门有无完全开启。

（4）经检漏，确认有微量泄漏，一方面将情况报调度和值班室，一方面加强监视，增加抄表次数。

2. 压力报警动作

在运行中，若"压力异常"光字牌亮、警铃响，须按下列步骤进行检查处理，并应记录事故发生时间、复归音响后即到现场。

（1）根据现场控制屏上的信号继电器的掉牌情况及压力表的读数，确认漏气气室。

（2）对漏气气室进行外表检查，注意有无异声、异味，并记录压力及相应的温度、负荷情况。

（3）将检查结果报有关部门及调度。

（4）加强监视。

（5）若泄漏情况严重，则根据当时的运行方式立即切断有关开关断路器，事后报告调度。

3. 压力低的闭锁操作

在运行中，若"压力异常"、"SF_6压力闭锁"光字牌亮，警铃响，说明该间隔断路器气室发生较严重的泄漏，按下列步骤检查处理。

（1）记录事故发生时间、复归音响。

（2）在现场控制屏及断路器的操作机构箱上确认信号继电器掉牌情况及压力表读数，确认漏气气室。

（3）对漏气气室进行外观检查，注意有无异声、异味，并记录压力表读数及相应环境温度及负荷情况。

（4）拉开断路器电源，并将断路器锁定在合闸位置（即插入分闸闭锁钉），注意：此时不能拉开回路信号电源。

（5）加强监测。

（6）若在现场发现有明显大量泄漏，则根据当时的运行方式，立即拉开电源，事后报告有关部门。

4. 设备解体时的安全保护

（1）对欲回收利用的六氟化硫气体，须进行净化处理，达到新气标准后方可使用。对排放的废气，事前须进行净化处理（如采用碱吸收的方法），达到国家环保规定标准后，方可排放。

（2）设备解体前，应对设备内六氟化硫气体进行必要的分析测定，根据有毒气体含量，采取相应的安全防护措施。设备解体工作方案应包括安全防护措施。

（3）设备解体前，用回收净化装置净化六氟化硫气体，并对设备抽真空，用氮气冲洗

3次后,方可进行设备解体检修。

(4)解体时,检修人员应穿戴防护服及防毒面具。设备封盖打开后,应暂时撤离现场30 min。

(5)在取出吸附剂、清洗金属和绝缘零部件时,检修人员应穿戴全套的安全防护用品,并用吸尘器和毛刷清除粉末。

(6)将清出的吸附剂、金属粉末等废物放入酸或碱溶液中处理至中性后,进行深埋处理,埋深度应大于0.8 m,地点选在野外边远地区、下水处。

(7)六氟化硫电气设备解体检修净化场地要密闭、低尘降,并保证有良好的地沟电力引风排气设施,其换气量应保证在15 min内换气一次。排气口设在底部。

(8)工作结束后使用过的防护用具应清洗干净,检修人员要洗澡。

5. 处理紧急事故时的安全防护

(1)当防爆膜破裂及其他原因造成大量气体泄漏时,须采取紧急防护措施,并立即报告有关上级主管部门。

(2)室内紧急事故发生后,应立即开启全部通风系统,工作人员根据事故情况,在佩戴防毒面具或氧气呼吸器后,才能进入现场进行处理。

(3)发生防爆膜破裂事故时应停电处理。

(4)防爆膜破裂喷出的粉末,应用吸尘器或毛刷清理干净。

(5)事故处理后,应将所有防护用品清洗干净,工作人员要洗澡。

(6)六氟化硫中存在的有毒物质和设备内产生的粉尘,对人体呼吸系统及粘膜等有一定的危害,一般中毒后会出现不同程度的流泪、打喷嚏、流涕、鼻腔咽喉有热辣感、发音嘶哑、咳嗽、头晕、恶心、胸闷、颈部不适等症状。发生上述中毒现象时,应迅速将中毒者移至空气新鲜处,并及时进行治疗。

(7)要与有关医疗单位联系,制定可能发生的中毒事故的处理方案和配备必要的药品,以便发生中毒事故时,中毒者能够得到及时的治疗。

(五)吊弦或吊索事故

1. 故障或事故概述

城市轨道架空式接触网,结构高度小,其吊弦一般采用整体式绝缘安装。简单悬挂的吊索采用一种带塑料外皮的纤维绳或青铜绞线。吊弦或吊索常见的故障有吊弦线夹脱落、整体式吊弦绝缘鞍子脱落及吊弦或吊索断线等。

2. 原因分析

(1)烧断。在正常情况下,吊弦是没有电流通过的。发生吊弦烧断现象主要是因为附近的电连接器损坏、与接触线接触不良、接触线载流不够、机车取流时使吊弦通过较大电流而造成的。

(2)磨断。主要是因为吊弦受力状态不良造成松弛,接触悬挂长期处于受力状况下,

环与环之间或环与滑板之间长时间发生较大幅度的磨擦，某一处磨擦后造成吊弦脱落。

（3）吊弦因温度偏移，造成拉脱线夹或拉断吊弦线。

（4）吊弦线夹因裂纹等缺陷开断，造成吊弦脱落。

3. 事故处理

（1）按停电作业的要求办理好停电及线路封锁手续，验电接地并设好行车防护后即可开工。

（2）人员上梯车（或作业车平台）。

（3）拆卸损坏的吊弦并妥善保管，以分析脱落原因。检查是否需要更换吊弦线夹或吊弦，检查承力索是否烧断股；接触线是否烧伤等。

（4）换上新预制的吊弦或吊索。

（5）测量接触线的拉出值（之字值）、高度，调整有关零件，使之符合规定。

（6）检查接触网其他设备是否有损坏情况，并作相应的处理。

（7）结束处理作业，恢复送电通车。

（六）隔离开关事故

1. 事故概述

隔离开关是城市轨道接触网的重要和关键设备，使用量大，一般每个牵引变电所的馈出线上装有6台，另外，在车辆段的运行库每股道及检修库的每股道上及其他需要装设隔离开关的地方均装有隔离开关，一条17～18 km的城市轨道接触网中会有80多台隔离开关。

另外，城市轨道所使用的隔离开关，其额定电流一般不小于3000A。在正常工作时，其工作电流一般不大于其额定电流。

（1）隔离开关常见的故障有操作机构、主闸刀和支柱绝缘子、接地刀闸等损坏。

（2）可能引起的后果。

①隔离开关的支柱绝缘子损坏，使接触网对地短路，造成变电所跳闸和部分接触网停电，影响城市轨道交通的正常运营。

②隔离开关引线（一般为直流电缆）松脱，可能侵入建筑限界，引起刮弓现象，从而使事故扩大，影响正常运营。

③主刀闸触头接触不良，可能引起烧毁隔离开关刀闸，造成接触网部分停电。

④接地刀闸故障，可能引起接触网送不上电，或烧坏隔离开关或引起变电所跳闸，造成接触网部分无电。

⑤电动操作机构故障，使隔离开关无法操作，尤其是SCADA系统无法进行远动操作与监控，使得电力调度无法根据需要来改变运行方式，影响城市轨道交通的正常运营。

2. 原因分析

（1）隔离开关的支柱绝缘子破损或脏污造成闪络击穿。

（2）主闸刀合闸后，主触头接触不良或未接触，造成主触头烧坏，进而造成隔离开关毁坏。

（3）隔离开关引线与设备线夹接触不良，烧坏线夹或烧断引线。设备线夹与隔离开关的接触不良，烧毁线夹或隔离开关触头。

（4）隔离开关引线与接触线上的供电线夹接触不良，造成接触线或引线烧断，或供电线夹安装不端正被受电弓打掉造成引线脱落。

（5）隔离开关引线安装不牢、绑扎带老化脱落、短路事故时的电动力使绑扎带脱落而引起隔离开关引线松脱，拉坏接触网设备、设备线夹、支柱绝缘子，甚至对地短路，引起变电所跳闸等。

（6）接地刀闸与主刀闸的连锁机构损坏的情况下，使隔离开关烧坏。

（7）电动操作箱内的接线端子或继电器松动、接触不良，或其他零部件损坏，造成隔离开关的信息不能上传给远方的控制中心，控制中心也无法对其进行监控和操作。

3. 事故处理

根据隔离开关（含引线、操作机构）的损坏情况及影响范围对其采取不同的方法进行处理。按照隔离开关损坏程度及事故范围大小，有以下两种抢修方法。

（1）将损坏的隔离开关解列退出运行。这种方法适用于隔离开关严重损坏，一时难以恢复，为了节省时间，减小对运营的影响而采用。另外，隔离开关引线严重损坏，一时难以安装新的引线时，也可以采用此方法。

①拆卸隔离开关与接触悬挂间的引线。

②如果为分段绝缘器的隔离开关损坏，则拆卸掉隔离开关引线并处理完接触网损坏的其他设备后，将安装分段绝缘器的线路封锁即可。

③如果为牵引变电所的馈线隔离开关损坏，在将其引线全部拆卸后，将此处的绝缘锚段关节用预制的电连接器将其短接，即把绝缘锚段关节变为非绝缘锚段关节，使相邻的两个供电分区变为一个较大的供电分区，由相邻的两个牵引变电所供电。

④如果牵引变电所馈线开关的引线严重损坏，一时很难重新安装时，将引线从接触网上卸掉，打开此隔离开关和相邻的另一供电臂的馈线隔离开关，合上越区隔离开关，将相邻的两个供电分区变为一个供电分区，由相邻的两个牵引变电所供电。

（2）用安装新隔离开关的方法进行恢复性抢修。

①分派部分人员及机具进行接触网其他设备损坏的抢修作业，同时分派另一部分人员更换隔离开关。

②更换隔离开关的作业过程。

a.在支柱上安装隔离开关吊装支架，并在吊臂端挂带绳子的单滑轮。

b.拆卸损坏的隔离开关及其引线。如果隔离开关引线尚能使用，则根据情况在隔离开关上拆卸后将其临时绑在支柱上。

c.将拆卸的隔离开关缓慢地吊放到地面。

d.将新隔离开关吊放到安装托架上，并进行安装。

e.安装新隔离开关的操作机构,并调整隔离开关。调整过程是,1人操作机构,1人在杆上观察、测量隔离开关分、合闸角度、闸刀触头接触情况、接地闸刀动作及接触情况,两人协调配合,发现问题立即处理。调整传动杆调节螺栓、止钉,使分合闸角度和位置符合要求。

f.安装隔离开关引线。设备线夹与隔离开关引线板的固定必须符合要求,即用0.05 mm × 10 mm塞尺检查时,应塞不进去(城市轨道所用的隔离开关多为点接触式)。

③进行事故抢修的其他作业。

④清理作业现场。无其他问题则结束作业。

(七)分段绝缘器故障

1. 事故概述

分段绝缘器是供接触网进行电分段时采用的绝缘设备,主要用于接触网各供电分区的电气分隔和机械连接,是接触网的主要设备,一般用在车辆段和地下折返线内,正线各供电分区的电分段一般不采用分段绝缘器。目前城市轨道交通接触网所使用的分段绝缘器有瑞士AF公司的产品(如图8-2所示)和法国GISMA公司的产品(如图8-3所示)及一些其他形式的分段绝缘器。这两个公司的产品性能较好,其主绝缘都是硅橡胶材料、高铝陶瓷,

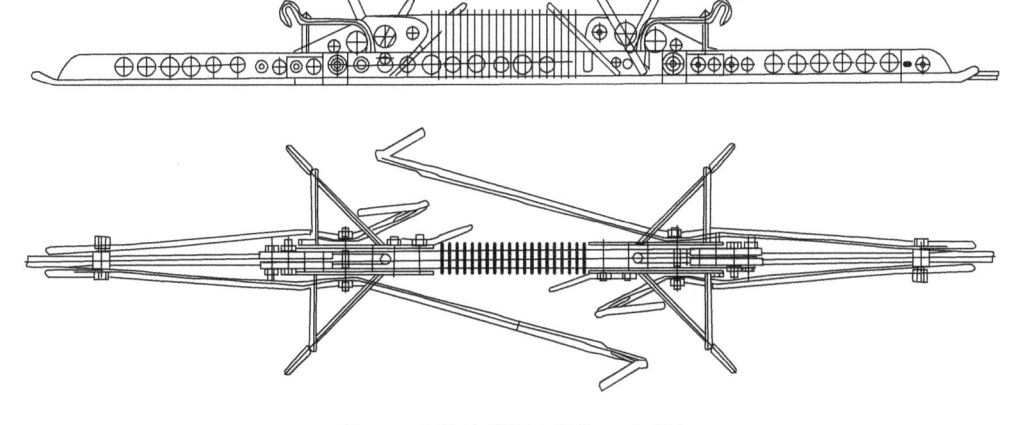

图8-2 分段绝缘器(瑞士AF公司)

导流板都是铜材做成的，其余部件是不锈钢材质做成的。还有法国加朗公司生产的带方向的分段绝缘器（如图8-4所示），但由于存在设计缺陷等曾引发过故障。

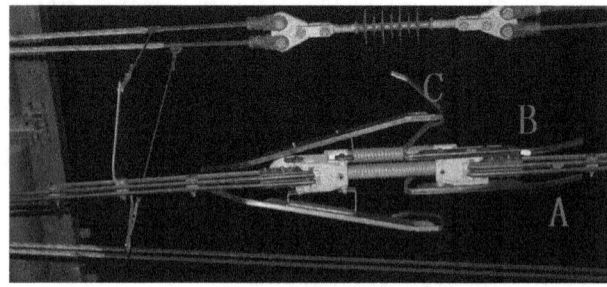

图8-3　法国GISMA公司分段绝缘器　　　　图8-4　法国加朗公司带方向性的分段绝缘器

1）故障部件及故障现象

（1）绝缘元件的老化、放电击穿等。

（2）接头线夹或支架、导流板、导流框架的损坏等。

（3）整体损坏或连接、固定部位开断。

（4）接头线夹处接触线断线。

（5）以上各种现象所引起的弓网事故。

2）可能造成的后果

（1）若分段绝缘器的绝缘元件因某种原因闪络击穿未及时发现，则可能造成相邻两个供电分区间的绝缘下降，在进行分区停电作业的情况下，会造成人身伤害（如在无电区段进行作业时，人员不知无电区实际上有电，误登误入被电击）。

（2）分段绝缘器失去水平或某种状态不良、破损、弯曲等会造成接触网刮弓事故。

（3）分段绝缘器与接触线的接头处或其他部位严重磨耗被拉断后造成塌网，从而扩大事故范围（如造成软横跨上、下部固定绳或横向承力索烧断股、断线等）。

2. 原因分析

（1）分段绝缘器主绝缘（环氧树脂或硅橡胶材料）老化开裂和沟槽被污染等原因造成绝缘部分泄露与距离不够而闪络击穿。

（2）安装调试不良，如导流板不在一个平面、分段绝缘器不与轨道平行等，被受电弓打伤或打坏导滑板和主绝缘。

（3）部分零件腐蚀或磨损失修被拉断，如吊索或吊弦松动、固定线夹松动及导滑板严重磨损等。

（4）分段绝缘器与接触线的接头线夹处状态不良形成严重硬点，致使受电弓打坏分段绝缘器或接触线磨耗严重被拉断。分段绝缘器的高度未达到比两相邻定位点接触线高度高30～40 mm的要求，甚至低于两相邻定位点接触线高度，易引起弓网故障，损坏分段绝缘器。

（5）电动车组受电弓的状态不良，刮伤分段绝缘器。

（6）分段绝缘器的隔离开关主闸刀在打开位置，接地闸刀在闭合位置，电动车组进入无电区，将无电区与有电区瞬间接通，造成接触网短路接地，短路电流通过分段绝缘器流经隔离开关接地闸刀，将分段绝缘器烧毁。

3. 事故处理

分段绝缘器故障的处理，应根据分段绝缘器的故障现象及损坏的部位分别对待。下面介绍分段绝缘器损坏较严重的情况的处理方法及过程。

（1）检查分段绝缘器的损伤情况，根据检查的情况进行更换和调整。

（2）用手扳葫芦使损伤的分段绝缘器卸载，即不受拉力。

（3）把受损伤或损坏的部件或整个分段绝缘器拆卸下来。

（4）更换新的部件或新的分段绝缘器。

①检查接触线两断头。如果接触线的接头部分因磨耗、损伤等原因不符合技术要求时，则用断线钳将其切掉。用锉刀将断头打磨平。新安装的分段绝缘器的位置要与承力索上的分段绝子串相对称。

②把新的分段绝缘器的主体与接触线连接。在连接时，对螺栓的紧固要使用扭矩扳手和规定的力矩。

③撤除紧线工具，并再次用规定的力矩紧固分段绝缘器与接触线的连接螺栓。

④如果承力索或吊索上的绝缘棒损伤严重，应对其进行更换处理。

⑤安装导滑板。

（5）调试新更换的绝缘器，调整的方法与步骤与检修分段绝缘器相同。然后用车辆受电弓对分段绝缘器进行双向冷滑，检查其过渡情况。

（6）清理作业现场，无其他问题则结束作业。

相关案例

某牵引降压混合所直流进线开关故障，直流小车下部母排测试回路的高压引线的绝缘外皮破损（如图8-5所示）使高压引线对框架发生短路燃弧（如图8-6所示），导致带金属性粉尘电离空气上升，降低了其他一次回路金属部件对框架之间的绝缘，导致距离比较短的

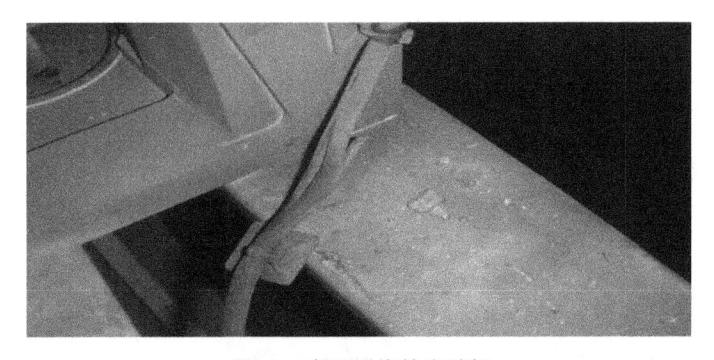

图8-5 高压引线外皮破损

图8-6 高压引线对框架发生短路燃弧

空气间隙绝缘被击穿，造成直流高压回路对框架及外壳短路，引起电流型框架保护动作。

接触网故障案例分析：分段绝缘器导流板如图8-7所示，它存在以下设计缺陷。

（1）导流板的连接螺母采用普通螺母而不是防松螺母，在外力作用下螺母容易松脱。

（2）导流板连接螺栓只有两个，而且导流板的重心不在两个连接螺栓之间，在重力的作用下，连接螺母容易松动，螺母松动后导流板会自然下垂，当碳滑板从下垂端切入时，就会撞击碳滑板导致导流板和受电弓变形。

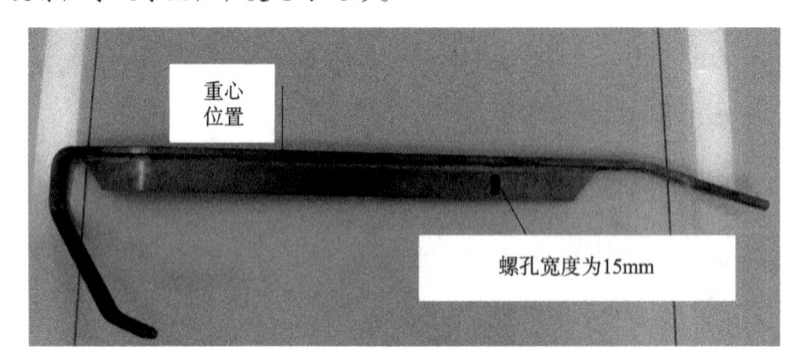

图8-7 分段绝缘器导流板

车辆受电弓的碳滑板中间部位磨耗成凹槽形状容易造成受电弓碳滑板撞击分段绝缘器的导流板。接触网拉出值设计分布不合理，导致车辆受电弓碳滑板磨耗成凹槽形状，由于碳滑板磨耗成凹槽形状，当受电弓碳滑板从接触线过渡到导流板和从导流板过渡到接触线都是不平滑的过渡，两次过渡中碳滑板均对导流板有冲击力，长期在冲击力的作用下，导流板连接螺母会松动。

知识拓展

接触网抢险注意事项

在接触网设备的故障、事故中，由于其特殊性，还应注意以下几点。

（1）接触网事故的抢修作业和配合行车事故的救援作业必须办理停电作业命令、验电

接地和采取针对性的、有效的安全防护措施后，方准开始作业，并要严格遵守《接触网安全工作规程》和有关规定。

（2）抢修作业工作领导人（或事故抢修总指挥）在抢修作业前要向作业人员宣布停电范围，划清设备带电界限。对可能来电的关键部位和抢修作业地段，要按规定设置足够的接地线。

（3）在进行攀杆、攀梯和车顶高空作业时，除按有关规定执行外，要特别强调在接触网上的整个作业过程中必须系好安全带和戴好安全帽。

（4）在拆除接触网作业（如配合行车事故救援、抢修支柱断事故、更换损坏的腕臂等）时，要防止支柱倾斜、线索断线、脱落等。在抢修恢复作业中，对安装的零部件特别是受力件要紧固牢靠，防止松脱、断线引起事故扩大。

（5）在事故抢修过程中，要注意保持与电力调度的联系，及时接受电力调度的相关指令和把现场的相关信息、要求及时报告给电力调度，以便事故领导小组的正确决策和指挥。

（6）接触网修复过程中，对关键部件要严格把关，确认符合行车条件后方准申请送电。送电后要观察1～2趟列车，确认运行正常后抢修作业人员方准撤离。

（7）申请送电时要向电力调度说明列车运行情况及应注意的事项，电力调度要及时通知行车调度，必要时向司机和有关人员发布命令和通知。

任务三　操作运用案例

【操作运用案例1】城市轨道交通供电系统运行管理知识

1.实训项目教师工作活页

实训项目教师工作活页　　　　　　　　NO：_____

实训项目	城市轨道交通供电系统运行管理知识		
学　时	2	班　级	略
实训场所	变电所、OCC控制中心电调操作室		
工具设备	城市轨道交通主变电所、牵引降压混合所模拟屏各1套；多媒体设备课件、图片、示教板等。		
教学目标	专业能力	（1）能说出城市轨道交通供电系统运行管理的工作内容。 （2）能说出城市轨道交通供电系统运行管理和组织。 （3）能说出变电所值班（巡视）人员的"五熟"、"三能"。 （4）能说出变电所现场运行规程的内容。 （5）能说出变电所运行管理制度。	
	方法能力	（1）能综合运用专业知识，通过专业书籍、上网查询、多媒体课件和图片资料获得帮助信息。 （2）能根据实训项目学习任务确定实训方案，从中学会表达及展示活动过程和成果。	

续表

社会能力	（1）能在实训活动中保持积极向上的学习态度。 （2）能与小组成员和教师进行交流和沟通。 （3）能与他人共享学习资源，具有较好的合作能力和团队协作精神。	
教学活动	略（详见教学活动设计）	
教学评价	学生活动： （1）以5～7人小组为单位开展实训活动，根据本组同学在实训过程中的能力表现及结果进行组内互评。 （2）根据其他小组同学在成果展示活动中的表现及结果进行互评。 教师活动： （1）教师组织学生开展评价活动和总结。 （2）对学生本单元项目单元成绩做出综合评价。	
教学资料	（1）城市轨道交通概论教材。 （2）城市轨道交通运输设备参考书。 （3）实训项目学生学习活页（附页）。	
指导教师		教学时间　　　　　　　年　　月　　日

2. 实训项目学生学习活页

实训项目学生学习活页　　　　　　　　　　NO：_____

实训项目1　城市轨道交通供电系统运行管理知识

班级：_____　姓名：_____　学号：_____　时间：_____

一、实训目标

1. 专业能力目标
（1）能说出城市轨道交通供电系统运行管理的工作内容。
（2）能说出城市轨道交通供电系统运行管理和组织。
（3）能说出变电所值班（巡视）人员的"五熟"，"三能"。
（4）能说出变电所、接触网运行规程的内容。
（5）能说出接触网工作的有关制度。

2. 方法能力目标
（1）能综合运用专业知识，通过专业书籍、上网查询、多媒体课件和图片资料获得帮助信息。
（2）能根据实训项目学习任务确定实训方案，从中学会表达及展示活动过程和成果。

3. 社会能力目标
（1）能在实训活动中保持积极向上的学习态度。
（2）能与小组成员和教师进行交流和沟通。
（3）能与他人共享学习资源，具有较好的合作能力和团队协作精神。

二、知识总结
（1）回答城市轨道交通供电系统运行管理的工作内容。

续表

(2)回答城市轨道交通供电系统运行管理和组织。

(3)回答变电所、接触网运行规程的内容。

三、操作运用
(1)能回答变电所值班(巡视)人员的"五熟","三能"。

(2)能回答接触网工作的有关制度。

四、实训小结
_____
_____

五、成绩评定
  1.学生评价

评价等级	A—优	B—良	C—中	D—及格	E—不及格
学生自评					
组内互评					
他组互评					

  2.教师评价

评价等级	A—优	B—良	C—中	D—及格	E—不及格
专业能力					
方法能力					
社会能力					
评价结果					

  3.综合评价

评价等级	A—优	B—良	C—中	D—及格	E—不及格
评价结果					

注：按照学生自评占10%、组内互评占10%、他组互评占20%、教师评价占60%的比例计分。其中，A—100分，B—85分，C—75分，D—60分，E—50分。

续表

4.评价量规

等级	行为表现描述
A	能圆满高效地完成实训任务的全部内容
B	能顺利完成实训任务的全部内容
C	能完成实训任务的全部内容,但需要一些帮助和指导
D	自己只能完成实训任务的部分内容,但在老师的指导下,能够完成任务的全部内容
E	不能完成实训任务的全部内容

【操作运用案例2】城市轨道交通供电系统事故处理

1.实训项目教师工作活页

实训项目教师工作活页　　　　　NO:＿＿＿＿

实训项目	城市轨道交通供电系统事故处理			
学　时	2	班　级		略
实训场所	变电所设备培训间、车辆段试车线			
工具设备	城市轨道交通接触网设备实物零部件、供电系统仿真软件1套、电气设备实物零部件、多媒体设备课件、图片等。			
教学目标	专业能力	(1)能说出城市轨道交通供电系统事故处理规则。 (2)能掌握城市轨道交通供电系统事故抢修流程。 (3)能说出变电所全所失压的处理原则。 (4)能分析变压器的异常运行及处理。 (5)能掌握整流机组、开关柜故障处理方法。 (6)能说出吊弦或吊索事故的处理方法。 (7)能分析发生分段绝缘器故障的原因并说出抢修操作过程。		
	方法能力	(1)能综合运用专业知识,通过专业书籍、上网查询、多媒体课件和图片资料获得帮助信息。 (2)能根据实训项目学习任务确定实训方案,从中学会表达及展示活动过程和成果。		
	社会能力	(1)能在实训活动中保持积极向上的学习态度。 (2)能与小组成员和教师进行交流和沟通。 (3)能与他人共享学习资源,具有较好的合作能力和团队协作精神。		
教学活动	略(详见教学活动设计)			
教学评价	学生活动: (1)以5～7人小组为单位开展实训活动,根据本组同学在实训过程中的能力表现及结果进行组内互评。 (2)根据其他小组同学在成果展示活动中的表现及结果进行互评。 教师活动: (1)教师组织学生开展评价活动和总结。 (2)对学生本单元项目单元成绩做出综合评价。			
教学资料	(1)城市轨道交通概论教材。 (2)城市轨道交通运输设备参考书。 (3)实训项目学生学习活页(附页)。			
指导教师		教学时间		年　月　日

2.实训项目学生学习活页

实训项目学生学习活页　　　　　　　　　　NO:_____

实训项目2　城市轨道交通供电系统事故处理

班级：_____　姓名：_____　学号：_____　时间：_____

一、实训目标
　　1.专业能力目标
　（1）能说出城市轨道交通供电系统的事故处理规则。
　（2）能掌握城市轨道交通供电系统的事故抢修流程。
　（3）能说出变电所全所失压的处理原则。
　（4）能分析变压器的异常运行及处理。
　（5）能掌握整流机组、开关柜故障的处理方法。
　（6）能说出吊弦或吊索事故的处理方法。
　　2.方法能力目标
　（1）能综合运用专业知识，通过专业书籍、上网查询、多媒体课件和图片资料获得帮助信息。
　（2）能根据实训项目学习任务确定实训方案，从中学会表达及展示活动过程和成果。
　　3.社会能力目标
　（1）在实训中保持积极向上的学习态度。
　（2）能与小组成员和教师进行交流和沟通。
　（3）能与他人共享学习资源，具有较好的合作能力和团队协作精神。

二、知识总结
　（1）能说出城市轨道交通供电系统的事故处理规则。

　（2）能掌握33 kV开关柜故障的处理方法。

　（3）能说出吊弦或吊索事故和处理方法。

三、操作运用
　（1）模拟整流器如二极管故障时的抢修流程。

　（2）在试车线进行分段绝缘器的故障更换演练。

续表

四、实训小结

_____

_____

五、成绩评定

1.学生评价

评价等级	A—优	B—良	C—中	D—及格	E—不及格
学生自评					
组内互评					
他组互评					

2.教师评价

评价等级	A—优	B—良	C—中	D—及格	E—不及格
专业能力					
方法能力					
社会能力					
评价结果					

3.综合评价

评价等级	A—优	B—良	C—中	D—及格	E—不及格
评价结果					

注：按照学生自评占10%、组内互评占10%、他组互评占20%、教师评价占60%的比例计分。其中，A—100分，B—85分，C—75分，D—60分，E—50分。

4.评价量规

等　　级	行为表现描述
A	能圆满高效地完成实训任务的全部内容
B	能顺利完成实训任务的全部内容
C	能完成实训任务的全部内容，但需要一些帮助和指导
D	自己只能完成实训任务的部分内容，但在老师的指导下，能够完成任务的全部内容
E	不能完成实训任务的全部内容

思考与练习

1.城市轨道交通供电系统运行管理的工作内容有哪些？

2.城市轨道交通供电系统运行管理和组织有哪些设置？

3.变电所、接触网运行规程的主要包括哪些内容？

4.接触网工作的有关制度包括哪些内容？

5.城市轨道交通供电系统事故处理遵循何种规则？
6.变电所全所失压的处理原则是怎样的？
7.变压器的异常运行情况有哪些，如何处理？
8.整流机组、开关柜故障原因有哪些，如何处理？
9.接触网隔离开关的事故如何处理？
10.请画出供电事故的抢修流程。
11.接触网抢修应注意哪些事项？
12.分段绝缘器的故障如何处理？

反侵权盗版声明

电子工业出版社依法对本作品享有专有出版权。任何未经权利人书面许可，复制、销售或通过信息网络传播本作品的行为；歪曲、篡改、剽窃本作品的行为，均违反《中华人民共和国著作权法》，其行为人应承担相应的民事责任和行政责任，构成犯罪的，将被依法追究刑事责任。

为了维护市场秩序，保护权利人的合法权益，我社将依法查处和打击侵权盗版的单位和个人。欢迎社会各界人士积极举报侵权盗版行为，本社将奖励举报有功人员，并保证举报人的信息不被泄露。

举报电话：（010）88254396；（010）88258888

传真：（010）88254397

E-mail：dbqq@phei.com.cn

通信地址：北京市万寿路173信箱
　　　　　电子工业出版社总编办公室

邮编：100036